DEDUCTION
CONCERNANT
LES DROITS DE SUCCESSION ET DE SUBSTITUTION
DE LA
SERENISSIME MAISON ELECTORALE de BAVIERE
AUX ROYAUMES DE HONGRIE ET DE BOHEME,
Ainſy qu'a l'Archiduché d'Autriche & Autres Etats en dépendants.

---

a Munic. 1741.

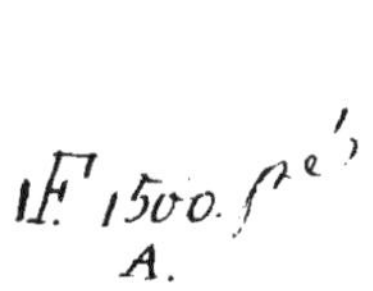

PRÉFACE

L'Autriche et autres domaines adjacents dépendoient cidevant des Ducs et du Duché de Baviere, demaniere qu'a l'extinction de la premiere branche Bavaroiſe-Autrichienne ces Pays devoient ſans difficulté paſſer a la ſeconde, qui eſt Celle, dont deſcend ſon ALTESSE ELECTORALE aujourd-huy Regnante (a); mais l'Empereur Rodolphe de Habsbourg, qui n'avoit d'autres vuës, que d'élever ſa Maiſon, confera ces Etats a ſes fils ſoûs prétexte, qu'ils etoient fiefs revertis a l'Empire, defaçon qu'il ne reſta aux Ducs de Baviere d'autre reſſource que de proteſter ſolemnellement, ce qu'ils firent en la Diete d'Augsbourg de l'an. 1283.

Les choſes demeurerent ſur ce pied jusqu'au Regne de Ferdinand I. qui ayant acquis d'un coté les Royaumes de Hongrie et de Bohême du Chef de la Reine ſon Epouſe, et d'un autre

(a) Voiez la table Genealogique cidevant ſoûs la lettre A. ſervant a prouver, que les Ducs de Baviere aujourdhuy Regnants, & les Ducs d'Autriche, qui exiſtoient avant que la Maiſon de Habsbourg s'empara de ce Duché, tiroient leur origine de la même Souche.

l'Archiduché d'Autriche et ses dépendances tant en vertu du testament de Maximilien I. que par le partage convenu avec Charlequint son frere, jugea a propos, comme premier acquereur, de faire des arrangements, qui assurâssent l'etat et la grandeur de sa famille; toutes sortes de considerations et d'equité et de politique l'invitoient a interresser dans ses projets la Maison de Baviere comme la seule, qui put ou les soutenir par son pouvoir, ou les traverser par ses prétensions; il sçavoit, que cette Maison n'attendoit qu'une occasion favorable pour faire revivre des droits, que l'Empereur Rodolphe avoit taché de supprimer; il craignoit aussy, que ses descendants Mâles et ceux de Charlequint venants a manquer, la Succession Autrichienne ne devint suiete a des partages et divisions, qu'il vouloit eviter, en la faisant passer a quelque Prince puissant, qui fut en etat d'en empecher le démembrement; C'est ce qui l'engagea a faire des dispositions Testamentaires et des conventions matrimoniales, par lesquelles il substitua aux Mâles de sa Maison sa fille Ainée la Princesse Anne Mere de Guillaume V. Trisayeul de l'Electeur, ainsy que ses Héritiers et Descendants.

La derniere Maison Archiducale d'Autriche s'etant éteinte avec Charles VI. de glorieuse memoire, l'Electeur de Baviere devoit en vertû de

cette

cette ſubſtitution fideicommiſſoriale entrer en poſſeſsion des Royaumes et Etats, auxquels le décés de cet Empereur avoit donné ouverture; mais la grande Ducheſſe de Toſcane l'a prévenu ſur le fondement d'une pragmatique-ſanction, dont on fera voir cy aprés les nullités, et qui d'ailleurs ne pouvoit déroger a l'ordre de Succesſion anterieurement réglé. Il dépendoit deslòrs de l'Electeur de Baviere de prendre des meſures pour traverſer cette priſe de poſſeſsion précipitée, mais ce Prince, qui fait plus de cas de la juſtice de ſes droits, que des avantages d'une jouiſſance conteſtée, s'eſt contenté de former ſes proteſtations en date du 3. Nov. de l'année 1740.

Les imprimés, qui ontparus jusqu'icy pour ſervir de réponſes aux reſcrits de la grande Ducheſſe, n'ayants donné qu'une idée imparfaite des juſtes prétenſions de la Maiſon de Baviere, il a eté trouvé neceſſaire, afin de ne rien laiſſer a deſirer ſur les connoiſſances, que demande une matiere auſſy importante, de donner au Public un memoire plus étendu et ſuivis des piéces juſtificatives les plus eſſentieles.

Ce memoire ſera diſtribué en ſept Chapitres;

Le premier et le ſecond rouleront ſur les anciens droits de la Maiſon de Baviere a l'Archiduché d'Autriche et aux Etats en dépendants, ainsy qu'a ceux des domaines en Svabe, qui formoient cidevant le patrimoine de Conradin.

Le troisieme et le quatrieme démontreront, que le Testament et le Codicile de Ferdinand I. demême que le Contract de mariage de la Princesse Anne sa fille avec le Duc Albert de Baviere contiennent une véritable Substitution graduelle au proffit de ladite Princesse et de ses Descendants, laquelle Substitution doit légitimement sortir son effèt depuis l'extinction totale des Mâles de la Maison d'Autriche.

Le Cinquieme établira sur differentes autorités et sur des préjugés fameux les avantages, qui résultent de la clause réservatoire contenuë en l'acte de renonciation, que Ferdinand I. a éxigé de la Princesse Anne.

Le sixieme réfutera les moyens, dont la grande Duchesse se prévaut pour soutenir la validité et l'execution de la pragmatique-Sanction.

Le septieme contiendra une récapitulation succincte de l'ouvrage.

Cha-

Lettre A.

TABLE GENEA

de la Maison de Bavie

Servant d'éclairciſſement au pre

LUITPOLD † 907. o

ARNOLPHE I. ſuccéde au Duc LUITPO qu'en 912. ou 13. aprés la mort du Roi LOUIS, qu les Etats en dépendants, ſavoir l'Autriche et au réditairement, come un ancien patrimoine des

injuſtement de ſes
OTTON I. en 938.
rs ſur ſes terres al-
ans le Nortgaw et
ons dépendants de
ants jusqu'a Baben-

IIPOLD II. ou LEOPOLD obtient le graviat d'Autriche, que l'Empereur OT-N I. luy rend comme faiſant partie de la re. La ligne par luy formée a été apel-ligne de Babenberg, parcequ'il poſſedoit rres allodiales ſciſes dans le Babenberg et nvirons, et pour la diſtinguer de la ligne ine et de Scheyern.

belle. Aprés que ézilon ſon arriere fut mort en 1017. uché de Baviere, idant cet interval

ERNEST Duc en Suabe ſe range du parti d'Hézilon de Babenberg.

POPPON Archevéq de Tréves

: Victorieux.

le Sévére.

II. dit le Beau.

7. dit le Saint.

LEOPOLD V. obtient derechef le Duché de Baviere en 1138. aprés la proſcription de HENRY le Superbe. † 1142.

RGUERITE. mari HEN-oi des Roi-: le 2. OT-ARE Roi de ne. Celuy ci l maitre de s Etats Au-ns.

CONSTANCE Epouſe de HENRY l'Illuſtre Marquis de Miſnie.

GERTRUDE Epouſe de HENRY Raſpon, Landgrave de Thuringe.

GIQUE

Chapitre.

mais ce ne fut
viere avec tous
échûrent hé-
ngiens. † 937.

BERTHOLD obtient le Duché en 938. aprés la proſcription des fils d'Arnolphe. † 948.

ARNOLPHE obtient Scheyren, devient Comte Palatin en Baviere.

BERTHOLD Comte Palatin de Scheyern.

WERNER Comte Palatin de Scheyern.

OTTON I.

OTTON II.

OTTON III. Comte Palatin de Wittelsbach.

OTTON IV. Comte Palatin de Wittelsbach.

OTTON V. Comte Palatin de Wittelsbach. En 1188. aprés la dépoſition de HENRI le Lion il obtient derechef l'inveſtiture du Duché de Baviere, defacçon qu'alors tout le Duché de Baviere étoit rentré en la poſſeſſion des Deſcendans d'Arnolphe. † 1183.

LOUIS † 1231.

OTTON l'illuſtre. cherche a entrer en poſſeſſion des Etats Autrichiens a luy échus a différents titres aprés la mort de Frederic le Belliqueux. Eſt conſtitué Gouverneur de l'Autriche.

HERMANN Comte Palatin du Rhin.

EHRENFRID ou Ezo.

LUDOLPHE Comte Palatin.

HENRY le Furieux.

CUNON, ou CONrad obtient derechef en 1049. le Duché de Baviere.

LOUIS le Sévere, ſe rend Maitre de tout le Pays au deſſûs de l'Ens. Aide a expulſer Ottocare des Etats Autrichiens. Ne peut obtenir ces Etats de l'Empereur Rodolphe, a qui neanmoins il avoit prété du ſecours pour les conquerir. Proteſte contre les inveſtitures données en la Diéte d'Augsbourg, dont il ſe retire. Sa ſeconde femme étoit Mechtild fille Ainée de l'Empereur Rodolphe. † 1294.

HENRY tient du parti d'OTTOCARE. Soufre par lá beaucoup de déſagrêments de la part de l'Empereur RODOLPHE.

OTTON. Son Epouſe Catherine fille de l'Empereur Rodolphe.

ETIENNE.

HENRY.

JEAN.

DOLPHE, tige de la
ſon Palatine Electorale
ourdhuy Régnante.

LOUIS de Baviere Empereur.

ETIENNE.

ETIENNE.

FREDERIC.

JEAN.

ERNEST.

ALBERT III. l'intégre.

ALBERT IV.

GUILLAUME IV. Pére d'Albert V. Epoux de la Reine Anne fille de l'Empereur Ferdinand.

V. la table placée au commencement du troiſieme Chapitre.

Lettre A.

TABLE GENEALOGIQUE
de la Maison de Baviere
Servant d'éclairciſſement au premier Chapitre.

LUITPOLD † 907. ou 908.

- ARNOLPHE I. ſuccéde au Duc LUITPOLD ; mais ce ne fut qu'en 912. ou 13. aprés la mort du Roi LOUIS, que la Baviere avec tous les Etats en dépendants, ſavoir l'Autriche et autres luy échûrent héréditairement, come un ancien patrimoine des Carlovingiens. † 937.
  - EBERHARD privé injuſtement de ſes Etats par l'Empereur OTTON I. en 938. paſſe le reſte de ſes jours ſur ſes terres allodiales en Suabe, dans le Nortgaw et autres Pays des environs dépendants de de la Baviere et s'étendants jusqu'a Babenberg.
    - BERTHOLD Comte de Baviere ; a poſſédé les terres allodiales de Babenberg et de Suabe avec d'autres ſeigneuries ſciſes en Baviere.
      - HENRY ou Hézilon. HENRY II. ou le ſaint luy fait esperer, qu'il rentrera en poſſeſſion de ſon Ancien Duché patrimonial. Voyant, que le frere de S. Gunegonde l'avoit emporté il prend les armes. † 1017.
        - OTTON Duc en Suabe.
      - BUCCON.
    - LUIPOLD II. ou LEOPOLD obtient le Marggraviat d'Autriche, que l'Empereur OTTON I. luy rend comme faiſant partie de la Baviere. La ligne par luy formée a été apellée la ligne de Babenberg, parcequ'il poſſedoit les terres allodiales ſciſes dans le Babenberg et aux environs, et pour la diſtinguer de la ligne Palatine et de Scheyern.
      - HENRY le Rébelle. Aprés que HENRY, ou Hézilon ſon arriere Couſin Germain fut mort en 1017. Il prétendit au Duché de Baviere, mais mourut pendant cet interval l'an 1018.
        - ALBERT le Victorieux.
        - ERNEST le Sévére.
        - LEOPOLD III. dit le Beau.
        - LEOPOLD IV. dit le Saint.
          - HENRY II. ſurnommé Jaſamergott ſuccede a ſon frére dans tous ſes Etats ; ſouffre des ataques de la part de HENRY le Lion ; eſt obligé d'abandonner le Duché de Baviére ; par contre le Marggraviat d'Autriche eſt érigé en Duché. † 1172.
            - LEOPOLD VI. dit le vertueux.
            - LEOPOLD VII. dit le glorieux.
              - HENRY III. dit l'impie, ou le cruel † 1227.
                - GERTRUDE ſon 1. Epoux Uladislas Duc de Bohême † 1247. Le 2. le Marggrave Hermann de Bade. Prétend aux Etats d'Autriche, s'empare même de quelques Etats en dépendants.
                  - FREDERIC, décapité a Naples en 1268.
                  - AGNES ſon 1. Epoux Ulric Duc de Carinthie, ſon 2. Mainhard III. Comte de Tyrol.
                    - HENRY
                      - MARGUERITE Maultataſch Epouſe de LOUIS fils de l'Empéreur LOUIS de Baviere.
                        - MAINHARD IV.
                    - ELISABETH, Epouſe de l'Empereur ALBERT I. fils de RODOLPHE.
              - FREDERIC le Belliqueux, dernier Duc de la ligne Bava-roiſe-Autrichienne, ou de Babenb. † 1246.
              - MARGUERITE. ſon 1. mari HENRY Roi des Romains : le 2. OTTOCARE Roi de Bohême. Celuy ci ſe rend maitre de tous les Etats Autrichiens.
              - CONSTANCE Epouſe de HENRY l'Illuſtre Marquis de Miſnie.
              - GERTRUDE Epouſe de HENRY Raſpon, Landgrave de Thuringe.
          - LEOPOLD V. obtient derechef le Duché de Baviere en 1138. aprés la proſcription de HENRY le Superbe. † 1142.
      - ERNEST Duc en Suabe ſe range du parti d'Hézilon de Babenberg.
      - POPPON, Archevêque de Tréves.
  - ARNOLPHE obtient Scheyren, devient Comte Palatin en Baviere.
    - BERTHOLD Comte Palatin de Scheyern.
    - WERNER Comte Palatin de Scheyern.
    - OTTON I.
    - OTTON II.
    - OTTON III. Comte Palatin de Wittelsbach.
    - OTTON IV. Comte Palatin de Wittelsbach.
    - OTTON V. Comte Palatin de Wittelsbach. En 1188. aprés la déposition de HENRI le Lion il obtient derechef l'inveſtiture du Duché de Baviere, defaçon qu'alors tout le Duché de Baviere étoit rentré en la poſſeſſion des Deſcendans d'Arnolphe. † 1183.
    - LOUIS † 1231.
    - OTTON l'illuſtre, cherche a entreren poſſeſſion des Etats Autrichiens a luy échus a différents titres aprés la mort de Frederic le Belliqueux. Eſt conſtitué Gouverneur de l'Autriche.
      - LOUIS le Sévere, ſe rend Maitre de tout le Pays au deſſus de l'Ens. Aide a expulſer Ottocare des Etats Autrichiens. Ne peut obtenir ces Etats de l'Empereur Rodolphe, a qui neanmoins il avoit prêté du ſecours pour les conquerir. Proteſte contre les inveſtitures données en la Diéte d'Augsbourg, dont il ſe retire. Sa ſeconde femme étoit Mechtild fille Ainée de l'Empereur Rodolphe. † 1294.
        - RODOLPHE, tige de la Maiſon Palatine Electorale aujourdhuy Régnante.
        - LOUIS de Baviere Empereur.
          - ETIENNE.
            - ETIENNE.
            - FREDERIC.
            - JEAN.
              - ERNEST.
              - ALBERT III. l'intégre.
              - ALBERT IV.
              - GUILLAUME IV. Pére d'Albert V. Epoux de la Reine Anne fille de l'Empereur Ferdinand.
      - HENRY tient du parti d'OTTOCARE. Soufre par là beaucoup de défagréments de la part de l'Empereur RODOLPHE.
        - OTTON. Son Epouſe Catherine fille de l'Empereur Rodolphe.
        - ETIENNE.
          - HENRY.
          - JEAN.
  - HERMANN Comte Palatin du Rhin.
    - EHRENFRID ou Ezo.
    - LUDOLPHE Comte Palatin.
      - HENRY le Furieux.
      - CUNON, ou CONrad obtient derechef en 1049. le Duché de Baviere.
- BERTHOLD obtient le Duché en 938. aprés la proſcription des fils d'Arnolphe. † 948.

NB. La preuve de cette table Généalogique ſe trouve en partie pag. 8. N. S. du premier Chapitre.

V. la table placée au commencement du troiſieme Chapitre.

Chapitre premier.

Anciennes prétenſions de la Maiſon de Baviere a l'Archiduché d'Autriche & autre Principautés & Etats en dépendants.

'Hiſtoire nous enſeigne, que les Romains aprés avoir paſſé les Monts ont étendu leur domination jusqu'aux environs du Danube, particulierement ſur l'Autriche, la Stirie, la Carinthie, la Carniole, le Comté de Gorice, le Tyrol &c. (a), mais ils en furent ſucceſſivement expulſés par les Theodons Ducs de Baviere de l'Illuſtre race des Agilolphins (b), qui

(a) DIO Lib. LIV. p. 534. d. It. p. 536. PATERCULUS attribue ces conquêtes a Tibere. MASCOVE hiſtoire des Allemands Lib. III. §. X. Le Baron de BÜNAU hiſtoire de l'Empire P. I. L. I. p. 141.

(b) Il eſt amplement parlé des Guerres et des conquêtes des Ducs de Baviere ſur les Romains dans les *Annal. Bav.* par AVENTIN Lib. III. & IV. It. in *Hiſtoria Octing. Cœnob.* Cap. III. *in Scriptoribus rerum Bamberg.* par LUDWIG P. II. p. 384. It. dans l'Hiſtoire des Allemands par MASCOVE. Lib. XII §. XLII. In MEGISER *Annal. Carinth.* Lib. I. Cap. I. f. 3. COCCEI. J. pub. Cap. III. Sect. I. §. 8. D'ou l'on peut facilement juger de la Grandeur du Duché, ou de l'ancien Roiaume de Baviere, puisque tout le Nortgaw, une partie de la Franconie & le Voigtland en dépendoient, et que ce dernier Pays n'en a été démembré qu'en 1080. lorsque l'Empereur Henry IV. en inveſtit les Ducs de Méran, ſelon que Nous l'enſeigne ENOCH WIDEMANN in *Chronico Curiæ in* MENCKEN. Script. Rer. Germ. Tom. III. ad a. 912. L'Annaliſte Saxon dans ECCARD Script. Rer. Germ. Tom. I. p. 393. dit même, que le ſpeſſart ſéparoit la Baviere de la Franconie; *Inde ad Sylvam Spechteshart, quæ Bawariam à Francia dirimit, veniens* (*R.* HENRICUS) *poſt laborem expeditionis delectationem exercuit venationis &c.*

N.B. Les Notes étant les mêmes, que celles contenuës dans le mémoire allemand, c'eſt la raiſon, pour laquelle on n'a point rendu en françois le nom des Auteurs et les lieux cités.

dés le fixieme fiecle S'étoient rendus Maitres de tous les Pays, qui compofoient l'Ancien Norique (c).

Ces Ducs Ainfy devenus Poffeffeurs d'un vafte territoire par Eux Conquis prirent pour modele du Gouvernement, qu'ils y introduifirent, celuy qui étoit alórs ufité parmis les Peuples d'Allemagne, furtout parmis les Francs (d); Ils commirent a des Comtes le Soin de l'Interieur du Pays (e), et la Garde des limites avec un certain diftrict en dépendant a des Marggraves, qu'ils avoient coutume de choifir ou parmis les Princes de leur Maifon, ou parmis leurs plus proches Alliés (f); et quoyque par cet établiffement leur pouvoir et autorité devinffent de jour a autre plus foibles, cependant leur Superioritè n'en a pas moins été conftamment reconnuë, fivray que lorsqu'ils convoquoient des affemblées des Etats Provinciaux, il falloit, que les Eveques et les Comtes y comparuffent, et les Marggraves leur ont toujour seté Sub-

(c) V. a ce fujet AVENTIN, BRUNNER, ADELZREITER et autres Auteurs, qui ont écrit de la Baviere. PFEFFINGER *Vitriar. Illuft.* Tom. II. Tit. XVI. p 377. feq. *de Bavariæ Ducibus.* le Baron de BüNAU en fon hiftoire de l'Empire P. II. Lib. I. p. 56. ad an. 547. Dictionnaire Geographique de *la Martiniere* au mot *Norique.*

(d) HINCMAR. *de Poteftate Regia & Pontif.* Cap. XIV. GOLDAST. *Monarch.* Tom. I. p. 7. Item OBRECHT Vol. I. *Prodromo Rer. Alfat.* Cap. XII. p. 260.

(e) MASCOVE en fon hiftoire des Allemands Tom. II. §. 35. n. 4. p. 239. ou il eft dit: outre les Ducs il y avoit des Comtes, qui étoient fpécialement commis pour rendre la Juftice. Leg. Bojar. Tit. II. §. 31. n. 7. BüNAU c. l. TRITHEMIUS Annal. ad a. 618. & 641. HERTIUS *de Orig. & Progreffu fpecial.* R. G. J. *Rerump.* §. II. *Chron. Ilminenf.* ap. CANIS. Tom. IV. *Antiqu. Lection.*

(f) BURCK. GOTTH. STRUVE. Corp. J. Publ. Cap. XXI. §. 34. BESOLD. voce: *Marggrave* p. 624. SPELLMANNUS Gloffar. voce: *Marca* p. 397. PFEFFINGER c. l. Lib. I. Tit. XVII. p. 586. feq. Il est vray, que plusieurs Publiciftes croient, que ce fut CHARLEMAGNE qui le premier établit des Marggraves en Baviere; cependant les loix des Bajoariens (*Bavarois*) prouvent le contraire; en effet l'on ne fçauroit douter, qu'avant cet Empereur les Ducs de Baviere n'en aient déjà conftitué pour garder les limites, ou les confins contre l'invasion des Lombards, des Huns & des Habitants de la Bohême; AVENT. Ann. Boj. Lib. VI. Cap. VI. n. 4.

Subordonnés par un nexe feodal, ainſy que par l'obligation de les Suivre a la Guerre (g).

Quoyque la Baviere (y compris l'Autriche et Autres Pays y appartenants) paſſa avec le tems Soús la puiſſance immediate de Charlemagne et de ſes Succeſſeurs, néanmoins ces nouveaux Souverains ayant continué a faire régir ce Duché par des Comtes, et des Marggraves n'en ont ni diminué l'ancienne étenduë, ni changé la forme du Gouvernement, qui y étoit en uſage (h); de là vient, que

A lors

(g) Cela eſt prouvé par la Chronique d'Augsbourg ſur l'an 1156. dans FREHER Script. Rer. Germ. Tom. I. p 510. *Nam hucusque* (Sçavoir jusqu'au tems de l'Empereur FREDERIC. I.) *quatuor Marchiones Auſtriæ & Styriæ, Iſtriæ, Chambenſis (qui dicebatur de Vohburg) evocati ad celebrationem Curiæ Ducis Bavariæ veniebant, ſicut hodie Epiſcopi, & Comites ipſius terræ facere tenentur.* Chron. ANDREÆ Presbyteri Ratisbon. *de Ducibus Bavariæ* Ambergæ 1607. fol. 61. Chron. Auſtriac. BERNARD. NORICI Cremisfanenſis Cœnobitæ Tom I. Script. Rer. Auſtriac. P. HIERONYM. PEZ fol. 691. C'eſtpourquoy laplûpart des Auteurs, qui ont écrit de l'antiquité, qualiffient les Marggraves d'Autriche de Marggraves de Baviere, c'eſt a dire dépendants des Ducs de Baviere, ainſy que nous le voions dans PFEFFINGER in *Vitriar. Illuſtr.* Tom. II p. 661. lequel aux paſſages allegués dit: *Certum eſſe, eos* (*viz.* Marchiones Auſtriæ) *juſſa Ducum excepiſſe.* TRITHEM. *Chron Ducum Bavar.* ad a. 1156. *Nam ante hoc Marchiones Auſtriæ quotiescunque per Duces Bavariæ ad Curiam eorum eſſent vocati, tanquam ſubjecti illis ſolebant occurrere, quemadmodum Comites & alii Nobiles adhuc tenentur obedire.* STERO ad a. eund. STRUVE *Corp. Jur. Publ.* Cap. XXI. §. 34. MASCOV. c.l.

(h) ANNALES LOISEL. ad a. 788. §. 12. VELSER *Rerum Boicar.* Lib. V. p. 174. EGINHART. in vita CAROLI M. apud FREHER. Tom. II. *Rerum Francic.* p. 437. Item *Annal.* EGINHART a. eod. *Annal.* BERTIN. a. eod. *Annales Metenſ.* a. eod. C'eſt ce qui fait dire au Baron de BüNAU en ſon hiſtoire de l'Empire: que CHARLES a nonſeulement garanti les frontieres de ces Pays de toutes invaſions ennemiës en y mettant des Garniſons ſuffiſantes, mais qu'il y a fait en outre tous les établiſſements néceſſaires pour le repos et la tranquilité interieure, ſurtout en en confiant l'inſpection et le Gouvernement a des Comtes et des Marggraves, ainſy qu'il l'avoit fait dans les autres Provinces ſujetes a ſa Souveraineté immediate. Conf. quoque PFEFFINGER *Vitriar. Illuſt.* Tom. II. p. 403.

lorsque le Duc Arnolphe (i), dont la Maison de Baviere aujourdhuy Régnante descend, s'en fut mis en possession en qualité d'Agnat des Carlovingiens et de Parent du Roy Louis dit l'Enfant (k), il ne Régna pas avec moins de pouvoir, que n'avoient fait ses Prédecesseurs au Duché, et les Comtes, ainsy que les Marggraves, ne penserent point a se soustraire de la superiorité, qu'il avoit sur Eux. Soús

---

(i) Quoyque la plus-part des Historiens donnent a cet ARNOLPHE le Surnom de Méchant, c'est néanmoins à plus juste titre, que HEPIDAMUS en ses Annales de l'an 913. le qualiffie de tres bon Duc des Bajoariens, et que DITMAR L. I. Annal. p|329 dit qu'il étoit *Mente pariter ac corpore præcluus;* aussy ADELZREITER in Annalibus Boic. Tom. I. Lib XIII. p. 334. It. GEWOLD. ad Hund. *Metropol.* Tom. II. addit. p. 593. se sont ils beaucoup étendu sur son éloge.

(k) Il n'y a absolument aucun doute, que cet ARNOLPHE ne soit la souche commune, dont les Ducs de Baviere descendent; Mais les Genealogistes & Ceux des Auteurs, qui sont entré en connoissance des familles, ont parlé differemment de l'origine, qu'il tiroit; les uns, comme ANDREAS Ratisb. in Chron. Bavar. p. m. 16. HENNINGES P. I. II. & III. Regni in IVta Monarchia p. 30. 191. & 257. le font descendre immediatement de l'Empereur ARNOLPHE; d'autres aucontraire *cum* REGINONE ad an. 907. OTTONE Frisingensi Chron. Lib. VI. Cap. XV. & ALBERICO ad an. 905. dans PFEFFINGER *Vitriar. Illustr.* Tom. II. p. 409. n. 5. en font avec plus de probabilité un fils de LUITPOLD, auquel ils donnent pour Ancêtres PEPIN & BERNARD Rois d'Italie, consequemment aussy l'Empereur CHARLEMAGNE; mais quoyqu'il en soit de cette question, elle devient en quelque façon indifferente, parceque dans l'un, comme dans l'autre cas, ce Duché, qui formoit un domaine des Carlovingiens, devoit également échoir a Arnolphe *jure proprietario atque hæreditario;* opinion d'autant mieux fondée, que selon qu'il appert par differents diplomes raportés en partie par PFEFFINGER c. l. le Roy Louis l'ENFANT a Souvent honoré LUITPOLD du titre de *Cari Propinqui*, *Dilecti Propinqui*, & a suffisament fait connoitre par cette qualiffication, que lorsque par sa mort sa Succession deviendroit vacante, elle devoit passer a LUITPOLD prefferablement a tout autre. DUFRESNE Glossar. voce, *Propinquitas*, *Propinquioritas.* Il paroit même, que c'est en cette vuë, que le Roy Louis a de son vivant accordé (quoyque *jure revocabili & beneficiario*) la possession du Duché de Baviere a LUITPOLD et a son fils, ou a ses Successeurs, jusqu'a ce qu'étant décedé en 913. LUITPOLD ait hérité ce Duché *jure proprio* & l'ait irrevocablement transmis a ses Descendants.

Soús Conrad I. Arnolphe fut forcé d'abandonner ſes Etats (l), mais il y rentra après le décés de cet Empereur, et y fut maintenu par Henry l'Oiſeleur, duquel il obtint en outre des privileges importants (m).

Ses fils ayants hérité de luy la Baviere avec toutes ſes apartenances ne crûrent point devoir en faire la repriſe, comme d'un Etat dépendant de la libre diſpoſition des Empereurs, crainte qu'un pareil aveu ne ſervit un jour de prétexte pour faire paſſer cet ancien bien patrimonial a quelque Maiſon étrangere; Mais Otton I. ſans entrer

dans

(l) LUITPRANDUS Lib. II. Cap. V. p. 105. *Arnoldus nimio Conradi terrore coactus cum uxore & filiis ad Hungaros fugit.* SIGIBERT GEMBLAC. ad a. 914. GODEFRID. VITERB. P. XVII. Chron. p. 472.

(m) LUITPRANDUS c. l. p. 106. *Hoc eodem tempore* ARNOLDUS *cum uxore & filiis ab Hungaria rediens honorificè à Bojariis, atque ab Orientalibus ſuſcipitur Francis, neque enim ſolùm ſuſcipitur, ſed ut Rex fiat, ab eis vehementer expoſcitur.* Idem c. l. *Connivens* ARNOLDUS *optimo ſuorum conſilio Henrici Regis miles efficitur, & ab eo conceſſis totius Bojoariæ Pontificibus honoratur.* ANNALISTA SAXO apud ECCARD. Script. Rer. Germ. Tom. I. p. 245. ou les negociations de paix entre l'Empereur HENRY et ARNOLPHE ſe trouvent circonſtancielement déduites. Ce qu'il y a de remarquable eſt, que ce dernier a refuſé de reconnoitre l'autre comme Roy, *niſi ea conditione* (ce ſont ſes termes) *ut ſibi hoc, quod Prædeceſſores Ejus non habuerant, concederet: ſcilicet ut totius Bawariæ Pontifices ſuæ poteſtati ſubjacerent, unoque defuncto alterum ſibi ordinare liceret &c.* Conf. DITMAR apud LEIBNIZ p. 330. *Dux Arnulphus omnes Epiſcopatus ſuâ diſtribuere manu ſingularem habuit poteſtatem.* AVENTINUS Annal. Bojo. Lib. IV. p. 293. dans lesquelles il fait mention de la confirmation de l'Empereur HENRY en ces mots: *Non ſolùm Bojoariæ Regnum locupletiſſimum, Noricos, Alemannos, Chambos, Boëthos, Sudinos, Charinos, Venedos, Carnos, Pannonias tibi ſicuti poſſides, permitto, verùm ſacrarum ædium quoque, opum Eccleſiaſticarum, Epiſcoporum, Sacerdotum, Myſtarum, Monachorum, Antiſtitum omnium Curatorem te eſſe jubeo, & Patronum, illos tibi in Clientulos dico, modò Regis nomen inutile abdicato. Cuncta alia tibi habeto. Quidnam aliud tibi vis? quid ultra deſideras? quæ concupiſcis? quæ poſtulas?* Vid. J. P. de LUDEWIG. *Germania Princeps ſub Conrado* I. Opuſcul. Tom. II. p. 227. ou cet Auteur fait voir par le témoignage de LUITPRAND, que le Duc ARNOLPHE de Baviere gouvernoit ſes Etats en Souverain, même avec une autorité Royale.

dans ces motifs les accusa de désobeissance a son égard, et se saisit de cette occasion pour les dépouiller de leurs Domaines (n), et les rendre la victime de son ambition a tout réduire sous sa puissance, ainsy que de son penchant a gratifier sa famille des biens d'Autruy (o).

Eber-

(n) REGINO ad a. 938. SIGEBERT. GEMBLAC. ad a. 939. OTTO *Imperator interim à Bojoariis sibi resistentibus rediens* Eberhardum *exiliat iterumque Bajoarios aggressus omnes sibi subdit, præter unum filium* ARNOLDI. Conf. ANNALISTA SAXO ad a. 938. eadem ferè referens.

(o) l'Empereur OTTON I. qui n'ignoroit pas le droit héreditaire des Ducs de Baviere, eut la politique de conferer dabord ce Duché a Berthold Oncle paternel des fils d'Arnolphe, mais a vie seulement, et aprés la mort dud. Berthold il en investit son frere; Teste ANNALISTA SAX. ap. ECCARD. Tom. I. ad a. 942 & 945. p. 274. WITTICHIND Lib. I. p. 649. It. AUTHOR. Vitæ Mathildis verb. *Rex præfecit fratrem suum Henricum Ducem super Bajowariorum gentem.* d'ailleurs les fils d'Eberhard et de son frere Cadet, lesquels n'avoient point trempé dans la prétenduë félonie, vivoient encore, demaniere qu'ils ne pouvoient sans une injustice criante être privés de leurs Etats patrimoniaux. Le procedé d'Otton étoit d'autant plus inexcusable, que cet Empereur ne devoit point avoir oublié avec quel pouvoir et Grandeur son propre Ayeul le Duc Otton surnommé l'illustre avoit regné en Saxe sous l'Empire de CONRAD I. et comment le Duc HENRY, avant de parvenir a la dignité Royale, avoit luy même soutenu le droit héreditaire ne regardant point les investitures comme une chose indispensab'e. Vid. WITTICHIND. CORBEJ. Lib. I. Annal. ap. MEIBOM. Tom. I. Rer. Germ. p. 634. verb. OTTONIS *tamen consensu* CONRADUS *quondam Dux Francorum ungitur in Regem, penes Ottonem tamen summum semper vigebat Imperium.* GLAFFEY *in hist. Germ. Polem. Thes. 4. p 88. & suiv.* prouve cette hérédité par un passage, qu'il a tiré de WITTICHIND c. I. p. 6,5. *Saxones suadebant Duci suo, ut si* (CONRADUS) *honore paterno eum nollet sponte honorare, Rege invito, quæ vellet, obtinere posset*; Ainsy si ce droit étoit juste dans la Maison des Saxons, comment l'Empereur OTTON pouvoit il le disputer aux Ducs de Baviere? d'ailleúrs le Duc EBERHARD ne songeoit ni a séparer ses Etats de l'Empire d'Allemagne, ni a offenser OTTON; les fils d'Arnolphe n'avoient d'autres vuës, que de conserver leur droit de Succession & leurs Terres patrimoniales, ainsy qu'il est a voir dans WITTICHIND. c. I. Lib. III. p. 653. *Erat Arnulphus cum Fratribus, qui tale consilium machinatus est contra Henricum* (OTTONIS M. fratrem) *eo quod paterno Regno subrogaretur, ipse autem bonore paterno privatus esset* Toutes ces observations ménent a conclure, que l'Empereur Otton n'en a point agi conscientieusement, lorsqu'il a enlevé la Baviere a Ceux, qui en étoient les Héritiers légitimes; C'est

ce

Eberhard fût celuy d'entre les fils d'Arnolphe, qu'on regarda comme le plus coupable, et qui par consequent fût le plus mal traité, car il se vit réduit a passer le reste de ses jours (p) sur celles des terres allodiales dépendantes de la Baviere, qui étoient les plus éloignées, Savoir bien avant dans le Voigtland et la Franconie jusqu'au delà de Babenberg (q); aulieu que chacun de ses Freres obtint un Palatinat, Arnolphe en Baviere et Hermann dans les Provinces du Rhin (r).

B l'Empe-

---

ce qui a fait dire a GLAFFEY en l'histoire susalleguée, parlant du Regne de CONRAD I. "Que le procedé des Empereurs subsequents, „ qui ont tenté d'ôter aux Etats leur superiorité territoriale, n'e- „ toit point en regle, parconsequent que l'on ne pouvoit inter- „ préter en mauvaise part, bien moins encore regarder comme „ Rebellion la conduite des Etats, qui ont opposé la force des „ armes aux entreprises des Empereurs, et deffendu leur liberté a „ la pointe de l'Epée. V. l'histoire de l'Empire par HAHN §.XV. „ L. dd. en laquelle cet Auteur raporte la vivacité outrée de l'Em- „ pereur Otton, et l'injustice manifeste faite aux Ducs de „ Baviere.

(p) Comme aprés cette déposition du Duc EBERHARD les Historiens ne font aucune, ou dumoins fort peu mention de luy, il pâroit qu'il n'a pas longtems survecu a ses malheurs, si ce n'est qu'il se soit tenu dans une espece de retraite et éloigné du Grand Monde.

(q) Suivant les anciennes histoires d'Allemagne Babenberg a eté cidevant regardé comme une dépendance du Duché de Baviere; on en voit une preuve bien claire dans les Annales de Hildesheim de l'an. 964. p. 718. en PFEFFINGER *Vitriar. Illustr.* Tom. II. p. 410. BERENGARIUS *in monte S. Leonis captus, & cum vi deductus, unà cum Regina ejus inhabitatrice Willa, in Bajoariam ad Castellum Baveberg.* de là vient (et c'est l'opinion la plus probable) que quelques Ecrivaîns ont appellé ligne de Babenberg celle, qui a eté formée par les Marggraves d'Autriche descendants du Duc EBERHARD.

(r) RUOTGER. in vitâ Brunon. §. XVI. p. 279. ait: *Arnoldo strenuo inprimis viro summam rerum in Bauwariorum terra commissam fuisse.* Item GERARD. in vitâ S. Udalr. Cap. X. §. 36. p. 436. le qualiffie nommément de fils d'ARNOLPHE. MONACH. BROUWILLER in Narrat. de EZONE C. P. R. & MATHILDE eius Conjuge apud LEIBNIZ. Script. Rer. Bruns. §. 37. p. 313. PFEFFINGER d. l. Tom. I. p. 943. en dit autant de HERMANN.

l'Empereur **Otton I.** pour en quelque façon réparer les injuſtices par luy commiſes, rendit, ou laiſſa a **Leopold** fils du Duc **Eberhard** une partie de ſes Pays paternels, ſavoir le Marggraviat d'Autriche (s), et ſe fût peutêtre déterminé a reſtituer pareillement la totalité du Duché de Baviere, ſi des raiſons d'Etat et un interêt de famille ne l'en euſſent empeché.

Jus-

(s) Les Génealogiſtes les plus ſuivis et ceux, qui ſont particulierement verſés dans la connoiſſance des familles, diſent preſque tous unanimement, que le Marggrave LEOPOLD ou LUIPOLD deſcendoit d'ARNOLPHE, et étoit fils du Duc EBERHARD, de la dépoſition duquel il a cidevant été fait mention. Tel eſt entre autres le ſentiment, que tiennent HENNINGES II. & III. *Regni in quarta Monarchia* P. priori fol. 257. 258. & 259. REUSNERUS fol. 185. GEORGIUS LOCHMAYER Lunenburgenſis *Inſtructio Hiſtorica & Genealogica Principatuum in Europa* Tab. I. primorum Ducum Bavariæ, ut & Marggraviorum Auſtriæ. HüBNER *Tab. Geneal. Tab.* 132, ſoùs le titre de Ducs de Baviere de la Maiſon de Wittelsbach. PFEFFINGER *Vitriar. Illuſtr.* Lib. I. Tit. 16. fol. 410. Ceux, qui penſent demême, ſont JOH. PALATINUS *in Aquila inter lilia Monarchiæ Occidentalis* Lib. II. Cap. II. fol. 19. SPENER *in Opere Herald.* Lib. I. Cap. IX. §. 31. p. 53. verb. *Hæc Provincia* (Auſtria) *olim Pannoniæ pars, aliquamdiu ſub Bavariæ fuit Ducibus; inde à Cæſaribus ei Marchiones præpoſiti, quæ dignitas in uſu ferè erat circa illas Regiones, quæ limites fuerant Imperii; inprimis verò claruit **Luipoldus** ſeu **Leopoldus I.** Marchio, qui dignitatem ad Poſteros transmiſit, Imperatoris **Henrici I.** Gener, Illuſtris cognomine dictus, qui* a. 988. *vivis exceſſit; Eum **Otto** Friſingenſis ex Babenbergenſibus Comitibus deducit; malim verò cum **Aventino** eum **Everhardi** Filium, & **Arnolphi** Ducis Bavariæ (à cujus etiam altero filio **Arnolpho** Comites Schirenſes & per eos Duces Bavariæ bodierni atque Comites Palatini oriuntur) Nepotem agnoſcere, ab eo reliqui omnes Marchiones Auſtriæ &c.* et quoyque OTTO Friſingenſis ainſy que l'Auteur fundationis Cœnobii Melicenſ. dans LAMBEC. *Biblioth. Cæſar Vindob.* Lib. II. Cap. VIII. p. 627. faſſent deſcendre LEOPOLD d'une autre Souche, ce ſentiment mérite d'autant moins d'attention, que ces deux Auteurs ne le fondent que ſur un ſimple *traditur, on dit,* et que d'ailleurs OTTON portoit une haine marquée aux Deſcendants d'ARNOLPHE; joint a cela que cequi peut les avoir induit a erreur eſt la diviſion, qui a eté faite des lignes provenantes de chacun des trois fils d'ARNOLPHE, dont celle formée par EVERHARD a été appellée la ligne de Babenberg pour la diſtinguer des deux Autres.

Jusqu'aux tems de Frideric I. Leopold et ſes Succeſſeurs au Marggraviat continuerent en leur qualité de Marggraves a reconnoitre la Superiorité et la directe des Ducs de Baviere ſur l'Autriche (t), ſans doute afin que le Duché de Baviere, qu'ils eſperoient toujours de récuperer tôt ou tard, ne perdit rien de ſes anciens avantages. Ce fut ſoús Henry II. dernier des Empereurs Saxons, qu'ils crurent trouver une occaſion favorable pour mettre a éxecution les vuës qu'ils avoient; car lorsque Henry eut vérs l'an 1003. peu aprés qu'il fut monté ſur le thrône, pris la reſolution de conferer ce Duché a Henry frere de ſon Epouſe, et ce au préjudice des Deſcendants d'Arnolphe, Hezilon ou Henry Marquis de Schweinfurt & Petitfils du Duc Eberhard (u),

 S'étant

(t) L'on trouve dans REGINON ſur l'an 955. un paſſage conçu en ces termes: HENRICUS *Frater Regis deſperatis rebus recuperatis, recepto Ducatu Bavariæ obiit; cujus Filio Henrico pius Rex & Ducatum dedit, & Marcam.* Lorsqu'il eſt dit, que le fils de HENRY obtint aprés la mort de ſon Pere le Duché (de Baviere) et le Marggraviat (d'Autriche) ce mot de *Marcam* ne pouvoit étre entendu que du domaine direct, puisqu'il eſt notoire, que LEOPOLD ſurnommé l'illuſtre poſſedoit alórs le Marggraviat comme un territoire mouvant des Ducs de Baviere; deſorte qu'il eſt vray de dire, que jusques lá l'Autriche a toujours été cenſée former une dépendance de la Baviere.

(u) STRUVE *Corp. Hiſtor. Germ.* Per. V. Sect. V. §. III. p. 274. HAHN hiſtoire de l'Empire P. II. Cap. VI. §. IV. p. 184. ADELBOLD. *in vita Henrici S.* §. X. p. 433. fait un ample récit de tous ces faits. Aureſte il eſt tres croiable, que ce Hezilon, ou Henry, étoit Petitfils du Duc Eberhard et arriere-Petitfils d'Arnolphe, ainſy qu'il eſt ſoutenu avec fondement par GEWOLDUS *in Genealog. Principum Boj.* DITMAR *Lib. II. Annalium p. 335.* donne le titre de Duc Baviere a ſon Pere Berthold, lequel ſelon toute apparence poſſedoit les Seigneuriës allodiales ſciſes en Franconie et en Suabe, ainſy que le Babenberg, a luy échus héreditairement, et avoit transmis ces domaines a ſon fils Hezilon Marquis de Schweinfurt, qu'ADELBOLDUS l. c. appelle *ditiſſimum Comitem Bavariæ*; l'Empereur Henry l'avoit immediatement aprés ſon couronnement flatté de la

S'étant ligué avec son Cousin Ernest Duc de Suabe, ainsy qu'avec d'autres Princes & Etats, s'y opposa des plus vivement, soûtenant avec justice, que le Duché de Baviere devoit luy étre conferé prefferablement a tous autres; mais ses entreprises furent sans succés (x) et il mourut en 1017.

l'Empereur Henry paroissant disposé a faire passer une seconde fois le Duché de Baviere a une Maison Etrangere (y), Luitpold fils du Marggrave Henry d'Autriche se donna aussytôt des mouvements pour traverser ce projet, et n'eut certainement manqué de tâcher de recouvrer a main Armée cet ancien patrimoine de sa Maison, si sa mort sur-

la restitution du Duché, vraysemblablement en consideration de ses prétentions, mais aulieu d'accomplir sa promesse, il tourna ses vuës en faveur du frere de S. Cunegonde son Epouse, ce qui piqua tellement Hezilon, qu'il Hazarda de recouvrer par la force des armes cet ancien patrimoine de sa Maison, en quoy il fût secondé par Ernest Duc de Suabe fils du Marggrave Luitpold d'Autriche, et par Bruno Eveque d'Augsbourg frere de l'Empereur. DITMAR. *Lib. V. Annal. p. 370. seq. Auctor vitæ S. Meinverci §. XIV. p. 522.* Ainsy il est aisé de concevoir 1. pourquoy le Duc Ernest de Suabe s'est mêlé dans ces brouilleriës? teste DITMAR. *Lib. IV. Annal. apud* HAHN histoire de l'Empire *c. l. P. II p. 184.* s'entend parcequ'il luy importoit, que le Duché repassâ a ses anciens Souverains, savoir aux Descendants d'Arnolphe & d'Eberhard; 2. Par quelle raison luy et Otton fils d'Hezilon sont parvenus au Duché de Suabe? S'entend parcequ'ils avoient l'un et l'autre hérité d'Eberhard leur Grand Pere commun des biens et seigneuriës Scises dans led. Duchè, suivant que le présume fort bien le S[r]. ECKART en ses *Commentar. Francic. Lib. XXXII. §. 118.* quoyqu'a l'egard de leurs Ancêtres il soit d'un sentiment erronné et fort facile a détruire. 3. L'on reconnoit par lá pourquoy Hezilon, ainsy que Berthold sont placés au nombre des Comtes de Baviere, & 4. qu'ils ont contracté des fameuses alliances avec les Rois & les Empereurs, ce que ne font point communement ceux, qui ne sont pas de Maisons aussy illustres.

(x) DITMAR Lib. V. Annal. p. 370. & 372. ADELBOLD. vit. Henrici S. §. 25 p. 136.

(y) DITMAR. Lib. VI. Chron. ad a. 1008. Item Lib. VII. ad a. 1017. apud LEIBNIZ. Tom. I. Script. Brunf. p. 416.

ſurvenuë pendant cet interval n'eut tout a coup rompu ſes deſſeins (z). Il fallut donc, que les Deſcendants d'Arnolphe ſe tinſſent pendant quelque tems tranquiles.

Aprés la mort du Duc Henry V. fils du frere de Ste Cunegonde, l'Empereur Henry III. fit en 1049. repaſſer a l'ancienne Maiſon de Baviere le Duché de ce nom en le conferant et reſtituant a Cunon, ou Conrad fils du Comte Palatin Luipold, & arriere-Petitfils de Hermann troiſieme fils d'Arnolphe (a). Les expreſſions, dont Arnpeck ſe ſert (b) en racontant ces faits, font connoitre, que la Maiſon Ducale de Baviere ne S'eſt point déporté de ſes prétenſions a ſes anciens Etats patrimoniaux, mais que de tems a autres Elle a, ſi ce n'eſt par les branches Ainées, dumoins par les branches Cade-

C tes,

(z) Vid. Annales Hildesh. ad a. 1018. apud LEIBNIZ. T. I. c. l. p. 724. *Henricus Marchio Bajoariæ ſubitanea morte præventus obiit.* Item. DITMAR. c.l. ad a. eund. *Henricus, qui Marchiam inter Ungarios, & Bavarios poſitam tenuit, 8. Cal. Jun. fortis armatus obiit.* C'eſt pourquoy les Ecrivains de ce tems luy ont donné le ſurnom de *Rebelle*; parcequ'ils avoient leurs raiſons pour adhêrer aux Empereurs plutôt qu'aux Etats, ce qui fait qu'aux prétenſions les plus juſtes ils ont ſouvent donné le titre odieux de rébellion et de ſoulevement.

(a) La preuve, que Cunon deſcend en ligne directe de Hermann troiſieme fils du Duc Arnolphe, ſe trouve dans TOLNER in Hiſtoria Palat. Cap. IX. p. 252. ſeq. ex Manuſcript. BROUWILLER, & GUNDLING in Præfat. ad AVENTINI Annal. Boic. cela arriva en 1049. ainſy que l'aſſure HERMANN. CONTRACT. ad d. a. *Imperator Natalem Domini Friſingæ, & Purificat. S. Mariæ Ratisponæ agens Bojoariæ Ducem Conradum conſtituit.*

(b) Vid. LEIBN. Script. Rer. Bruns. Tom. III. p. 660. ibi: *Conradus, qui & Chuno, Ducatum Bavariæ ab Imperatore Hainrico III. a. D. 1049. recepit.* PFEFFINGER c. l. Tom. II. p. 426. òrs ce mot *Recipere* ſignifie recouvrer, récuperer, deſorte qu'il eſt naturel de croire, que Conrad a inſiſtè ſur la reſtitution.

tes, cherché occasion de les recouvrer, & de les conserver dans la famille (c).

Il est notoire, que le Duc Cunon a fait une triste fin et nà délaissé aucuns Héritiers, desorte que le Duché tomba derechef en mains Etrangeres (d), jusqu'a ce que soús l'Empereur Conrad III. les circonstances parûrent disposées a procurer justice entiere a la Maison Ducale et a la faire rentrer dans les Etats, qu' Otton I. luy avoit enlevé; Car Conrad III. aprés avoir déposé le Duc Henry le Superbe, ré-investit du Duché de Baviere les Descendants d'Arnolphe en la Personne de Leopold V. Marggrave d'Autriche (e).

Mais Henry le Lion fils de ce Henry le Superbe, qui avoit été déposé, troubla bientot la paisible possession de Leopold, & comme il étoit dans les bonnes graces de Frederic I. il ne cessa de l'importuner (f), et l'engagea a faire citer aux Dictes de l'Empire le Duc Henry Jasa-

---

(c) Il est a présumer, que le Duc Conrad a mis a proffit une occasion, ou des facilités, que les deux autres Branches Ainées n'avoient point trouvées; ce qui peut d'ailleürs beaucoup avoir contribué a la reussite de Conrad, c'est son mariage avec Irmengarde fille du Duc Henry V. et la conduite d'Eberhard, dont on conservoit encore le souvenir.

(d) MARIAN. SCOTUS ad an. 1054. p. 451. *Annales Hildesheim.* TOLNER Hist. Palat. Cap. IX. p. 251. F.

(e) Entre les Ducs de Baviere le deuxieme. Ce fut en la Diéte de Goslar de l'an 1138. qu'il obtint l'investiture de ce Duché selon le temoignage OTTONIS Frising. Lib. VII. Chron. Cap. 25. p. m. 153. It. ARENPECKII Chron. Bavar. apud LEIBNIZ Tom. III. c. l. p. 664.

(f) Tous ces faits sont déduits par VITUS ARENPECK dans LEIBNIZ. c. l. p. 670. OTTO Frising. Lib. VII. Chron. cap. 26. p. 154.

Jaſamergott de Baviere, lequel avoit ſuccedé au Duc Leopold ſon frere, pour répondre a la demande contre luy formée (g).

Henry Jaſamergott, qui ſçavoit les diſpoſitions de l'Empereur en faveur de Henry le Lion, avoit ſes raiſons pour ne point comparoitre, malgré les differentes aſſignations, qui luy furent données; ſurquoy intervint a la Diéte tenuë a Goſslar l'An 1154. un jugement, qui le condamna a ſe déſiſter du Duché au profit du Duc Henry le Lion (h).

Quoyqu'en l'année ſuivante ce jugement ait été confirmé, même en partie executé (i), cependant l'Empereur, qui ſe repentoit de l'avoir rendu, ne l'a point fait valoir dans toute ſon étenduë, d'autant plus qu'il voioit Henry Jaſamergott, pour qui les Etats Provinciaux étoient inclinés, ſe mettre en poſture de deffenſe, et que d'Ailleurs les Etats de l'Empire murmuroient contre l'injuſtice, qu'il avoit faite (k), demaniere qu'il préfera d'accommoder l'affaire et de diſpoſer Henry Jaſamergott a céder de bonne grace une partie de ſes poſſeſſions, a quoy celuy cy ſe détermina en réſignant aux termes de la convention, qui en avoit été faite, la totalité du Duché, dont l'Empereur fit enſuite le partage, en Conferant a Henry le Lion la Baviere priſe dans un ſens ſtrict et détachée de tous les ac-

(g) Idem c. l. PFEFFING.. c. l. Tom. I. p. 127. & 128.

(h) OTTO FRISING. ibid. *Proinde in Oppido Saxoniæ Goslaria Curiam celebrans, utrosque Duces datis edictis evocavit; Ubi, dum altero veniente, alter ſe abſentaret, judicio Principum alteri, id eſt,* HENRICO, *Saxoniæ Duci, Bojoariæ Ducatus adjudicatur.*

(i) OTTO FRISING. Lib. II. *de Geſt. Friderici I.* Cap. 27. & 28. p. 469. apud URSTIS.

(k) *Recenter prolatâ in tam magnum Principem ſententiâ & exhinc obortum non parvum aliorum Principum murmur &c.* OTTO FRISING. *de Geſt. Friderici I.* Lib. II. Cap. XI. p. 452.

croisſements, qui y avoient été joints depuis la Conquête ſur les Romains, et en inveſtiſſant Henry Jaſamergott Duc de Baviere, qualiffié enſuite Duc d'Autriche, du Marggraviat de ce nom (l).

Jusques là le Marggraviat d'Autriche avoit fait partie et dépendance du Duché de Baviere (m), et n'a été dégagé de

---

(l) V. la piece produite ſoûs la lettre B. intitulée : *Copie du jugement arbitral, ou Diplome de* FREDERIC. I. dans laquelle cet Empereur érige le Marggraviat d'Autriche en Duché et crée le Duc HENRY Jaſamergott de Baviere premier Duc d'Autriche, *Litem & controverſiam, quæ inter dilectiſſimum Patruum noſtrum* HENRICUM *Ducem Auſtriæ* (Fratrem ſcil. uterinum CONRADI III. ex Agnete uxore LEOPOLDI pii March. Auſt. & Vidua FRIDERICI Hohenſtauff.) *& cariſſimum Nepotem noſtrum* (ſcil. ex Avunculo *Friderici Imp.* HENRICO Superbo) HAINRICUM *Ducem Saxoniæ diu agitata fuit de Ducatu Bavariæ, hoc modo terminavimus, quod Dux Auſtriæ reſignavit Ducatum Bavariæ, quem ſtatim in beneficium conceſſimus Duci Saxoniæ. Dux autem Bavariæ reſignavit nobis Marchiam Auſtriæ cum omni jure, & cum omnibus beneficiis, quæ quondam Marchio* LUIPOLDUS *habebat à Ducatu Bavariæ. Ne autem in hoc facto minui videatur honor & gloria dilectiſſimi Patrui noſtri: de conſilio, & judicio Principum,* WLADIZLAO *Illuſtri Duce Bohemiæ ſententiam promulgante, & omnibus approbantibus, Marchiam Auſtriæ in Ducatum commutavimus, & eundem Ducatum cum omni jure præfato Patruo noſtro* HAINRICO, *& prænobiliſſimæ Uxori ſuæ* THEODORÆ *in beneficium conceſſimus, perpetuali jure ſancientes, ut ipſi, & liberi eorum poſt eos &c.* Voyez de plus le privilege produit ſoûs la lettre C. en vertu duquel entre autres le Pays au deſſûs de l'Ens appellé *Marchia à ſuperiori parte fluminis Anaſi* a été détaché de l'ancienne Baviere, dont il formoit les limites pour être joint a l'Autriche nouvellement érigée en Duché : *Marchionatum Auſtriæ & dictam Marchiam ſupra Anaſum commutavimus in Ducatum.* Conf. PFEFFINGER *Vitriar. Illuſtr.* Tom. I. p. 129.

(m) Cela paroit par ce qui a été cydevant déduit, et même par le propre Dipolme de Frederic; Car lorsque Henry Jaſamergott eut réſigné la totalité du Duché de Baviere, c'eſt a dire le Duché avec ſes Comtés et Marggraviast, l'Empereur en inveſtit dabord Henry le Lion Duc de Saxe, dont il auroit néceſſairement fallu, que le Duc d'Autriche prit les inveſtitures, ſi par les arrangements conde ce nexe féodal que par la médiation de l'Empereur, qui pour en quelque façon indemniser le Duc Henry Jasamergott de la perte de son Duché patrimonial réduisit le jugement arbitral par luy rendu en la forme d'un privilege, par lequel nonseulement il co-investit la Princesse Theodore Epouse de Henry Jasamergott, mais il ordonna en outre, que le Duché échoiroit toujours a l'Ainé des fils et au deffaut des mâles a l'Ainée des filles de la famille(n), tellement que les filles ne pourroient étre admises, que lorsque les mâles, ou Agnats descendants d'Arnolphe viendroient a manquer (o).

Henry le Lion, quoyque redevable de la Baviere aux bienfaits de Frederic I. ou Barberousse, auquel il

concertés il n'avoit été convenu, que Henry le Lion, qui en obtenant la Baviere en avoit pareillement obtenu toutes les dépendances, en resigneroit une partie, savoir l'Autriche avec ses appartenances, pour icelle étre par l'Empereur et l'Empaire donnée en fief a Henry Jasamergott a titre de Duché immediat.

(n) *Eundemque Ducatum cum subscriptis Juribus, Privilegiis & gratiis omnibus liberalitate Cæsarea contulimus prædicto* HENRICO *nostro Patruo charissimo, prænobili suæ Uxori* THEODORÆ *& Liberis eorundem, ob singularem favorem, quo erga dilectissimum Patruum nostrum* HENRICUM *Austriæ, ejus contboralem, prænobilem* THEODORAM, *& eorum Successores, nec non erga terram Austriæ, quæ Clypeus & Cor Sacri Rom. Imp. esse dignoscitur, afficimur &c. - - - Et si, quod DEus avertat, Dux Austriæ sine herede filio decederet, idem Ducatus ad seniorem filiam, quam reliquerit, devolvatur; Inter Duces Austriæ, qui Senior fuerit, Dominium habeat dictæ terræ, ad cujus etiam seniorem filiam Dominium jure hereditario deducatur, ita tamen, quod ab ejusdem sanguinis stipite non recedat &c.*

(o) Le Comte Palatin OTTON de Wittelsbach étoit alòrs beaucoup en credit prés de FREDERIC. I. desorte qu'il paroit, que ce fut en sa faveur et celle de ses Descendants, que l'Empereur en réglant l'ordre de Succession aux Etats Autrichiens fit inserer dans son privilege la clause: *Ità tamen, quod ab ejusdem Sanguinis stipite non recedat &c.*

il avoit prêté du fecours contre les Milanois, eut l'ingratitude de retirer fes Troupes de l'Italie fans en prévenir l'Empereur (p), qui a fon retour luy en marqua fon indignation et fon reffentiment, et le fit citer aux Diétes de Worms, Magdebourg et Gofslar. Henry n'ayant voulu y comparoir fut par contumace mis au ban de l'Empire, en confequence déclaré déchu de tous fes fiefs et Etats, y compris le Duché de Baviere (q).

Frederic Barberouffe, pouvant aprés cette proscription difpofér de la Baviere, ne jetta fes vuës fur aucune Maifon Etrangere, mais aucontraire pour réparer le tord, qu'il fçavoit avoir été fait aux Succeffeurs d'Arnolphe de Baviere, il reftitua ce Duché a Otton le Grand de Wittelsbach en la Diéte tenuë a Ratisbonne l'an 1180. au moyen de laquelle reftitution la Baviere et l'Autriche reprirent en quelque façon leur ancien état, et fe trouverent reuniës, finon foús la même tête, dumoins en la même famille, puifque Henry de la branche d'Everhard poffedoit l'Autriche, et qu' Otton Defcendant de la branche formée

(p) Otto de S. Blafio L. XXIII. p. 209. *Imperator anguftatus Legatos in Germaniam pro fupplemento exercitus direxit. - - - Dux* Henricus, *utpote folus ad fubveniendum Imperatori hoc tempore & potentiâ, & opulentia idoneus, Goslariam ditiffimam Saxoniæ Civitatem jure beneficii pro donativo ad hoc expetiit. Cæfar autem tale beneficium fibi invito extorqueri ignominiofum exiftimans minimè confentit; pro quo* Henricus *iratus, ipfum in periculo conftitutum recedens reliquit.* CONRAD. URSP. p. 296. *Dum* Henricus *de Saxonia Nepos Imperatoris perfidè ab eo receffit, fum[illegible] ta occafione de excommunicatione & fortè acceptâ pecuniâ.* CONRAD. BOTHO. Chron. p. 349.

(q) Ce jugement fut rendu en l'Affemblée des Etats de l'Empire tenuë a Wirtzbourg l'an 1180. ARNOLD. LUBECENS. Lib. II. Cap. XXIV. p. 644. CONRAD. URSPER. c. l. p. 296. & 297. ALBERT. STADENS. p. 294. GODEFR. COLON. ad e. a. p. 247. OTTO de S. BLAS. ad a. 1180. C. 241. p. 209. PFEFFINGER. *Vitriar. illuftr.* Tom. I. p. 139. & 140.

formée par Arnolphe venoit de recouvrer la Baviere(r); depuis lequel tems la Baviere avec tous les droits y apartenants a passé de Pere en Fils jusqu'a son Altesse Electorale aujourdhuy Régnante.

Le Duc Henry Jasamergott a continué par son Fils le Duc Leopold VII. la Branche Ainée Bavaroise-Autrichienne formée par Eberhard. Ce Leopold a eu pour successeur Frederic et Leopold VII. devenu Pere de Henry III. et de Frederic le Belliqueux, avec lesquels cette Branche S'est totalement éteinte en 1246.

Le Duc Otton de Baviere surnommé l'Illustre, qui avoit des justes prétensions aux Etats Autrichiens, puisqu'elles étoient fondées non seulement sur un droit de réunion et de révendication, mais aussy sur le droit d'agnation et parconsequent sur les dispositions des loix féodales (s), envoya aussytot en Autriche son Fils le Duc Louis le Sévere pour en prendre possession (t); Louis y fut reçu

avec

(r) Il est vray, qu'il dépendoit de Frederic de restituer le Duché de Baviere a la Branche Ainée Descendante d'Eberhard, mais comme Elle possedoit dejá le Duché d'Autriche, cet Empereur craignoit, qu'Elle ne devint trop Puissante, defacon qu'il preffera la Branche Cadette. *Vid. Annales* PEGAV. apud MENCKEN. *Script. Rer. Germ. ad a.* 1156. PFEFFINGER. *c. l. Tom. III.*

(s) *Chronic. Austral.* apud FREHER. ad h. a. Tom. I. Script. Rer. Germ p. 458. Item *Chronic. Augustens.* ibid. p. 526. II. Feud. 11. & 50. I Feud. 8. §. Hoc quoque. HORN. Jur. Feud. Cap. XVI. §. 10.

(t) Ce fait est averé par le Chronicon S. Petri Salisburgens. P. HIERONYM. PEZ Script. Austr. Tom. I. fol. 687. Lit. A. verb. OTTO *etiam Dux Bavariæ mittens* LUDOVICUM *filium suum cum exercitu ad terram illam, sibi Civitates Linz & Anasum cum magna parte illius Provinciæ subjugavit.* Parmis les lieux pris en possession étoit aussy comprise

avec l'agrément de tous les sujets et Etats Provinciaux (u).

Les filles délaissées par les derniers Ducs de Baviere-Autriche se mirent pareillement au rang des Prétendants, particulierement la fille Ainée du Duc Leopold VII. nommée Marguerire Douairiere de Henry Roy des Romains, et Gertrude fille du Duc Henry III. Epouse du Marggrave de Bade. Ces deux Princesses ayant aussy trouvé moyen de se mettre en possession d'une partie des Etats Autrichiens, la premiere établit un siege de Régence a Haimbourg et l'autre a Medlingen (x).

Cette multiplicité de seigneurs, ou de Souverains ne pouvoit qu'occasionner du trouble et de la confusion, et les Etats voioient avec peine le Gouvernement du Pays entre les mains des femmes; c'est pourquoy ils envoyerent a l'Empereur Frederic II. qui étoit alòrs a Verone, des Dépu-

---

prise la ville de Steyer et ses environs, ainsy que l'ateste PREUENHUEBER Annal. Styrens. P. II. p. 411. ex Annalibus Cœnobii Garstensis. Item aliud Chronicon Monasterii Salisburgens. Tom. II. apud PEZ fol. 77. ibi : *Interfecto Duce Austriæ* FRIDERICO *Dux* OTTO (Bavariæ) *per filium suum Ludovicum obtinuit Civitatem Linz & Civitatem Anasum cum magna parte Austriæ.* Item Chron. Austriacum NICOL. THOM. EBENDORFFER de HASELBAGH apud PEZ c. Tom II. p. 726. Lit D. : *Interea &* OTTO *Dux Bavariæ per filium suum* LUDOVICUM *missis Gentibus, sibi subjugavit superiora Austriæ Oppida Linz & Anasum cum aliis locis sibi conterminis. Sed cum Cæsar paucis post annis veneno è medio sublatus in Apulia, creverunt Austriæ calamitates, quandoquidem &* BELA IV. *Hungariæ Rex Cumanos, & quos habere potuit bellicosos populos, ut in suam traduceret ditionem Austriam cum exercitu venit, multos sine causa abduxit, Styriam inprimis molestavit, corruptisque quibusdam Nobilibus Ducatum sibi vindicavit.* OTTO *item Bavariæ Dux misso filio suo* LUDOVICO *Superiorem Austriæ partem supra Anasum cum Oppidis & Villis, quam olim* FRIDERICUS BARBAROSSA *Imp. Austriæ adjecerat,* ... (scilicet justâ) *rapuit &c.* Conf. quoque CUSPINIAN. *Austria.* post obitum FRIDERICI fol 633.

(u) PREUNHUEBER Annal. Styrens. c. l.

(x) GERARD à ROO *Annal. Austriæ* Lib. I. fol. 15. & 16. It. Chronicon German. Austriæ GREGOR. HAGEN. Ap. P. HIERONYMUM PEZ Tom. I. fol. 1072. & 1073. PREUNHUEBER Annal. Styr. P. I. fol. 29.

putés pour demander un Régent, a quoy l'Empereur deffera et commit en 1248. au Duc Otton l'Illuftre de Baviere la Régence de l'Autriche et dépendances (y); Mais ce Duc ne pouvant, non plus que fon fils Louis, féjourner longtems dans le Pays, les Sujets rappellerent le Marggrave Hermann de Bâde, qui mourut un an aprés (z).

Wenceslas Roy de Bohême trouvoit auffy, que ces Etats feroient fort a fa bienféance, c'eftpourquoy pour fe former un titre apparent, a la faveur duquel il put s'en emparer, il negocia un mariage entre fon fils Premislas III. communement appellé Ottocare et Marguerite Douairiere du Roy des Romains, et fe rendit enfuite maitre de tout le Duché d'Autriche, dont les fujets luy prêterent Serment de fidelité (a).

Quoyqu'en 1260. Ottocare répudia fon Epoufe, de laquelle il n'avoit point d'Enfants, il ne continua pas moins a demeurer en poffeffion des Etats Autrichiens, fe retranchant fur d'autres moyens, fçavoir fur ce qu'il poffedoit lesd. Etats a titre de fief mafculin révertis a l'Empire, puisque l'Empereur Richard les luy avoit conferé comme tels

E par

(y) Les Etats Provinciaux font mention de cette Régence commife au Duc de Baviere dans un mémoire inftructif, qu'ils préfenterent en 1619. raporté par LONDORP. Tom. 1. Act. publ. p. 582. Item PREUENHUEBER Annal. Styrenf. p. 29. item p. 411. ou cet Auteur démontre par les Croniques d'Autriche, que la Commiffion concernant cette Adminiftration fut envoyée de Verone au Duc Otton de Baviere.

(z) Vid. Chronic. Auftr. ad a. 1248. apud FREHER. Tom. 1. p. 459. HERMANNUS *Marchio de Baden voluit effe Dux Auftriæ, fed non valuit.* Il y eft auffy parlé de fa mort en 1250. It. PREUENHUEBER. c.l. p. 411.

(a) Chron. Auftral. apud FREHER. c. l. ad a. 1251. & 1252. GERARD. à Roo *Annal. Auftriac.* Lib. I. p. 16. STRUVE Corp. Hift. Germ. Per. VIII. §. 10.

par des lettres d'investiture de l'an 1262. et que d'allieurs il en avoit fait l'acquisition a titre onereux (b).

Les Ducs Louis et Henry de Baviere ne pûrent souffrir, que cet ancien patrimoine de leur Maison resta entre les mains d'un Usurpateur, desorte qu'aprés avoir inutilement essayé les voyes amiables, ils en vinrent aux armes; mais les forces d'Ottocare étant superieures aux leurs, tout ce qu'ils purent emporter fut de faire rentrer en leurs domaines le Pays au dessús de l'Ens, qui étoit celuy, que l'Empereur Frederic Barberousse avoit détaché de l'ancienne Baviere pour le joindre a l'Autriche, moyennant laquelle réunion la Baviere reprennoit ses premieres limites (c).

En 1272. les Principaux Etats de l'Empire tinrent un Congrés a Francfort pour proceder a l'Election d'un Empereur. Il y eut parmis ceux, qui éxerçoient la voix active tant de difficultés et de dissensions, que jamais il ne fut possible de convenir d'un Chef agreable a la pluralité; c'estpourquoy pour mettre fin a des débats, qui ne tendoient qu'a prolonger un Interregne, dont l'Allemagne ressentoit encore les funestes suites, l'on eut recours a un expedient; ce fut de remettre l'Election a l'arbitrage de Louis de Baviere surnommé le sévere et de se soumettre a reconnoitre Empereur celuy, qu'il nommeroit; Louis en vertú de ce compromis, dont il ne S'etoit chargé qu'avec resistance, se détermina en faveur de Rodolphe Comte de Habsbourg, auquel il donna la prefferance sur nombre d'autres Com-

(b) Le Diplome d'investiture octroyé par RICHARD se trouve en GOLDAST de Regno Bohemiæ in Append. Docum. fol. 34. N. 17. It. LüNIG Archives de l'Empire *part. special.* Continuation premiere de la 1. Cont. p. 6. STRUVE Corp. Hist. Germ. Per. VIII. de Interregno M. p. 521. Ou il raporte un Diploma RUDOLPHI Imp. cassatorium Actorum RICHARDI tiré de MARTENE *Thesaur. Anecdot.* Tom. I. p. 1269.

(c) Vid. ADLZREITER Annal. Boic. Tom. I. Lib. XXIV. N. XIII. p. 669. AVENTIN. Annal. Boic. Lib. VII. Cap. VI. N. 3.

Competiteurs, ſurquoy toute l'aſſemblée (a l'exception d'Ottocare Roy de Bohême) proclama Empereur ſed. Rodolphe, qui fut enſuite couronné a Aix avec les cérémoniës accoutumées, deſorte que la Maiſon de Baviere peut ſe gloriffier d'avoir poſé les premiers fondements de l'elevation et de la puiſſance de celle de Habsbourg.

Ce trait hiſtorique connu de nombre d'Auteurs (d) eſt tiré de la propre reconnoiſſance de Rodolphe contenuë dans un Diplome original, qui eſt précieuſement conſervé dans les Archives de Munich (e).

Ottocare Détempteur de l'Autriche en traitoit les Etats et ſujets avec tant de Tyrannie, qu'ils en porterent leurs plaintes au Thrône Imperial. Rodolphe les aſſûra de ſa protection et fit citer Ottocare a la Diéte, aux fins qu'il eut a rendre compte de ſa conduite (f); Ottocare, qui pendant l'interregne avoit obtenu de Richard les inveſtitures de la Bohême, ainſy que des Pays d'Autriche, ne comparut qu'aprés pluſieurs aſſignations par Bernard Eveque de Seccau, qu'il députa en ſon nom, par lequel il fit déclarer ouvertement, que ne reconnoiſſant point Rodolphe pour Empereur, il n'avoit ni ordres,

E 2 ni

(d) Conf. Chron. Auſtral. apud FREHER. Tom. I. p. 465. KOEHLER hiſtoire de l'Empire Per. V. §. 9. STRUVE Corp. hiſt. Germ. Period. IX. §. X. GERHARD. a ROO Annal. Auſt. p. 13. & 14. FRANCKENBERG Heraut de l'Empire.

(e) V. ci aprés ce Diplome ſoûs la lettre D. *In dictum* LUDOVICUM *Comitem Palatinum, noſtrum filium una cum aliis Principibus omnibus, qui in nos direxerant ſua vota, prout jam dicti Procuratores in Mandatis receperant, concorditer extitit compromiſſum, qui commiſſum hujusmodi in ſe recipiens ſuo & d. H. Ducis Fratris ſui, ac omnium aliorum Principum, jus in Electione habentium auctoritate & nomine in Romanum Regem ſolemniter nos elegit.*

(f) GERHARD. à Roo c. Lib. I. p. 15. Annal. Colmar. ad a. 1274. TRITHEMIUS ad a. eund.

ni lettres de fief a recevoir de luy (g), et qu'il se refferoit a celles de l'Empereur Richard (h). Rodolphe irrité de cette déclaration mit Ottocare au ban de l'Empire, et arma contre luy (i) ; mais des Puissances médiatrices S'interposerent pour porter les Partiës Belligerantes a un accommodement, qui fut acceptè, et en vertù duquel Ottocare renonça a l'Autriche, pour icelle étre conferée par l'Empire a ceux, qui pouvoient légitimement y prétendre (k), et garda la Bohême avec la Moravie, a charge par luy de S'en faire derechef investir; Un nouveau sujet de dissension s'etant présenté, la guerre se ralluma un an aprés, et Ottocare perdit la vie dans une bataille, qui luy fut livrée prés de Vienne (l). Dans cette derniere guerre Louis et Henry de Baviere, quoyque freres, avoient pris des partis

(g) V. l. c.

(h) STRUVE Corp. Hist. Germ. Per. IX. §. 14. NAUCLER Vol. II. Gen. XLIII. p. 965. 966.

(i) STRUVE c. l. DUBRAV. Histor. Bohem. Lib. XVII. p. 459. FUGGER Lib. I. Cap. X. n. 4.

(k) *Extat Diploma investituræ apud* GOLDASTUM *de Regno Bohemiæ in Appendice Doc. fol. 34. doc. 17. Item* LUNIGII Archives de l'Empire *part. spec. cont. 1. Continuatio prima p. 6.* STRUVIUS *in Corpore hist. Germ. per 8. de Interregno magno fol. 502. ubi allegat. de cassatione actorum* RICHARDI *Diploma* RUDOLPHI *Imp. apud* MARTENE *Thesaur. anecdot Tom. I. p. 1269.* Il paroit par cet accommodement, que les illustres Médiateurs ont pourvu a ce que les Etats Autrichiens ne fussent point conferés a un fils de Rodolphe, ou a la Maison de Habsbourg, puisqu'entre autres conditions il a été convenu, que cet Empereur dégageroit lesd. Etats des mains de son fils le Duc Albert, au proffit duquel ils étoient hypothéqués pour une somme de 4000. Marcs. *Et ab ipso filio suo dictam terram redimet.* L'on voit même dans des reversales raportées par DUMONT d. l. p. 267. que RUDOLPHE S'est engagé a rendre justice a qui il appartenoit : Et il sera de bonne heure fait droit a celuy, qui a a prétendre a ce bien.

(l) Histor. Austral. plen. ad a. 1278. apud FREHER. Tom. I. Script. Rer. Germ. STRUVE c. l. Per. IX. §. 18.

partis bien oposés ; **Louis** S'étoit rangé du coté de l'Empereur **Rodolphe** en luy prêtant du secours tant en hommes qu'en argent (m), et **Henry** S'étoit déclaré pour **Ottocare** ; et comme **Henry** étoit celuy, a qui par un arrangement de famille **Louis** avoit abandonné le Pais au dessûs de l'Ens, **Rodolphe** le luy reprit et le joignit derechef au Duché d'Autriche, dont il S'étoit rendu Maitre.

Il est vray, que la paix fut faite ensuite par la Médiation du Duc **Louis**, et que pour en rendre le traité plus inviolable il fut convenu d'un Mariage entre le Duc **Otton** fils du Duc **Henry** de Baviere et la Princesse **Catherine** fille de l'Empereur **Rodolphe**, en faveur de laquelle alliance **Rodolphe** rétroceda une partie de ce Pays au dessûs de l'Ens, mais ce ne fut qu'a des conditions tres onereuses (n).

Cette rétrocession n'eut pas longtems son effet, car quoyque les troubles de Bohême fussent totalement apaisés, l'Empereur chercha des nouveaux prêtextes pour faire la guerre a **Henry** et reprendre a **Otton** fils dud. **Henry** ce qu'il luy avoit abandonné dans la haute Autriche tant a titre de dot, qu'a titre d'engagement (o) ; jusqu'alórs le Duc **Louis** de Baviere avoit en toutes occasions secondé **Rodolphe**, jugeant qu'il étoit de son interêt de concourrir a remettre l'Autriche a la libre disposition de l'Empire, et se flattant que ce cas arrivant nul autre que

F luy

(m) ROO d. l. p. 22. & 23. Chron. Colmar. P. II. p. 42. Hist. Austral. plenior ad a. 1276.

(n) Sçavoir: *Dotis nomine, aut pignoris jure.* STRUVE d. l.

(o) Id. d. l. ROO Annal. Austr. P. I. p. 30.

luy feroit inveftis de cet Etat, puisqu'il étoit le feul, qui y eût des droits légitimes ; mais la conduite de Rodolphe luy étant devenuë fufpecte, il changea de fentiments et vouloit voir quel feroit le fuccés des armes de fon frere Henry (p), pour aucas qu'elles fuffent victorieufes réunir enfemble leurs forces mutueles et tâcher de rentrer en poffeffion d'un ancien patrimoine, dont l'Empereur paroiffoit peu difpofé a leur faire reftitution. Ses deffeins échouèrent, parceque Henry eut le deffoús, deforte qu'il fallut diffimuler, et fouffrir, que Rodolphe fe rendit Maitre de la totalité de l'Autriche.

Les Etats Provinciaux efperoient de rentrer foús la Domination de leurs anciens fouverains, s'entend des Ducs de Baviere, et ce ne fut que dans cette efperance et par le defir, qu'ils avoient, que le choix tomba fur Louis, qu'ils s'addrefferent a l'Empereur pour avoir un Maitre (q), mais Rodolphe oubliant les devoirs de la reconnoiffance ne penfoit qu'aux fiens. Ce fut pour continuer le projet, qu'il s'étoit formé d'élever fa maifon, qu'aulieu de prêter une oreille favorable a la demande des Etats, il leur reprit l'Adminiftration provifionelle, qu'il leur avoit confié, et commit a fon Fils Albert le gouvernement de l'Autriche. Cela luy donna le tems de négocier un mariage entre fond. Fils Albert et Gertrude Fille de Mainhard Comte du Tyrol et arriere Petitefille du Duc Henry III. d'Autriche, comme auffy de prévenir et gagner en faveur d'Albert nonfeulement les Etats Provinciaux, mais encore les principaux d'entre les Membres de l'Empire.

Les

(p) Id. c. I. *Subiratus erat Palatino Cæfar, quod cum copiis fuis ad bellum profecturus, in itinere fubfiftens eventum pugnæ expectare voluiffe videbatur.*

(q) l'Expofé des Etats Provinciaux d'Autriche fe trouve dans un Diplome de l'Empereur Rodolphe raporté par DUMONT l'an 1288. p. 267.

Les circonſtances luy fûrent ſi favorables, qu'aprés avoir réuſſi en toutes ſes vuës il inveſtit ſes Fils Albert et Rodolphe conjointement des Pays Autrichiens (r), et Rodolphe ſéparement des Pays de Svabe (s) et ce comme de fiefs Maſculins révertis a l'Empire, ſuivant que les inveſtitures octroyées dans les Comices tenuës a Augsbourg l'An 1283. en font foy.

L'on ne ſçauroit douter de la ſenſibilité, avec laquelle les Ducs de Baviere, dont les droits étoient cependant les mieux fondés, ont vû donner la prefferance aux Fils de Rodolphe; auſſy ne manquerent ils d'en marquer ouvertement leur mécontentement et de repreſenter avec les expreſſions les plus fortes (t),

F 2 1. Que

(r) Id. H. STERO d. l. *Sed poſtmodum eundem Ducatum eidem D.* ALBERTO *&* RUDOLPHO *Filiis ſuis in feudum contulit coram Principibus ſuis ſuper hoc Auguſtæ in Curia congregatis.* ALBERT. ARGENT. p. 101. *Ducatum Auſtriæ, quem occupavit* OTTOCARUS *Rex Bohemiæ contulit* ALBERTO *&* RUDOLPHO *filiis ſuis.* Cela ſe prouve encore par la Confirmation du Privilege, que l'Empereur Rodolphe a accordé a ſes deux fils en 1283. LUNIG Archives de l'Empire *part. ſpec.* au titre concernant l'Autriche fol. 9. ibi: *Venientes ad nos ingenui Principes dilecti noſtri filii,* ALBERTUS *&* RUDOLPHUS *Duces Auſtriæ & Styriæ, Domini Carniolæ, Marchiæ, & Portus Nahonis, Comites in Habsburg & in Kyburg, ac Landgravii Alſatiæ.* Voyez en outre dans LAMBEC. Commentar. Biblioth. Cæſareæ Vindob. Append. Lib. III. fol. 330. le réglement fait par Rodolphe entre ſes deux fils les Ducs Albert & Rodolphe, aprés qu'il les eut inveſtis des Etats d'Autriche. d. d. Rheinfeld. 1. Jun. 1283. apud DUMONT. Corps Diplom. Tom. I. P. I. fol. 252.

(s) Chron. Auſtral. apud FREHER. Tom. I. p. 467. Voyez en outre le Chapitre ſuivant.

(t) C'eſt un fait certain, que les Ducs de Baviere ont formé de vives plaints et ſoutenu leurs droits en pleine Diéte, ainſy que l'ont expoſé les Etats Provinciaux mémes dans LONDORP. Act. Publ. Tom. I. Lib. IV. p. 522. ibi: *„Il eſt vray qu'en la Diete convoquée a „ Augsbourg les Ducs de Baviere ſont comparus enſemble et ont demandé, que „ les Etats Autrichiens leur fuſſent conferés en fief, Alleguans de fortes „ raiſons, pour leſquelles ils devoient avoir cet accés prefferablement a d'autres.* AVENTIN. Annal. Boj. Lib. VII. Cap. X. §. 12. ibi: HAIN-

1. Que leurs Ancêtres les Ducs de Baviere ayants pour ainsy dire arraché ces Etats des mains des Huns et d'Autres Peuples infideles, en avoient formé un bien patrimonial acquis a leur Maison par droit Divin, naturel, de la guerre et de conquête (u);

2. Qu'ils avoient d'autant plus lieu d'esperer d'en être remis en possession, que, comme il a été cydevant démontré, c'est avec injustice et violence, que l'Empereur **Otton I.** a expulsé les Fils **d'Arnolphe** de ce Duché patrimonial (x), en la jouissance duquel ceux cy ont en toutes occasions tenté de rentrer, et qu'ils ont même quelques fois récuperé, dumoins en partie, moyennant quoy leurs droits n'ont jamais rien perdu de leurs forces (y);

Qu'étants Successeurs du Duc **Arnolphe**, et par consequent Descendants des premiers Acquereurs, dont ils tenoient leurs droits, tout ce qui s'etoit passé depuis la séparation des Branches, ne pouvoit leur porter aucun préjudice, desorte que la Branche Ainée **d'Arnolphe** s'étant éteinte, les Etats Autrichiens leur étoient proprietairement dévolus (z);

Que

HAINRICUS *atque* LUDOVICUS *Fratres Germani Bojorum Legati cum Liberis Austriam, Styriam, easque Regiones sibi reddi postularunt*, ***quæ quondam Majoribus suis ablata fuissent;*** *atque illi, eadem loca, primum Romanis, deinde Hunnis pulsis atque excisis, postremò Venedis atque Ugris perdomitis suo marte & sanguine peperissent, in Germaniam transtulissent*, *Colonias ibi Bojorum, atque Popularium suorum deduxissent &c.*

(u) HUG. GROT. J. B. & P. Lib. III. Cap. V. §. II. CCCEJ.. *de Jure Victoriæ* Tom. I. Disp. 57. PUFFENDORF.. J. N. & G. Lib. IV. Cap. VI. §. 14. HUBER *de J. Civit.* Lib. I. Sect. 8. Cap. 7.

(x) C'est a quoy sont aplicables les mots d'AVENTIN raportés dans la note (t) cydessus : ***quæ quondam Majoribus suis ablata fuissent.***

(y) L'on ne croit pas, que Personne veuille contester ce principe. Aureste si la Maison Ducale n'a pas toujours tiré de ses démarches et mouvements un avantage réel, dumoins ne pourra-t-on luy objecter une dérelistion tacite pour en tirer matiere a prescription.

(z) Il est indifferent, ou égal, que le Duc Arnolphe, dont le fils Puiné est l'Auteur de la Branche Bavaroise-Palatine, ou de Wirtelsbach

Que l'Empereur Frederic I. paroissoit avoir fait attention a leurs droits, puisque c'est par ce motif, que dans le privilege accordé aux Ducs d'Autriche en 1156. il a formellement pourvu et ordonné, que ce Duché avec ses dépendances ne sortit jamais de la souche comune, c'est a dire d'entre les mains des Descendants Mâles d'Arnolphe; ors ceux cy ayants (comme il a été prouvé) une même origine avec les anciens Ducs d'Autriche, il s'ensuit, qu'ils ne pouvoient sans injustice manifeste être exclus de cette succession, ou de ce fief de l'Empire (a);

Que lorsqu'aprés la mort de Frederic le Belliqueux dernier Duc d'Autriche, l'Empereur Frederic II. avoit a la priére des sujets constitué le Duc Otton de Baviere Régent des Pays Autrichiens, ce choix faisoit suffisamment connoitre, qu'il competoit a Otton un droit de préference sur les autres competiteurs; autrement l'on ne comprendroit pas aisément, sur quel fondement l'Empereur auroit

G jugé

bach, ait dérivé sur ses Successeurs les Etats Bavarois soit comme biens de Souche, ou comme allodiaux, soit comme fiefs héreditaires, puisque dans le premier cas le droit de réversion *ad stipitem communem* n'en apartenoit pas moins aux Ducs, lorsque la Branche Ainée Bavaroise-Autrichienne viendroit a manquer. Est enim in Allodiis Illustrium præcipuè quædam successionis fideicommissariæ species, quæ non præscribi potest contra illum, quem nondum tetigit successionis ordo, ut proinde, qui contra Illustres disputat, si hi jure suo uti volunt, respectu bonorum allodiorum avitorum, quæ revera fideicommissis analoga sunt, non multum lucretur; v. c. Prædia Principis olim non feuda, sed allodia patrimonialia fuisse, cum allodia non faciliùs, quàm feuda ex familia alienari potuerint. KRESS. *Vindic. Justitiæ Judicii recuperatorii* Cap. IV. §. 1. p. 130.

(a) Particulierement de l'Autriche & Pays en dépendants, lesquels formoient incontestablement un patrimoine du Duc Arnolphe et sont passés de luy a ses Descendants. C'est la doctrine des Jurisconsultes, juxta quos Agnati in infinitum succedunt, etiam in Regnis, adeò ut si tota Prosapia Regia sit extincta, supersit autem adhuc aliquis de Sanguine antiquo, etiamsi ultra millesimum gradum esset, succederet in Regno; MüLLER *de Jure Agnatorum.* Memb. II. Cap. I. §. 8. ibique DD.

jugé a propos de confier l'Adminiſtration au Duc de Baviere, qui s'erigeant en prétendant s'étoit déjà rendu maitre de differents endroits, tandis qu'il ſe preſentoit d'autres concurrents par femmes (b);

Qu'ils avoient conquis par droit des Armes *et vigore occupationis Bellicæ, ceu titulo juſtiſſimo* le Pays au desſùs de l'Ens, qui ne ſuffiſoit point a beaucoup prés pour les indemniſer des frais conſiderables et des ſommes immenſes par Eux employées (c) (ſurtout par le Duc Louis) au proffit de l'Empereur et de l'Empire; demaniere que quant a Eux il ne s'agiſſoit que *de damno vitando*, et qu'ainſy l'Empereur Rodolphe en avoit fort mal agi, lorsqu'il leur a enlevé ce Pays pour le transferer en ſa famille;

Qu'enfin pour ce qui eſt des domaines en Svabe, iceux leur apartenoient également par préference a la Maiſon de Habsbourg, puisqu'ils en avoient des titres de don les plus ſolemnels et inviolables (d);

Quelques vives, quelques juſtes, quelques bien fondées que fuſſent ces repréſentations, elles demeurerent infructueuſes

---

(b) l'Empereur Frederic avoit en cela les mêmes vuës, qu'étoient celles de l'Empereur Rodolphe, lorsqu'il commit a ſon fils Albert le Gouvernement des Etats Autrichiens; la ſeule difference, qui ſe rencontroit en ces deux cas, étoit que Frederic cherchoit a faire repaſſer lesd. Etats avec certaines manieres a l'Héritier et au Proprietaire légitime; aulieu que Rodolphe ne bûtoit qu'a l'en priver pour en gratiffier ſa Maiſon.

(c) C'eſt au Duc Louis principalement, a qui il en a couté des ſommes conſiderables pour arracher les Etats Autrichiens des mains du Roy de Bohême; demaniere que ſans ſon aſſiſtance Rodolphe n'eut vrayſemblablement pas fait de Grands progrés. Vid. Chron. Auſtr. Æbendoerff. de Haselbach apud Pez Tom II fol. 741. *Ubi quoque* (Viennam ſcilicet) *Palatinus Rheni* Ludovicus *Gener* Rudolphi *applicuit, qui graves ſe expenſas feciſſe querebatur, & magnam expetiit refuſionem.* Ce fut a la Diéte, que Louis s'expliqua ſur l'indemnité, qu'il ſollicitoit, en demandant les Etats Autrichiens, lesquels luy étoient échus, ainſy qu'a ſa Maiſon Ducale.

(d) C'eſt ce qui fera la matiere du Chapitre ſuivant.

ſes et ne pûrent faire aucune impreſſion ni ſur l'Empereur, qu'un interêt perſonel guidoit, ni ſur ceux des Etats de l'Empire, qui ſe trouvoient a la Diéte, et s'étoient laiſſés gagner ſoit par des vuës particulieres, ſoit par raiſon d'affinité; defaçon que les Ducs de Baviere n'eurent d'autre parti a prendre que de ſe réſerver leurs droits par des proteſtations ſolemnelles et de les mettre a couvert de toute preſcription (e), ce qu'ils firent en effet et ſe retirerent de l'Aſſemblée, ſans prendre congé de l'Empereur, crainte que leur séjour, ou leur préſence ne fût interpretée comme un acquieſcement tacite au réſultat, qui venoit d'étre arreté avec autant de précipitation que d'injuſtice, et affin qu'il ne pût jamais leur étre objecté, qu'ils s'étoient en quelque façon déportés de leurs juſtes prétenſions.

Ors étant de droit inconteſtable, que les proteſtations ſolemnelles arrêtent le cours de la preſcription (f); n'étant

 pas

(e) La plus-part de Ceux, qui ont écrit ſoit de la Baviere, ſoit de l'Autriche, aſsûrent, que les Ducs de Baviere ſe ſont opoſés et ont proteſté hautement contre les inveſtitures octroyées aux fils de Rodolphe; FUGGER dans ſon *miroir d'honneur d'Autriche* en parle ainſy au *Chap. XII. p. 113.* Louis *et* Henry *ſon frere Ducs de Baviere & Comtes Palatins, enſemble leurs fils, en étoient fort mécontents, & firent entendre aux autres Electeurs et Princes, que leurs Ancêtres les Rois & Princes de Baviere avoient avec effuſion de leur ſang conquis ſur les Romains, les Wandales, les Huns et autres Peuples infideles les Pays d'Autriche, de Stirie, de Carinthie, et de Carniole, defaçon que ces Etats étant devenus vacants, il étoit juſte, qu'ils fuſſent reſtitués a la Maiſon de Baviere & que nul autre qu'Elle en fut inveſtië par l'Empire.* Vid AVENTINUS Annal. Boj. Lib. VII. Cap. X. n. 12. STRUVE Corp. Hiſt. Germ. Per. IX. Sect. I. §. 21. p. 525. It. les Etats d'Autriche dans LONDORP. Act Publ. Tom I. Lib IV. p. 582. Vid. ſupr. Chron. Auguſt. p. 90. MEICHLBECK Hiſt. Friſing. Tom. II. p. 91. *Soli fere duo Bojoariæ Duces* LUDOVICUS *&* HENRICUS *Auſtriam, Charinthiamque ſibi depoſcebant, quippe quæ multis titulis ipſis eſſent debita, & à Bojoaria injuſtè fuiſſent quondam avulſæ; - - - qui poſtea etiam nondum abſolutis Comitiis rediere in Bojariam.*

(f) HUG. GROT. de I. B. & P. Lib. II. Cap. IV. §. 6. Cela eſt une ſuite naturelle et néceſſaire des proteſtations, vû qu'auſſitot qu'elles

pas moins constant, qu'une possession destituée de bonne foy et qui ná d'autre principe que les voyes de fait, ne sçauroit préjudicier au Proprietaire légitime (g), il en résulte sans contredit, que les prétensions de la Serenissime Maison Electorale de Baviere aux Etats Autrichiens ont gardé jusqu'icy toute leur integrité, d'autant plus que jamais cette Maison ne s'en est départis (h), mais qu'aucontraire Elle a de tems a autres pensé aux moyens de les faire valoir (i), et s'est fait par précaution donner des reversales, qui en assûrent la conservation (k).

Aure-

---

les ont été interposées, elles font cesser toutes les conditions, sans lesquelles la prescription ne sçauroit valoir; maxime particulierement suivië parmis les Peuples libres, entre lesquels l'abandonnement tacite est d'une extrême consequence.

(g) La régle notoire de droit, *quod, qui in mala fide positus est, nullo unquam tempore præscribere possit.* Cap. fin. *de Præscript.* Cap. *Possessor.* de R. J. in 6. trouve icy une juste application, attendu qu'il etoit impossible, que l'Empereur Rodolphe ignora les droits de la Maison, *Jura Domûs & stipitis communis*, et qu'ainsy selon la Disposition du droit commun, même de l'équité naturelle, une possession fut elle de plus de mil ans, ne pouvoit luy étre de grande utilité, non plus qu'a ses successeurs les Archiducs d'Autriche.

(h) C'est a dire d'une façon, qui puisse étre regardée comme un déport formel de tout droit de Succession, ou de réversion, car l'on ne disconviendra pas, que lors du Régne de l'Empereur FERDINAND I. la Maison de Baviere n'ait en consideration de la Substitution réglée en sa faveur suspendu la poursuite de ses droits pour laisser les Mâles de la Maison d'Autriche en possession paisible, mais jamais on ne fera voir, qu'avant FERDINAND il y ait eu aucune renonciation soit expresse, soit équipollente, et l'on sçait suivant le commun axiome de droit, *quod Renunciatio non præsumatur, nisi specifice probetur. Cap. super hoc X. de Renunciationibus.*

(i) Apeine l'Empereur RODOLPHE I. eut il fermé les yeux, que la plus-part des Etats Autrichiens se soustrairent de l'obeissance, que le Duc ALBERT avoit jusqueslá éxigé d'Eux, et qu'ils se tournerent du côté du Duc OTTON de Baviere. ADLZREITER Annal. Boic. P. I. Lib. XXV. p. 692. PREUENHUEBER Annal Styrenses P. II. p. 414. FUGGER miroir d'honneur &c.

(k) Ainsy qu'il est a voir par la piece justificative soús la lettre H. intitulée: " Reversales, ou declaration de l'Empereur FREDE-
„RIC III. par lesquelles tous les droits de la Maison de Baviere ont été mis en sûreté contre les privileges de celle d'Autriche, datées du

Aureste la Maison de Baviere ne croit pas, que l'on pré tende tourner a son désavantage la conduite pacifique, qu'Elle a tenuë, et regarder son inaction comme une espece de déport, ou de renonciation, vû que selon tout droit naturel et des gens aucune déreliction, rénonciation, ou abdication du domaine et de la proprieté ne sçauroit étre présumée dans les cas, ou l'Adversaire se trouve munis d'une force, ou d'une puissance superieure, contre laquelle il n'ést pas possible de rien entreprendre sans se faire un tort visible par des plaintes et des démarches prematurées et précipitées (l), peut être même sans s'exposer a la nécessité de souscrire au déport des droits les plus inexpugnables (m).

H Un

---

du 3. Fevrier 1478. "Nous en qualité d'Empereur et sur les tres „ Humbles prieres, que Nous en a fait le Duc Louis avons déclaré et ordonné, ainsy que par les présentes et en vertu de nôtre „ pouvoir imperial nous déclarons sciemment et voulons, que „ lesd. libertés, privileges et confirmations emanées de Nous et de „ Nos Ancêtres, de qui elles puissent avoir été obtenuës, ne „ pourront déroger, porter préjudice et autrement nuire aux susd. „ Graces, libertés, privileges, anciens usages et droits de Notred. „ Amé Cousin et Prince, de ses Héritiers et de la Maison de Baviere &c.

(l) Grot. Lib. II. Cap. IV. §. 5. met une limitation a la régle, *quod qui sciens & præsens tacet, consentire videatur*, savoir, *nisi circumstantiæ ostendant, quominus loquatur, metu eum vel alio casu impediri.* Car, ut ad derelictionem præsumendam valeat silentium, duo requiruntur; ut silentium sit Scientis, & ut sit liberè volentis, nam non agere nescientis caret effectu, & alia causa cùm apparet, cessat conjectura voluntatis. Ibid. c. l. vid. quoq. Tesmar in notis: *Quoties intelligitur aliud quid, quàm neglectum. & sensum voluntarium esse, quod silere illum cogat, non creditur silere; quia id, quod dissimulat velit, sed quia loqui non audeat &c.*

(m) Le S^r. Glaffey Conseiller de la Cour de Pologne dit en son droit de nature et des Gens Chap. III. §. 197. que pour révendiquer un bien, il suffit entre des Peuples libres, que l'on puisse prouver qu'on y a droit de proprieté, et que la possession en a été prise par l'Adversaire avec mauvaise foy, puis ce méme Auteur ajoute §. 22. et suivants, que le silence ne sçauroit jamais préjudicier et est même souvent nécessaire: " Se taire n'est pas dabord négligence „ et quelques fois l'on boniffie mieux ses interets en se taisant qu'en „ par-

Un ſilence politique prévaut ſouvent a l'éclat, et quiconque mettra en balance d'un côté les forces redoutables, qu'avoit l'ancienne Maiſon Archiducale d'Autriche et d'un autre celles de Baviere, conviendra que cette derniere Maiſon a choiſi le parti le plus prudent en prennant celuy de la tranquillité, ou de la diſſimulation (n), dumoins jusqu'aux tems de l'Empereur Ferdinand I. ainſy que du teſtament et autres diſpoſitions par luy faites, en vertù desquelles la Séreniſſime Maiſon Electorale a véritablement conſenti, que les Màles de celle d'Autriche gardaſſent la jouiſſance et la proprieté des Etats Autrichiens, mais ce conſentement n'a été donné qu'a charge du droit d'héredité et de réverſion, lorsque ces Màles viendroient a manquer (o).

tant

„ parlant, *prudenter tacere melius eſt, quàm loqui*; lorsqu'on pré-
„ voit, qu'il deviendra inutil de proteſter et faire du bruit, on
„ fait mieux de ſe taire et d'atendre une occaſion, ou des con-
„ jonctures plus favorables; ſouvent l'on ne dit rien de ſes préten-
„ tions, parcequ'on ſe voit a la diſpoſition de l'injuſte Détenteur,
„ et qu'en trop criant on courroit risque d'étre forcé a renoncer
„ a ſes droits. *l'Auteur continue dans le même paſſage :* Que céſt là la
„ raiſon pour laquelle lòrs des Congrés de paix on ne parle pas
„ beaucoup des vieilles prétenſions, parceque la Partie victorieuſe
„ pourroit facilement contraindre les Prétendants a un déſiſte-
„ ment.

(n) l'Auteur ſusallegué dit en l'endroit cité : "Qu'il arrive ſouvent,
„ que les armes d'un Peuple ſont Superieures a celles de l'autre
„ pendant des ſiécles entiers, defaçon qu'il faut que pendant tout
„ ce tems l'inferieur ſe tienne tranquile, et que bien loin de met-
„ tre des vieilles prétenſions ſur le tapis, il doit s'eſtimer heureux,
„ quand on luy laiſſe ce qu'il poſſede; *de là il conclue*, quentre des Etats
„ Souverains et des Peuples libres la proteſtation n'eſt pas même
„ un acte néceſſaire." Ainſy ſelon ce principe les droits de Baviere ne ſubſiſteroient pas moins, quand même il n'y auroit ni proteſtations, ni réverſales. Suffit que la privation injuſte, la conſervation de la proprieté, et la poſſeſſion de mauvaiſe foy aient été jusqu'icy pleinement prouvées.

(o) Depuis FERDINAND I. et le mariage convenu entre l'Archiducheſſe ANNE et le Duc ALBERT V. de Baviere il n'étoit plus néceſſaire de proteſter, ou de mettre aucuns moyens en uſage pour faire valoir ſes droits, puisque les diſpoſitions teſtamentaires, les conventions matrimoniales et les pactes Héreditaires ont ſuffiſament affermis, même augmenté ces droits par l'accroiſſement de quelques Royaumes.

Si l'on fait abſtraction de ce conſentement, dont le principal objet a été le bien commun des deux Séreniſſimes Maiſons, et l'entiere abolition de toute mesintelligence et diſſenſion, les droits de Baviere paroitront d'autant mieux fondés, que (ſurtout rélativement aux Ducs de Baviere (les Ducs Albert et Rodolphe premiers Acquereurs n'avoient pas l'ombre d'un titre légal et translatif de proprieté ; Car l'Empereur Rodolphe n'a pu inveſtir ſes deux Fils des Etats, dont eſt queſtion, ſur d'autres fondements, que OU *ex jure Agnationis, atque ex pacto & providentia majorum*, OU par un droit héreditaire dérivé de la Fille Ainée de la famille, conformément au contenu du privilege de Frederic I. OU parceque ces fiefs, étants vacants et révertis a l'Empire, Rodolphe pouvoit en qualité d'Empereur et avec l'approbation des Princes et Etats en diſpoſer au proffit de ſes deux fils.

Perſonne ne ſoutiendra, que la Maiſon de Habsbourg ait pu s'apuyer ſur le droit d'Agnation, ou ſur aucun pacte de ſes Ancêtres ; ainſi il faut dabord écarter le premier moyen.

Pour ce qui eſt du prétendu droit héreditaire acquis a la Maiſon de Habsbourg par le Mariage d'Albert avec Eliſabeth, toutes ſortes de conſiderations le détruiſent ;

1. Eliſabeth ne pouvoit hériter au préjudice de la Branche Agnate, et ſans qu'il fut contrevenu a la diſpoſition de Frederic I. qui n'a point voulu, que l'Autriche ſortit jamais de la ſouche commune : *Itá quod ab Ejusdem Sanguinis ſtipite non recedat.*

 2. Quand

2. Quand l'on ſupoſeroit, qu'a la mort de Frederic le Belliqueux il n'y ait point eu d'Agnats, encore Eliſabeth, qui avoit trois freres, lorsque Rodolphe I. a inveſtis ſes fils, n'en auroit Elle pas moins été excluë de droit, puisque ſelon les Régles Féodales les filles ne ſont admiſes a Succeſſion que ſubſidiairement, c'eſt a dire quand il n'exiſte abſolument plus aucun Mâle de la Famille (p).

3. Rodolphe S'eſt luy même indirectement déclaré contre ce droit imaginaire d'Eliſabeth, puisque dans les inveſtitures par luy accordées il n'a fait d'Elle aucune mention (q); Qu'il a érigé l'Autriche en fief purement Maſculin; Qu'il en a Co-inveſti Rodolphe (r), lequel cependant n'avoit point Eliſabeth pour Femme, et qu'il a fait paſſer le Marggrave Hermann de Bade Epoux de Gertrude pour uſurpateur (s).

Ce

(p) II. Feud. 11. 30. 50. II. F. 17. Horn J. feud. Cap. XV. §. 6.

(q) Si l'Autriche eut par droit de Succeſſion apartenu a Eliſabeth, cette Comteſſe n'eut manqué de le faire inſerer dans les inveſtitures pour étre autoriſée a continuer la poſſeſſion de cet Etat, aucas de ſurviè au Duc Albert ſon Epoux.

(r) Rodolphe a non ſeulement co-inveſtis ſon fils Puiné Rodolphe, mais en la même Année 1283. il a ordonné, que ſi dans l'espace de quatre ans il ne le pourvoioit point d'un Royaume, ou d'une Principauté, ou ſi le Duc Albert ne luy donnoit une certaine ſomme, Rodolphe en ce cas conſerveroit la Régence par moitié. La Cour de Vienne ne diſconviendra point de ce réglement; il eſt conſervé dans les Archives Autrichiennes ſous la rubrique: Princes d'Autriche.

(s) Cela ſe voit dans un Diplome de confirmation de l'an 1283. Albert fils de Maximilien II. a tenu le même langage dans les réponſes par luy faites a l'expoſé des Etats Provinciaux, lorsque Ceux cy luy demanderent l'Adminiſtration du Pays pendant les abſences.

Si

Ce n'eſt pas non plus comme d'un fief ouvert et révertis a l'Empire, que Rodolphe a diſpoſé de l'Autriche, quoyqu'il l'ait ainſy déclaré, puisque les fiefs ne deviennent vacants, qu'aucas d'extinction totale de la Maiſon, qui les poſſede, et que d'ailleurs Ottocare en avoit été inveſtis par l'Empereur Richard.

Enfin ce n'eſt point ſur un droit de Conquête, que Rodolphe a pû fonder ſon titre de proprieté, puisqu'un Empereur comme Chef et Protecteur des Feudataires de l'Empire ne doit entreprendre de dépoſſeder l'injuſte Détenteur, que pour reſtituer au Vaſſal légitime les terres, qu'il conquérera. Rodolphe n'ignoroit point les prétenſions de la Maiſon de Baviere, et il devoit en partie le Succés de ſes armes aux ſecours efficaces, que Louis le Sévere Duc de Baviere luy avoit prêté; cependant il n'a ſçu reconnoitre ni ce ſervice ni les précedens, et il s'eſt emparé d'Autorité des biens de ſon plus grand Bienfaicteur; peut on une ingratitude plus inſigne? Il ſçavoit, que le privilege de Frederic Barberouſſe n'avoit été accordé, qu'a la Maiſon de Baviere-Autriche, et non a la Sienne, de laquelle il n'étoit pas la moindre queſtion, lorsque ce Diplome parût; il en renverſoit même les principaux établiſſements en excluant les femmes et en aboliſſant la primogeniture; cependant dés que ſes fils furent en poſſeſſion, il changea de ſyſteme et confirma ce même privilege, qu'il n'avoit auparavant rejeté et méconnu, que parceque les diſpoſitions y contenuës ne ſe concilioient point avec la translation des

I Etats

Si donc Gertrude propre fille d'un des derniers Ducs de Baviere-Autriche n'a pû transmétre aucun droit a ſon Mari le Marggrave Hermann de Bade, comment Eliſabeth, qui n'etoit que Petite fille de cette Gertrude, même par femme, en auroit Elle transmis a Albert?

Etats Autrichiens en une autre Maiſon, que celle de Baviere.

Cette injuſtice, cette ingratitude, cette irrégularité de la conduite de Rodolphe entrainoient avec Elles un vice radical, qui ſe fut perpetué jusqu'apreſent, s'il n'y eut été porté remede ſoús le Regne de Ferdinand I. avec qui la Maiſon de Baviere a pris des arrangements amiables, a la faveur desquels Elle a ceſſé d'inſiſter ſur ſes anciens droits. Ainſy c'eſt avec raiſon, qu'on s'eſt appliqué a déduire icy ces mêmes droits avec un peu d'étenduë, parceque les connoiſſances, qu'on en a données, ne doivent pas peu contribuer a établir les motifs et la juſtice des diſpoſitions, dont il ſera traité dans les 3. 4. & 5. Chapitres.

Cha-

Chapitre deuxieme.

Anciens droits de la Maiſon de Baviere aux domaines, que l'Empereur Deffunt poſſédoit en Suabe.

RODOLPHE ne s'eſt point contenté de priver les Ducs de Baviere d'une partie de leurs Etats patrimoniaux; il en a fait autant de differents domaines en Suabe, ſur lesquels ces Ducs avoient des droits fondés en titres autentiques.

l'Empereur HENRY IV. ayant gratiffié du Duché de Suabe ſon Gendre FREDERIC de Hohen-Stauffen, ce Duché a paſſé ſucceſſivement et héréditairement aux Deſcendants Mâles dud. FREDERIC jusq'ua CONRAD IV. qui avoit épouſé ELISABETH fille d'OTTON l'illuſtre Duc de Baviere (a).

Conrad ayant des guerres fréquentes a eſſuyer tant acauſe de la dignité Imperiale, que parraport aux Royaumes des deux Siciles, qu'on luy diſputoit, ne pût ſe diſpenſer d'aller aux emprunts. OTTON ſon Beau-Pére luy prêta ſoixante

 mil

(a) Cela ſe voit par la table cy jointe.

FREDERIC II. Duc de Svabe. — OTTON Surnommé l'illuſtre, Duc de Baviere.

CONRAD IV. Duc de Svabe.	ELISABEFH Epouſe de Conrad IV.	LOUIS le sévére Duc de Baviere.	HENRI Duc de Baviere.

CONRAD, ou CONRADIN Duc de Svabe. inſtitue Héritiers ſes Oncles LOUIS et HENRY Ducs de Baviere.

mil Marcs d'or bon alloi , pour ſûreté desquels CONRAD luy hypothéqua pluſieurs Villes et ſeigneuriës ſciſes en Suabe, dont la Maiſon de Baviere acquit avec le tems la propriété en vertu d'un contract d'achat de l'an 1266. et autres actes équivalents (b).

CONRAD IV. mourut en 1254. délaiſſant un fils Mineur apellé CONRAD, ou CONRADIN, que LOUIS le Sévére de Baviere, qui étoit ſon Oncle, prit prés de luy, et dont il géra la tutéle. Cette tutéle devint extremement onereuſe, ſurtout par les guerres continueles, qu'il fallut entreprendre en Italie pour le recouvrement des Roiaumes et autres Etats, auxquels CONRADIN avoit des prétenſions(c), et ces guerres ne pouvoient étre entrepriſes, qu'il n'en couta des ſommes immenſes; ce fûrent les Ducs de Baviere, et ſurtout LOUIS, qui en firent les avances, et qui d'ailleurs n'épargnérent rien pour donner a CONRADIN toute l'éducation convenable a un Prince.

CONRADIN, qui ne pouvoit aſſés reconnoitre tant de bienfaits, fit en 1263. une donation a cauſe de mort revétuë des formalités les plus ſolemnelles et portant, qu'aucas qu'il vint a déceder ſans Enfants, tous ſes Pays et ſeigneuriës, tant féodales que patrimoniales, rien en excepté, échoiroient,

---

(b) Voyez les annales de Baviere par Aventin livre VII. Chap. 8. n. 5. p. 670. ou cet Auteur dit en conformité du diplome, ou Contrat de vente ſûs allegué : CONRADUS *DEI gratiâ Hieruſalem, & Siciliæ Rex, Dux Sueviæ, caſtrum & civitatem Verdunum in Suevia, Laugingen, Hochſtadium, Morinos, Pittengam, Schongiam, Suuabek, Ambrones, Fauces, quæ* OTTONI *Regulo Boicorum Avo ſuo materno,* CONRADUS *Genitor millibus unciarum auri ſexdecim, quod eſt noſtratis peccuniæ, Aureoli mille centies duodetricies, oppignorârat* LUDOVICO *Bojo Avunculo ſuo vendit.* Vid. quoque JOAN. CHRISTOPH. PESLER *de Auguſt. Gentis Auſtriacæ Ducatu & Principatu in Suevia.* §. IV. n. 6.

(c) Voyez l'Hiſtoire de l'Empire par Hahn P. IV. Chap. V. §. 7. lettre a. Geſta FRIDERICI II. & Filiorum ejus: et entre autres: *Mareſcallus Ducis Bavariæ, Avunculi Regis* CONRADI II. *in Regnum miſſus eſt, &c.*

roient et apartiendroient propriétairement a ſon Oncle le Duc LOUIS de Baviere (d).

Lorsqu'enſuite, aprés étre parvenu en âge, il ſe propoſa d'entre prendre une expédition en Italie, les Ducs de Baviere luy fournirent derechef et les Troupes et l'argent, dont il pouvoit avoir beſoin ; LOUIS l'accompagna même a la tête de ſon Armée (e).

Ces nouveaux ſervices engagérent CONRADIN a faire des diſpoſitions, qui donnaſſent aux précédentes une force nouvelle ; C'eſtpourquoy avant ſon départ il dreſſa un ſecond acte de donation, qui ne differe du premier, qu'en ce que HENRY y eſt agregé a LOUIS, et par lequel il nom-

K me

(d) V. le titre de donation du 23. avril 1263. ſous la lettre E. il y eſt dit: *Quod Nos eidem Avunculo noſtro* LODOVICO : *omnes proprietates noſtras, in quibuscunque terris ſitas ad Nos generaliter ac ſpecialiter à quibuscunque noſtris Progenitoribus* ***ex Jure hereditario & proprietario devolutas***, *cum omnibus hominibus, Majoribus, & minoribus juribus, honoribus, dignitatibus, Dominiis terræ, Civitatum, Caſtrorum, Oppidorum quorumlibet, & villarum, necnon aliis bonis & rebus cultis & incultis - - - in quibus tam Nobis quàm Progenitoribus noſtris jus in eisdem proprietatibus competebat, ſi, quod abſit ſine heredibus Nos decedere contingeret,* ***donavimus pleno jure proprietatis*** *perpetuò poſſidendas.* Sub fin. *Donum promiſimus purà fide, & Nos per ſcripta præſentia obligamus,* ***ut omnia feoda noſtra eidem Avunculo noſtro conferri diſponamus,*** *& etiam fideliter procuremus adhibita unà cum Avunculo noſtro ſollicitudine & diligentia diligenti à Dominis, de quibus eadem feuda dignoſcimus poſſidere.* L'on voit dans le préambule de l'acte, que cette donation a été principalement faite en conſideration des ſoins paternels, que Louis a eû pour Conradin : *Ut ſinceris benevolentiæ favoribus, quibus Nos Kariſſimus Avunculus Noſter* LODEVICUS *inclytus Comes Palatinus Rheni, Dux Bavariæ patriis affectibus, tanquam Filium unicum educavit,* ***reſpondeamus liberaliter, eosdem remuneratione debita, & merita tranſcendentes &c.***

(e) Teſte MONACH. PADUANO Lib. III. p. 623. *Egregius Adoleſcens* CONRADINUS *cum auxilio amicorum exercitum congregavit, deſcendensque de Alemannia venit Veronam, comitantibus eum Duce Bavariæ Avunculo ſuo* & SALLA MALASPINA Lib. IV. Cap. I. p. 285.

me l'un et l'autre Donataires univerſels de tous ſes biens et Etats de quelle nature ils puiſſent étre (f).

l'Hiſtoire nous enſeigne, quel a été le rigoureux genre de mort, que CONRADIN ſubit en 1268. deſorte qu'apres ce décés ſes dernieres volontés devoient ſans difficulté étre miſes a éxecution; mais les troubles, dont l'Allemagne ſe voioit alórs agitée, ſervirent d'obſtacle a ce que les Ducs de Baviere priſſent poſſeſſion des Domaines a Eux légués, et il ſembloit, que la Succeſſion du Duc CONRADIN en Svabe fut abandonnée au pillage d'un Chacun (g); les Comtes de Habsbourg ne S'oubliérent point et proffitérent auſſi de l'occaſion (h).

Tous ces déſordres firent juger au Duc Louis de Baviere ſeule, ou principale Héritier légitime, qu'amoins d'étre apuyé de l'autorité Imperiale il auroit peine a tirer un parti avantageux des donations faites a ſon profit; c'eſt pourquoy il implora le ſecours de l'Empereur RODOLPHE, dont il obtint en 1273. des létres confirmatives des diſpoſitions de CONRADIN (i), lesquelles fûrent en outre confirmées par

(f) V. la piêce ſoús la létre f. en laquelle il eſt porté: *Quod nos conſiderato ipſo & ſincero affectu, quo Nos Avunculi noſtri kariſſimi* LUDOVICUS & HENRICUS *Illuſtres Comites Palatini, Rheni Duces Bavariæ fideliter educárunt, & adhuc quaſi Patres unicum filium ſuum ulnis gratuitæ benevolentiæ favorabiliter ampleċtuntur, ipſis univerſa bona Noſtra ſive patrimonialia ſive feudalia cum omnibus hominibus noſtris quocunque titulo ad nos pertinentibus, tam in partibus Germaniæ, quàm Latinis, ſi absque liberis legitimis deceſſerimus ex hac vita, donavimus pleno jure perpetuò liberè poſſidenda &c.*

(g) JACOBUS à KÖNIGSHOVEN in Supplementis Chron. Argent. p. m. 430. GULER. in Rhætia Lib. V. fol. 64. & Lib. IX. fol. 110. CRUSIUS Annal. Suev. Lib. II. P. III. ZEILLER Chron. parvum Suev. p. 40. STRUVE Corp. Hiſt. Germ. Per. VIII. §. IX.

(h) JOHANNES STUMPFIUS in Chronico Helvetiæ. Lib. IV. Cap. 51. fol. 326. b.

(i) V. la piéce ſoús la létre G. dont la téneur porte: *Primò; donavit & tradidit ipſe* CHUNRADUS *prædicto Avunculo ſuo memorato Duci* LODEWICO *omnia*

par tous les Electeurs, demême que par plusieurs Etats de l'Empire, qui en délivrérent chacun en particulier un acte autentique (k).

Dés que les troubles de Bohême fûrent assoupis, savoir en 1277. RODOLPHE expulsa tous ceux, qui pendant l'interregne s'étoient intrus en possession des terres délaissées par CONRADIN (l); le Duc LOUIS de Baviere le seconda dans cette entreprise avec beaucoup de succés et ne pouvoit qu'esperer, que RODOLPHE satisferoit a ce qui en ces sortes de cas est du devoir d'un Empereur; mais si ses secours fûrent utiles, ses esperances devinrent vaines, et une partie de la Svabe eut le même sort, que les Etats Autrichiens, l'on veut dire qu'au préjudice et nonobstant les protestations de

 la

omnia bonæ patrimonialia: videlicet Oppidum Schongaw, Castrum Peubungen, Ambergew, Curiam super montem, Curiam Stauffen, Villam Eglingen, Villam Durinhaim, Villam Mehringen, cum toto Heubische. Castrum Schwabikke, Castrum & Oppidum Werde. Castrum Tapheim, novum forum cum toto officio Berngau & novo Castro, Castrum Schennberch, que pro dote & in dotem quondam sue matri ELISABETH *Sorori Illustrium Principum, predicti* LODEWICI, & HENRICI *Ducum Bavarie à Patre suo Rege* CHUNRADO *fuerant assignata; Dein omnia alia bona sua, sive essent patrimonialia, sive alia quecunque, que ad ipsum proprietatis Titulo pertinebant; insuper omnia bona feudalia; videlicet &c.*

(k) Les actes de donation de CONRADIN, la confirmation de RODOLPHE, celles des Electeurs de Mayence et de Cologne, de THEODORE Electeur et Archevéque de Treves, d'Enicon Evéque de Freisingen, de WENCESLAS Roy de Bohême, des Ducs ALBERT et JEAN de Saxe, du Duc OTTON de Brandebourg &c. Se trouvent en original dans les Archives de Baviere. GEWOLD *de septemviratu Cap. 9. in repræsentatione Imperii p. 743.* raporte la confirmation de WENCESLAS, en laquelle cet Empereur s'est expliqué demême qu'avoit fait CONRADIN en ses donations: *Et de omnibus suis aliis patrimonialibus, sive aliis quibuscunque, que ad ipsum de jure proprietatis titulo pertinebant, eidem Duci* LODWICO *per dictum* CONRADUM - - - *datis & traditis, nec non cessionis & donationis omnium bonorum suorum feudalium facto eidem Duci* LODWICO *per predictum Nepotem ejus* CONRADUM, *&c.*

(l) GERHARD *a Roo Annal. Austriæ p. 21. & 22.* STRUVE *corp. Hist. Germ Per. IX. §. ibique cit.*

la Maiſon de Baviere Elle paſſa a celle de Habsbourg au moyen des inveſtitures, qui en furent données au fils puiné de RODOLPHE en la Diéte d'Augsbourg de l'an 1282. (m).

L'injuſtice du procédé de RODOLPHE étoit manifeſte ; il annulloit des titres de donation, quoique réitérés et revétus de toute l'autenticité réquiſe ; il détruiſoit ſon propre ouvrage en détruiſant la confirmation, qu'il avoit luy même accordé quelques années auparavant, et dont il ne pouvoit encore avoir perdu le ſouvenir ; il faiſoit tenir aux Electeurs et a ceux des autres Etats, qui avoient a ſon imitation confirmé cette donation, une conduite peu réguliere en les diſpoſant a rompre leurs premiers engagements ; Enfin il mettoit de côté toutes les régles de droit et de l'équité pour ſuivre le penchant, qui l'entrainoit a enrichir ſa famille, fuſt-ce même aux dépens d'Autruy.

Aureſte désque par le teſtament de FERDINAND, ainſy que par les pactions matrimoniales, dont il va étre fait mention dans les Châpitres ſuivants, il a été en quelque façon tranſigé ſur les anciennes prétenſions de la Maiſon de Baviere, l'on conçoit aiſément, quant a ce qui regarde la Svabe, que ces prétenſions concernent ce que CHARLES VI. poſſédoit dans ce Duché.

(m) L'ingratitude de RODOLPHE étoit d'autant plus marquée, qu'il faiſoit un tort manifeſte nonſeulement a ſes propres Bienfaiteurs, mais même a ſes proches Alliés, puisque LOUIS de Baviere et OTTON fils du Duc HENRY étoient ſes Gendres.

Chapitre

au Chap. III. pag. 43.

TABLE GENEALOGIQUE

Servant a faire connoitre les droits de Succession

de la Maison de Baviere aux Royaumes de Hongrie et de Bohême, et autres Etats Héréditaires d'Autriche.

MAXIMILIEN I. Empereur.
† 1519.

PHILIPPE Roy de Castille † 1506. Son Epouse JEANNE Héritiere de toute la Monarchie d'Espagne.

CHARLES V. Empereur et Roy d'Espagne. Céde et abandonne a son frére Ferdinand avec déport du retour, qu'il s'etoit auparavant réservé, partie des Pays Héréditaires d'Autriche. Accéde au traité de mariage convenu entre Albert V. de Baviere et une des filles de Ferdinand. † 1558.

- PHILIPPE II. † 1598. Sa quatrieme Epouse étoit ANNE Fille de l'Empereur MAXIMILIEN II.
  - PHILIPPE III. forme prétention aux Etats héréditaires du chef de sa Mére la Reine ANNE, mais en 1617. il termine cette dificulté a l'amiable † 1621.
    - PHILIPPE IV. † 1665.
      - CHARLES II. dernier des Rois d'Espagne de la ligne d'Autriche. † 1700. sans Enfants.

FERDINAND I. Roy des Romains, et Empereur en 1547. acquiert du Chef de la Reine Anne son Epouse les Roiaumes de Hongrie et de Bohême; obtient aussi les Etats Autrichiens partie a titre d'Héredité et en vertu du testament de Maximilien, partie par les arrangements convenus avec Charlequint, qui a pris possession de la Courrone d'Espagne et dépendances. Fait en 1543. 1546. et 1547. diferentes dispositions testamentaires et autres conventions, par lesquelles il régle quant a tous ses Descendans l'ordre de Succession a ses Roiaumes et autres Etats. † 1564.

- MAXIMILIEN II. Empereur. Hérite les Roiaumes de Hongrie et de Bohême, et partage les autres Etats avec ses fréres conformement au testament de Ferdinand I. † 1576.
  - RODOLPHE II. Empereur † 1612.
  - MATHIAS Empereur. † 1619.
  - ANNE Epouse de PHILIPPE II. Roy d'Espagne.
    - PHILIPPE III. V. acoté la descendance de Charles V.
- ELISABETH. Epouse de SIGISMOND AUGUSTE Roy de Pologne † sans Enfants en 1545.
- ANNE devenuë l'Ainée des filles de FERDINAND aprés la mort d'ELISABETH. Epouse en 1546. le Duc ALBERT V. de Baviere. Est tant par le testament paternel, que par le Codicile et par son Contrat de Mariage substituée aux Mâles Descendans de FERDINAND, et apellée a la Succession, parcequ'Elle formoit la ligne primogeniale et la plus proche. † 1587.
  - GUILLAUME V. † 1626.
    - MAXIMILIEN Electeur et Duc de Baviere. † 1651.
      - FERDINAND MARIE Electeur. † 1679.
        - MAXIMILIEN MARIE EMANUEL, Electeur. † 1726.
          - CHARLES ALBERT Electeur. Seul Héritier légitime des Roiaumes, et Pays Héréditaires d'Autriche en vertu de toutes les dispositions, dont est mention dans les Chapitres suivants.
  - FERDINAND † 1608.
  - ERNEST † 1612.
- MARIE, aprés avoir été promise au Duc Albert de Baviere est néanmoins mariée en 1546. a Guillaume Duc de Juliers.
- FERDINAND de Tirol. †
- CHARLES obtient la Stirie, la Carinthie et la Carniole. † 1590.
  - FERDINAND II. Roy des Romains. Confirme en son testament celuy de FERDINAND I. † 1637.
    - FERDINAND III. Empereur. † 1657.
      - LEOPOLD I. Empereur. † 1705.
        - JOSEPH I. Empereur. † 1711.
          - MARIE JOSEPH. Epouse de FREDERIC AUGUSTE Roi de Pologne et Electeur de Saxe.
          - MARIE AMALIE Epouse de CHARLES ALBERT, Electeur de Baviere.
        - CHARLES VI. Empereur. Fait en 1713. une prétendue Sanction pragmatique, directement contraire aux précédents testaments et pactes de famille. † le 20. Octobre 1740.
          - MARIE THERESE. Epouse de FRANÇOIS ETIENNE Grand Duc de Toscane. Prétend succéder en vertu de la derniere pragmatique aux Roiaumes de Hongrie et de Bohême, ainsi qu'aux autres Etats et Pays héréditaires d'Autriche.
          - MARIE ANNE.
    - MARIE ANNE. Epouse de MAXIMILIEN, Electeur de Baviere.

Chapitre troisiéme.

Droits de la Maiſon Electorale de Baviere fondés ſur le Teſtament et le Codicile de FERDINAND I.

QUoyque le titre du préſent Chapitre ne faſſe mention que du Teſtament et du Codicile de FERDINAND I. neantmoins on y raportera quelques paſſages des Contracts de mariage convenus entre les Maiſons d'Autriche et de Baviere, parceque ces actes ont les uns avec les autres une liaiſon ſi parfaite, que cette connexité ne ſervira pas peu a mettre dans leur plein jour des volontés et diſpoſitions, ſur lesquelles la Cour de Vienne S'éforce de répandre quelque obſcurité.

En 1535. fut paſſé Contract de mariage entre ALBERT fils du Duc GUILLAUME de Baviere et la Princeſſe MARIE fille de FERDINAND premier, les Péres reſpectifs ſtipulants pour leurs Enfants. L'un des articles de ce Contract porte:

" Avant la conſommation la jeune Reine (MARIE) en „conſideration de la dot cy deſſús convenuë renoncera „par des actes a ce néceſſaires a toute Succeſſion paternelle et maternelle, avec cette réſerve néanmoins, „que ſi les Mâles de la Maiſon d'Autriche (parmis lesquels Sa Maj. Imper. Romaine (CHARLE QUINT) „auſſy bien que Sa M. R. avec tous leurs Deſcendans „Mâles indiſtinctement doivent étre compris et entendus) venoient a manquer, et que ce fut au tour des „filles a hériter, en ce cas la jeune Reine & ſes héritiers hériteront comme Cohéritiers ce qu'ils devront „hériter de droit, comme ſi jamais il n'étoit ſurvenu „de renonciation, laquelle renonciation ſera par le

 „jeune

„ jeune Prince conjointement avec ſon Epouſe ratiffiée,
„ ſcellée et expediée.

De la diſpoſition de ce Contract de mariage il réſulte, que l'intention des Partiës contractantes étoit, que MARIE fut ſubſtituée aux Mâles immédiatement, cependant quant a ſa portion héreditaire ſeulement, FERDINAND n'ayant pas jugé alórs a propos de donner l'excluſion a ſes autres filles, dont deux étoient les Ainées de MARIE, ce qui fut la raiſon, pour laquelle il ne qualiffia MARIE que de Cohéritiere.

Une ſeconde obſervation, qu'il ne faut pas perdre de ſouvenir eſt, que le bénefice de cette ſubſtitution régleé en faveur de MARIE a été formellement étendu a ſes héritiers et Deſcendans, ce qui prouve ſans réplique, que FERDINAND n'a jamais penſé, que la fille du dernier Poſſeſſeur emporta la totalité de la Succeſſion Autrichienne au préjudice de ſes filles, ou de leur Poſterité.

FERDINAND avoit l'éxecution de ce Contract de mariage tellement a coeur, que dans la crainte, qu'une mort inopinée, ou une vocation contraire a ſes deſſeins n'y aporta quelque changement, il en atribua les diſpoſitions, non a MARIE ſeulement, mais a celle de ſes autres filles, qui au deffaut de MARIE épouſeroit ALBERT de Baviere; Convention, qui ne ſervit, qu'a préparer les voyës aux vaſtes projets, qu'il avoit formé; Car ce n'étoit point a un ſimple droit de Co-Succeſſion, qu'il ſe propoſoit de borner celuy de la future Epouſe d'ALBERT de Baviere, mais il vouloit conduire ſon ſiſtême avec ménagement et ſans précipitation, afin d'éloigner les plaintes et opoſitions, qui auroient pû y aporter quelques obſtacles.

Le premier Juin 1543. il fit un Teſtament (a), dont preſque toutes les phraſes et périodes priſes dans leur ſens naturel portent coup et ſont ſi déciſives, qu'on ne ſçauroit ſe diſpenſer d'en joindre icy l'Analyſe, afin que le Public inſtruit a fond des diſpoſitions y contenuës ſoit en état de décider,

a qui

a qui, ou de la Grande Ducheſſe de Toſcane, ou de l'Electeur de Baviere elles ſont le plus favorables.

Analyſe du Teſtament de FERDINAND Premier.

LE Teſtateur aprés avoir invoqué le S. Nom de Dieu exprime dabord le déſir, qu'il a de pourvoir avant ſa mort au ſpirituel, ainſy qu'au temporel. Ce qu'il ordonne touchant le ſpirituel concerne ſes funerailles et les differentes fondations, qu'il établit pour le repos de ſon Ame. Quant au temporel il déclare n'avoir d'autre vüe, que de ſoutenir l'éclat et la grandeur de ſa Maiſon en prévenant aux difficultés, que le partage de ſes Etats pourroit occaſionner, et de procurer le bien de ſes ſujets en déſignant les Souverains, qu'il leur deſtine ſuivant l'ordre de ſucceſsion par lui réglé.

Nous FERDINAND &c.....

„NOus voyants par la grace du tout Puiſſant élevés a des „honneurs ſuprêmes, poſſedants des Royaumes, „Principautés, et Etats conſiderables, et ayants acquis „les Royaumes de Bohême et de Hongrie par le ma„riage, que nous avons contracté avec la Séréniſſime „Reine Anne Archiducheſſe d'Autriche, de laquelle nous „avons pour le préſent trois fils et neuf filles, qui ſont en „vie, ſçavoir MAXIMILIEN, FERDINAND, et CHAR„LES, ELISABETH, ANNE, MARIE, MAGDELE„INE, CATHERINE, ELEONORE, MARGUERI„TE, BARBE et HELENE, Nous ordonnons et nom„mons, ainſy qu'il eſt ſans cela juſte, ſuivant les loix „divines, natureles et civiles, *Nos fils et nos filles* ſusmen„tionés, deméme que ceux, que nous pourrions en„core avoir, *pour nos vrais et inconteſtables héritiers*, afin „qu'aprés nôtre mort ils poſſedent *héreditairement* et gou„vernent, ainſy que s'enſuit, nos Royaumes, Princi-

pau-

„pautés, Pays, et sujets, sans que Personne y mette „aucun trouble et empéchement.

FERDINAND, qui réflechissoit, que la Maison de Habsbourg avoit considerablement augmenté ses Etats par les femmes, auroit crû pêcher contre les Loix divines et humaines, s'il eut exclu de sa Succession ses filles, qui n'étoient pas moins ses Enfants que ses fils; C'est pourquoy il les a apellé les uns comme les autres sans distinction de Sexe, et les a également institué *Héritiers* donnant ainsy a ses filles, comme a ses fils un droit héreditaire avec habilité suffisante pour dans le tems *jouir, gouverner, régir et posseder les Royaumes, Principautés et Pays*, qu'il délaisseroit; deplus cette institution est nonseulement atributive d'une espece de proprieté, ou de *jus in re* ataché a la Personne instituée et consequemment transmissible a ses Descendans., mais a la jouissance prés elle met quant au fond tous les Héritiers dans une position égale, demaniere que, quand on suposeroit pour un moment, que la Maison de Baviere n'eut pas un titre, qui luy donna droit sur la totalité de la succession de FERDINAND I. encore au pis allé la grande Duchesse ne pourroit Elle se dispenser de partager cette succession avec l'Electeur par portions égales, puisque S. A. E. ne descend pas moins qu'Elle d'un des Enfants, que FERDINAND I. a institué son héritier, et que d'ailleurs en matiere successoriale, surtout lorsqu'il s'agit de souverainetés, les Mâles Descendans des filles sont toujours préférables aux filles descendantes des Mâles. (a)

Continuation du Testament.

„ Aprés nôtre mort nôtre fils MAXIMILIEN comme „l'Ainé entrera dans le gouvernement de nos deux Roy„aumes de Hongrie et de Bohême, lesquels avec tous „les Royaumes, Principautés, Marquisats, Pays et sujets

(a) Schmid ad J. Bav. T. 1. p. 2. Controv. 40. n. 6. quibus omnibus & illud consequens, quod si ad ipsum fœmineum sexum extinctis masculis contingat feudi successionem devenire, masculus tamen iterum ex fœmina natus semper aliis fœminis præfferatur, filius nimirum filiæ, vel Nepos Nepti. per text. feud. 2. tit. 17. item 51. §. Similiter. Vulteii. de feud. cap. 9. n. 66. & seqq. Schrader p. 7. cap. 4. n. 67. Paris. Conf. 17. n. 8. Fachin. Controv. 44.

„ſujets y apartenants il poſſédera héreditairement, les „gouvernera et en jouira, ſans que nos autres fils et hè„ritiers puiſſent y aporter obſtacle et empéchement.

Cette diſpoſition, qui transmet a MAXIMILIEN *comme a l'Ainé* le gouvernement de la Hongrie et de la Bohême prefférablement a ſes autres Co-héritiers, eſt conforme aux prêrogatives atachées a la primogeniture, aux Conſtitutions de ces deux Etats, qui n'admettent les femmes, qu'au défaut des Mâles, et a la qualité des Couronnes, qui ne pouvants étre placées ſur pluſieurs têtes ne ſont ſuſceptibles d'aucune diviſion. La politique vouloit encore, qu'il ne fut pas fait ſéparation de ces deux Royaumes, afinque leur jonction mutuele, et leur réunion ſoús le même ſouverain ſerviſſent a les mettre plus en ſûreté contre les ataques des voiſins.

„Mais dans le cas, que nôtredit fils l'Archiduc MAXI„MILIEN, ſoit avant, ou aprés nôtre mort mourut „*ſans hèritiers nés d'un légitime mariage*, alórs nôtre fils „FERDINAND, ou pareillement a ſon deffaut tou„jours l'Ainé de nos fils entrera ſans empéchement „quelconque dans le gouvernement héreditaire de nos „Royaumes et Etats. *Suite du Teſtam.*

Ce paſſage eſt l'un de ceux, qui demandent le plus d'attention, et dont l'explication n'embaraſſe pas peu la grande Ducheſſe de Toſcane, puiſque l'interprétation de ces mots *ſans hèritiers nés d'un mariage légitime* ne peut que militer contre Elle, quelque ſoit la tournure, qu'Elle leur donne; car ſi Elle ne les atribue qu'aux mâles, Elle ſera forcée d'avoüer, qu'aprés ces Mâles la Princeſſe ANNE, dont deſcend l'Electeur de Baviere, leur a été dans la ſuite du Teſtament immédiatement ſubſtituée. Si Elle y comprend les filles de MAXIMILIEN, il faudra par une conſéquence néceſſaire, qu'Elle convienne, que le cas de la ſubſtitution ordonnée au proffit de FERDINAND et de CHARLES ne pouvoit arriver, que lorsqu'il n'y auroit plus d'Enfants,

 ou

ou de Descendans Mâles et femelles de MAXIMILIEN premier Né ; Or lorsque FERDINAND II. comme représentant CHARLES de Styrie a avant et aprés le décés de l'Empereur MATTHIAS apréhendé la succession de FERDINAND I. il y avoit un Descendant dud. MAXIMILIEN par la Princesse ANNE sa fille, sçavoir PHILIPPE III. Roy d'Espagne, lequel si les filles avoient été comprises soûs ces mots *héritiers nés en mariage legitime*, n'auroit point signè l'acte de déport, ou de renonciation de l'an 1617. et ratiffié ou accepté la renonciation anterieurement faite par la Reine sa Mere ; ainsy il ne sied pas bien a la grande Duchesse, dont le Pére et les Ayeuls n'ont été admis a la succession, que par un effet de cette exclusion des filles procrées des fils, de changer aujourdhuy de langage et de vouloir donner l'admission a un Séxe, que les Ancêtres, dont Elle tient ses droits, ont exclu, parcequ'il subsistoit des Mâles, et sans laquelle exclusion CHARLES VI. ne seroit point parvenu a la possession des Etats, qu'il a délaissés. Quoyqu'il en soit l'observance est la meilleure interprête de ce qui peut étre douteux ; Or selon cette observance la Succession de MAXIMILIEN ayant aprés la mort de ses fils et avec exclusion du Descendant par femmes passé a la derniere branche formée par CHARLES de Styrie, rien ne prouve plus invinciblement, que les filles n'étoient aucunement comprises soûs ces mots *héritiers nés en mariage légitime.*

Secondement il n'est pas possible de comprendre les filles soûs l'expression *d'héritiers nés d'un mariage légitime* sans faire tomber le Testateur dans une contradiction manifeste; car immédiatement aprés il dit : *alórs* (c'est a dire au cas du décés de MAXIMILIEN sans héritiers nés d'un mariage légitime) *nôtre Fils FERDINAND, où pareillement a son deffaut toujours l'Ainé de nos Fils &c....* comment l'Ainé des fils pourroit il avoir été toujours apellé, si l'on eut admis les filles de MAXIMILIEN ? peut il tomber soûs le bon sens, que le Testateur, qui n'avoit d'autre atention, que d'obvier a tou-

tes

tes difcuffions avenirs, ait foús l'expreffion générique *d'héritiers nés en loyal mariage*, compris les filles de fon fils, tandis, que dans la continuité du même difcours il les a fpécialement exclu par la vocation de tous fes fils, en donnant perpétuelement la prefférance a l'Ainé ?

„Mais pour ce qui concerne nos Pays héréditaires de l'anterieure, de la haute et baffe Autriche, que le Toutpuiffant nous a donné, et que nos Ancêtres nous ont tranfmis, comme auffy nôtre prétenfion de 60. mil Ducats de revenus annuel & héréditaire a nous avenus et légués fur le Royaume de Naples par nôtre Cher grand Pére FERDINAND Roy d'Efpagne, et a nous affurés fur certaines hypothêques par nôtre Cher frére et Seigneur l'Empereur CHARLES V. nous par l'effet de nôtre inclination paternelle avons réfléchi et confideré, que nos Ancêtres par une coutume Sage et louable ont évité quelquesfois le démembrement de nos Principautés et Etats héréditaires en les gouvernant en commun, et par indivis, ou en s'ajuftant a l'amiable avec ceux, qui avoient a y prétendre, par ou certainement nôtre Maifon d'Autriche a beaucoup augmenté en dignités, honneurs, Pays et fujets et s'eft par la grace de Dieu fi confiderablement étendüe &c.....

Continuation du Teftam.

Cet expofé prouve, que le droit de Primogeniture, qui fait la bâfe et le fondement de la Pragmatique-Sanction, n'a jamais, comme CHARLES VI. l'a infinué, été introduit dans la Maifon d'Autriche, puisque du propre aveu de FERDINAND, lorsque le cas eft arrivé, que plufieurs héritiers devoient prendre part a la fucceffion, ils ont quelquesfois et afin d'obvier aux fuites dangereufes des démembrements et divifions, prefféré de gouverner conjointement, en commun et par indivis ; l'on peut donc dire, indépendament des preuves, que l'on en raportera encore, que ce prétendu droit de primogeniture et d'indivisibilité de tout tems usité parmis les Archiducs, n'a été qu'un prétexte imaginé de la part de CHARLES VI. pour autoriser une constitution, qu'il cherchoit a établir au préjudice de la Maison de Baviere et pour soús ce faux exposé obtenir plus facilement la Garantie de l'Empire, et d'autres Puissances de l'Europe.

L'on voit en outre par les effets avantageux, que le Testateur a atribué a la primogeniture et a l'indivisibilité, que son projet étoit de l'établir et l'on reconnoitra par cet établissement, que lorsqu'il a dans la suite de son Testament et de son Codicile adjugé a sa fille Ainée les Royaumes de Hongrie et de Bohême arrivant le deffaut des Mâles de luy Descendans, pour les posseder pendant que CHALES V. et ses Enfants Mâles posséderoient l'Autriche, il comptoit qu'au deffaut de la branche d'Espagne l'Autriche retourneroit au même souverain, que celuy des Royaumes cy dessús.

La suite roule sur une longue exhortation, que le Testateur fait a ses fils et sur les indications, qu'il leur donne pour ne point diviser leurs Etats, les nommant en même tems Tuteurs et Administrateurs de ses filles.

Continuation du Testament.

„ Nous enjoignons aussy sérieusement a nos Chers fils, „ et voulons, qu'ils aient sans résistance, ni oposition „ a garder et accomplir inviolablement toutes et une „ chacune les pactions et conventions matrimoniales, „ que de nôtre vivant Nous avens au sujet de quelques „ unes de Nos chéres filles accepté et arrêté, ou que „ Nous accepterons et arrêterons pour le bien, utilité „ et avantage de Nos Etats et sujets.

Cet Article marque jusqu'ou FERDINAND étendoit ses précautions, car quoyqu'il sçut, que les Contracts de mariage étoient par eux même les actes de la societé humaine les plus sacrés et les plus obligatoires, neanmoins afin de donner a ceux, qu'il avoit conclu et qu'il concluroit encore

core, plus de force et de vigueur, il a enjoint a ſes fils de S'y conformer éxactement; injonction, qui entraine néceſſairement aprés elle une deffenſe de rien entreprendre, qui puiſſe y étre contraire. Or comme il connoiſſoit les avantages, qu'il avoit déjá fait et qu'il projettoit de faire a celle de ſes filles, qui épouſeroit le Duc ALBERT de Baviere, il a trouvé a propos de prévenir ſes fils, pour qu'ils ne fiſſent ſoit en faveur de leurs filles, ſoit autrement, aucunes diſpoſitions, qui puſſent étre opoſées au contenu de ces Contracts. Cependant ſi l'on conſulte la Pragmatique - Sanction, l'on ne trouvera point, que cette derniere volonté de FERDINAND ait beaucoup fait d'impreſſion ſur l'eſprit de CHARLES VI.

Lorsque le Teſtateur a ajouté, que ces Contracts de mariage conclus et a conclure tendoient au bien et a la proſpérité de ſes Etats, il anonçoit tacitement, qu'il avoit deja pris, ou qu'il prendroit encore des meſures pour que ces Etats paſſaſſent a l'une de ſes filles; autrement quel intereſt les Etats auroient ils pû prendre a ces mariages, ou quel profit leur en ſeroit il revenus?

Le Teſtateur ajoute, que s'il arrivoit, que l'une ou pluſieurs des filles, qu'il délaiſſera aprés ſa mort, vint a ſe marier, ſon fils Ainé MAXIMILIEN ſeroit tenu de luy fournir la moitié de ſa dot et les ſujets l'autre moitié, ainſy qu'en pareil cas il étoit d'uſage; puis il dit:

„ Avec laquelle dotation et délivrance toutes et une chacune de nos filles ſe tiendront pour ſatisfaites et *renonceront* a tout droit héreditaire de ſucceſſion tant paternelle, que maternelle *envérs nos fils*, ſa Majeſté Imperiale en qualité d'Archiduc d'Autriche, *Nos héritiers Màles légitimes* et ceux de Sad. Majeſté, ainſy et de la même maniere, que cela a déja été fait par celles de nos filles, qui ſe ſont Mariées, ou qui ſe marieront, et ſuivant qu'il eſt d'uſage et de coutume en nôtre Maiſon d'Autriche „ &c. *Continuation du Teſtam.*

Si le commencement de cette période ſemble vouloir, que

que les filles de FERDINAND ſe contentent de la dot et délivrance mobiliaire a Elle fixées par le Teſtament en renonçant a toute part et portion de leur Succeſſion paternelle et maternelle , la ſuite découvre viſiblement , quelles étoient les intentions du Teſtateur. Ses filles n'étoient pas moins, que ſes fils inſtituées ſes héritieres et avoient comme Eux (*ce ſont ſes termes*) un droit héréditaire de Succeſſion; cependant il avoit quant a la jouiſſance et poſſeſſion ordonné une ſubſtitution graduele d'un fils a l'autre, avant la fin delaquelle ſes filles ne pouvoient rien eſperer; c'eſt pour cette conſideration qu'il veut, que par forme d'indemnité de la Cojouiſſance, dont Elles ſe trouvent fruſtrées , il leur ſoit payé une certaine ſomme d'argent, et afin qu'Elles ne puiſſent ſoús prétexte de l'inſtitution réglée en leur faveur moleſter leurs fréres, a qui la prefférence dans l'ordre de ſubſtitution étoit donnée, il éxige qu'Elles renoncent a toute ſucceſſion paternelle et maternelle, mais avec cette limitation, que la renonciation ne ſera faite qu'en faveur des Mâles de la Maiſon Archiducale d'Autriche.

Cette renonciation limitée impoſée aux filles du Teſtateur produit nombre de réfléxions , qui ſe préſentent d'Elles mêmes.

I. Il falloit, que les filles euſſent un droit acquis ſur la ſucceſſion de FERDINAND, ſans quoy FERDINAND ne leur eut point enjoint d'y renoncer, puiſqu'on n'oblige Perſonne a ſe déporter d'un droit, qu'il ne peut éxercer.

II. Cette renonciation bornée au proffit et a l'éxiſtance des Mâles uniquement doit néceſſairement ceſſer avec la ceſſation de ces mêmes Mâles , demaniere que la Partie renonçante, ou a ſon deffaut les héritiers , qui la repréſentent , ſont autoriſés a reprendre des droits, qui n'avoient été que ſuſpendus.

III. Si FERDINAND , qui metoit toute ſon aplication a obvier aux diſſenſions avenirs, eut imaginé , que les filles de de ses fils pûssent, ou dûssent exclure ses propres filles, il n'auroit certainement manqué d'inserer dans son Testament, que sa volonté étoit aussy, que ses filles renonçassent en faveur des filles de ses fils; cette précaution étoit nécessaire, parceque FERDINAND, selon l'ordre du fideicommis, qu'il a réglé, avoit déja atribué a ses fils la préférence duë a la masculinité, et d'ailleurs l'usage depuis longtems observé dans la famille la leur adjugeoit pareillement, de façon qu'il n'avoit aucunement a craindre, que ses filles inquiétassent ses fils, ou leurs Descendans Mâles, mais il n'avoit pas les mêmes sûretés a l'égard des filles de ses fils, et il étoit assez éclairé pour juger, qu'Elles auroient beaucoup de combats a soutenir, s'il arrivoit qu'a l'ouverture de sa succession Elles entrassent en concurrence avec ses filles, ou leur héritiers; ainsy s'il avoit voulu favoriser les filles de ses fils, il n'auroit pas oublié d'ordonner, que la renonciation en question seroit aussy étenduë sur Elles. Ne l'ayant pas fait il a décidé implicitement, qu'Elles ne devoient point étre apellées a sa succession. Ce qui apuye cette derniere conséquence est, que les renonciations ne sont ordinairement faites, qu'en faveur de ceux, a qui la Partie renonçante céde un droit anterieur; Selon ce principe dés que FERDINAND a éxigé, que ses filles ne renonçassent qu'envèrs les Mâles, il en résulte, que cette priorité de droit sur les filles de FERDINAND n'étoit duë qu'aux Mâles seuls, et qu'ainsy les filles de ces Mâles ne pouvoient avoir part a ces mots *héritiers nés en légitime mariage.*

Dans l'Article suivant le Testateur en cas de son prèdécés fixe le douaire de la Reine son Epouse, et prescrit surtout a son fils Ainé, comme a celuy, a qui il assigne par préciput les Royaumes de Bohème et de Hongrie, de quelle façon il faut, qu'il se comporte non seulement envèrs sa Mere, mais aussy envèrs ses freres au sujet du gouvernement indivis des Etats Autrichiens; comment ils en agiront au sujet des fiefs, qui deviendront vacants; comment ils pourvoiront au payement des dettes; comment ils se conduiront les uns envèrs les au-

tres pour entretenir une amitié indissoluble et comment seront terminés les differens, qui pouroient survenir. Aprés beaucoup d'etenduë sur tous ces points, il continuë,

Suite du Testam. „Mais s'il arrivoit, que par la volonté du tout Puissant „nôtre Chére Epouse et tous nos fils vinssent a mourir „sans héritiers nés d'un légitime mariage, ce qu'a Dieu „ne plaise, *une de nos filles, que nous délaisserons* aura et „possédera comme légitime *héritiere* les susmentionnés „Royaumes de Hongrie et de Bohême et les Pays, qui „en dépendent.

L'on a déja prouvé cy dessús, que ces mots *sans héritiers légitimes* n'etoient aplicables qu'aux Mâles, sourtout en examinant, *Non quid propriè dixerit Testator, sed quid dicere voluerit,* et pour peu qu'on réfléchisse au passage, qui vient d'étre allegué, l'on verra, que le Testateur ne peut l'avoir autrement entendu, sans quoy il faudroit l'accuser d'avoir commis une absurdité peu croiable; Car suposé pour un moment, qu'aulieu de mettre *sans héritiers nés d'un légitime mariage* il eut dit, mais s'il arrivoit, que *Nôtre Epouse et tous nos fils vinssent a mourir sans fils ni filles,* (*car la Cour de Vienne avance, que sans héritiers légitimes et sans fils ni filles sont des expressions sinonimes*) n'eut il pas été absurde, qu'il eut dit; s'il arrivoit, que nôtre Chére Epouse vint a mourir sans fils ni filles, ce sera une de nos filles, qui héritera? comment une de ses filles auroit Elle pû hériter, si son Epouse n'en eut délaissé aucune? pour donc sauver toute contradiction et expliquer le Testament d'une façon conforme a l'idée du Testateur, il faut indispensablement admettre, que ces paroles, *sans héritiers nés d'un légitime mariage* doivent étre restraintes et limitées aux Mâles.

Lorsqu'en second lieu le Testateur veut, qu'aprés le décés de son Epouse et de ses fils désignés soús les mots *d'héritiers légitimes*, ce soit une de ses filles, qui gouverne les Royaumes de Hongrie et de Bohéme, il a en cela non seulement sui-

ſuivi ſon Siſteme, ſelon lequel il avoit ordonné, que ces deux Couronnes fuſſent transmiſes ſur la même tête, mais il a établi la continuation du fideicommis, puisqu'aprés avoir ſubſtitué ſes fils les uns aux autres, il fait une gradation immédiate des Mâles aux filles, gradation, qui auroit perdu tous ſes avantages, ſi chacune des filles Deſcendantes des trois fils de FERDINAND avoit pû en empécher l'effet.

Troiſiémement une diſpoſition auſſy vague et indéterminée de la part d'un Teſtateur, qui ayant pluſieurs filles n'en ſubſtitue qu'une en termes generaux, pourroit au premier coup d'œuil paroitre étrange et ſinguliere, mais en ſe raprochant de l'objet, que FERDINAND avoit délors, et en réfléchiſſant a l'incertitude, ou il étoit encore, ſi ce ſeroit MARIE ou une autre de ſes filles, qui épouſeroit ALBERT, il ſera facile de remarquer, que méditant de faire paſſer ſa ſucceſſion a cette Epouſe il n'a différé une détermination plus poſitive, que jusqu'aux aproches, ou a la célébration du mariage; peutétre même n'a-t-il laiſsé ſon choix en ſuſpens, que pour ne point prêmaturement et par une prédilection marquée exciter la jalouſie de celles de ſes autres filles, qui ſe verroient privées de ſa ſucceſſion.

Quatriémement parmis ces mots, une de nos filles celuy de *Nos* n'eſt pas peu remarquable, car il prouve bien formellement, que le Teſtateur n'a apellé a ſa ſucceſſion qu'une des filles de luy directement procréées, et qu'ainſy il a exclu les filles de ſes fils; autrement il n'auroit manqué de dire *l'une des filles, que Nous, ou nos fils délaiſſerons.* Si donc il a ſpécialement apellé l'une de ſes filles, tandis qu'il a donné une ex clusion plus que tacite aux filles de ſes fils, l'on abandonne a la déciſion de toute Perſonne ſenſée et impartiale, qui voudra bien mettre en balance d'un côté cette vocation expreſſe, et d'un autre cette excluſion formelle, qui ou de l'apellé, ou de l'exclu doit l'emporter?

 Cin-

En cinquiéme lieu en quelle qualité l'une des filles a-t-Elle été apellée ? l'article raporté l'indique ; en qualité *d'héritiere légitime.* Cette fille avoit donc un titre adhêrant ineffaçablement a sa Personne ; titre en consideration duquel le Testateur luy a adjugé son tour venant les Royaumes de Hongrie et de Bohême; titre, qui étant égal a celuy, que le Testateur a donné a ses autres fils ne peut que produire une égalité de droit; titre, qui selon l'esprit de la disposition testamentaire devoit prendre vigueur a l'extinction des Mâles Descendans de FERDINAND ; titre enfin, qu'il est tems de faire valoir depuis que le cas prévu est arrivé.

Continuation du Testament.

„Et quoyque par ignorance de nos droits nous ayons cy „devant donné aux Etats de nôtre Royaume de Bohê„me une reconnoissance portant, que les filles n'hérite„roient point led. Royaume, neanmoins il a été dude„puis clairement trouvé dans les anciens et louables „privilèges de nôtred. Royaume de Bohême et particu„lierement dans la Bulle d'or de feu l'Empereur CHAR„LES, qu'au deffaut des Mâles les Princesses Royales „étoient habiles a succeder, et que ce Royaume devoit „leur échoir ; c'est pourquoy nous exhortons et aver„tissons de leur devoir les Etats et sujets de nosd. Roy„aumes, et surtout ceux de la Couronne de Bohême, „qu'ils n'aient en ce cas (*c'est a dire au deffaut des Mâles*) „a recevoir et reconnoitre d'autre souverain, que *l'une de „nos filles*, a laquelle ils prêteront toute obeissance et fi„délité.

Le Testateur aprés avoir fait observer l'erreur, qui l'avoit induit a donner aux Etats de Bohême des reversales, par lesquelles il reconnoissoit, que les filles ne pouvoient parvenir a la Couronne, expose avoir cependant découvert, *qu'au deffaut des Mâles* de la famille Royale, Elles étoient habiles a succéder et devoient même être apellées au thrône tant par l'usage, que par la Bulle d'or; En consequence de cette maxime il enjoint et exhorte les sujets de ce Royaume, ainsy que

ceux

ceux de Hongrie, a ne reconnoitre *ce cas arrivant* d'autre souverain, que l'une de ses filles; le cas qu'il venoit d'exposer étoit, que quant au Royaume de Bohême les filles héritoient, lorsque les Mâles venoient a manquer, puis il veut, que *ce cas arrivant* c'est a dire *ce deffaut des Mâles*, les sujets ne reconnoissent d'autre Reine, que l'une de ses filles; il suit de lá sans replique, que cette fille a été immediatement substituée aux Mâles, même dans des termes, qui entre Elle et ces Mâles n'admettent aucune Personne intermédiaire; voila donc une préterition bien expresse des filles procréées des fils, puisqu'il n'a point été possible, que le Testateur défendit a ses sujets de reconnoitre a l'extinction des Mâles de sa famille d'autre Reine que sa fille, sans qu'en même tems il donna une exclusion formelle a toutes autres prétendantes généralement quelconques. Aprés une réflexion aussy juste, aussy frapante l'on ne sçauroit se figurer, que la Cour de Vienne persiste d'avantage a soutenir, que soús ces mots *héritiers nés en loyal mariage*, les filles des fils soient apellées préférablement aux filles du Testateur, ou a leurs Descendans.

Par la disposition cydessús FERDINAND, en apellant ses filles aux Royaumes de Hongrie et de Bohême, a non seulement donné l'exclusion aux filles de ses fils, mais il l'a encore donné a CHARLES V. son frére et a ses Descendans Mâles, parcequ'étant rélativement a la Maison d'Autriche le premier Aquereur des Royaumes de Hongrie et de Bohême il pouvoit en disposer sans préjudicier a ses Agnats; mais il n'en étoit pas demême de ses autres Etats, s'entend de l'Autriche et Pays en dépendants, car quoyque par un nouveau et dernier partage de l'an 1540. CHARLES V. les luy eut totalement cédé, même avec déport de la clause de retour, ou réversion précedemment stipulée, il a neantmoins jugé, qu'il ne convenoit pas de préferer des filles aux branches masculines de sa Maison, c'est pourquoy il poursuit,

„Mais au défaut de nos Descendans Mâles tous nos Pays héréditaires d'Autriche soit fiefs, soit propres, ensemble toute la mousqueterie, l'artillerie et autres échoiront pour „cet- *Continuation du Testament.*

„ cette fois et apartiendront héréditairement a S. M. „ Imper. nôtre Cher frére (*CHAR. V*) et aux Descen- „ dans Mâles de Sadite Majesté et nul autre qu'Elle, ou „ ses Descendans ne pourront étre regardés comme Sei- „ gneurs et Princes légitimes desdits Pays ; Nos sujets „ luy préteront aussy, ainsy qu'il convient et avec obeis- „ sance, les foy, devoirs et hommages acoutumés.

L'on voit dans cette disposition, que le Testateur arrivant le défaut des Mâles de sa ligne pourvoit en faveur de CHARLES V. et de ses Descendans Mâles a la succession aux Etats Autrichiens, tout comme il avoit précedemment pourvu en faveur d'une de ses filles a la succession aux Royaumes de Hongrie et de Bohême. Or demême que CHARLES V. ou ses Descendans Mâles étoient autorisés a prendre possession de l'Autriche, dés que les Mâles Descendans de son frere FERDINAND cesseroient d'étre, ainsy et a pareil instant l'une des filles de FERDINAND étoit Elle autorisée a prendre possession des Royaumes de Bohême et de Hongrie, dés que ce même défaut arriveroit, sans avoir aucun obstacle a craindre de la part des filles provenantes des fils ; cela prouve conséquemment, que les mots *d'héritiers légitimes* ont suivant l'idée et l'intention du Testateur la même signification *qu'héritiers Mâles* ; l'on ajoutera a cela, que le Testateur, quoyqu'il disposa icy de ses Royaumes et de ses Etats Autrichiens en faveur de deux héritiers differents, a neanmoins mis les uns comme les autres dans une parité de droit, puisque demême qu'il a ordonné a ses sujets d'étre fidels a CHARLES V. et a ses Descendans, ainsy a-t- il voulu, que les sujets de Hongrie et de Bohême le fussent a l'une de ses filles.

Suite du Testam.

„ Parcontre S. M. I. ou ses Descendans Mâles pourvoiront „ et donneront a nos Chéres filles la dot et délivrance „ cy dessús mentionnées, et distribueront en outre entre „ Elles une somme de trois cent mil florins du Rhin pour „ raison de la succession allodiale et pour tous leurs droits

„ et

„et prétentions, laquelle ſomme ſera partageable entre „toutes celles, qui ſeront encore en vie, *a l'éxception de* „*celle, qui parviendra a la poſſeſſion de nos Royaumes* ; mais „pour ce qui eſt des joyaux, argenterie, et autres meu- „bles, iceux échoiront héreditairement et demeureront „aux filles, que nous délaiſſerons, et celle de nos filles, „qui aprés cette délivrance et partage, ſoit qu'Elle ait „été Mariée, ſoit qu'Elle ne l'ait pas été, viendra a mou- „rir ſans héritiers légitimes, aura pour héritiers, ainſy „qu'il convient, ſes autres ſoeurs et leurs Enfants.

CHARLES V. étant par raport aux allodiaux, dont il n'a pas été fait diſtraction, chargé de payer aux filles du Teſtateur une certaine ſomme, a laquelle Elles devoient toutes participer, *a l'exception de celle, a qui les Royaumes de Hongrie et de Bohème échoiroient*, cela prouve inconteſtablement, qu'un même événement, qui eſt le défaut des Mâles Deſcendans de FERDINAND, devoit operer la ſéparation des poſſeſſions Autrichiennes, les Royaumes ſúſallegués devants paſſer a la fille du Teſtateur, en même tems que l'Autriche et les Pays en dépendants paſſeroient a CHARLES V., ou aux ſiens, ſuposé que la branche d'Eſpagne eut ſurvecu celle d'Allemagne; ſi FERDINAND eut pensé, qu'une autre fille que la ſienne eut pû entrer en poſſeſſion des Royaumes de Hongrie et de Bohême, arrivant l'extinction des Mâles de la branche d'Allemagne, il n'auroit point chargé CHARLES V. d'exclure de la diſtribution des deniers celle de ſes filles, qui parviendroit auxd. Royaumes.

„Et s'il arrivoit par les Decrets de la volonté divine, que S.M. „I. nôtre Cher frére et Seigneur vint *auſſy* a mourir ſans „Enfants Mâles, ou qu'aprés ſa mort ſa poſterité maſ- „culine vint a manquer, alórs nos Pays d'Autriche „échoiront héréditairement a qui ils apartiennent de „droit et d'équité.

Continuation du Teſtam.

L'on a vu, pour ce qui étoit des Royaumes de Hongrie et de Bohême, que le Teſtateur n'a laiſſé aucun doute; il a

a lexa l'extinction des Mâles de sa Maison apellé en termes formels l'une de ses filles ; *une de nos filles aura et possédera les susmentionnés Royaumes de Hongrie et de Bohême.* Ainsy cette vocation expresse assûre dabord ces Couronnes aux Descendans de cette fille , que l'Empereur FERDINAND a instituée son héritiere en la substituant a ses fils.

Pour ce qui est de l'Autriche et dépendances , lorsqu'il est dit, que ces Etats échoiront , *a qui ils apartiennent de droit et d'Equité ,* c'est par les circonstances , et par le surplus des dispositions de FERDINAND , qu'il doit étre décidé de ce droit. Ce fait ainsy posé n'ayant dans ces dispositions jamais été la moindre question des filles des fils ; ces filles au contraire se trouvant tantôt formellement , tantôt tacitement excluës, puisque dans tous les cas , ou il s'est agi de succéder arrivant le défaut des Mâles de la Maison d'Autriche, il n'a pas été fait d'Elles la moindre mention , pourra-t- on persuader, que c'est d'Elles, dont le Testateur a entendu parler, lorsqu'il a ajouté, *que les Etats Autrichiens échoiroient a qui ils apartenoient de droit*, tandis que dans tout le Cours de son Testament il n'a jamais daigné les apeller ni directement, ni indirectement; Car S'il eut pensé, qu'aprés la totale extinction des Archiducs d'Autriche, c'eut été a la fille du dernier Possesseur a hériter ; Ou il se seroit a cet égard exprimé en termes plus claires, ou du moins pour ne rien décider sur l'avenir et laisser aux choses leur cours ordinaire, auroit il inséré au futur: *alórs Nos Pays d'Autriche échoiront a qui ils apartiendront , ou se trouveront apartenir de droit et déquité* ; mais dés qu'il dit : *a qui ils apartiennent*, cette expression placée *in tempore præsenti* (comme disent les grammairiens) dénote, que déslors il y avoit une Maison , une famille , une Personne éxistante, a qui apartenoit un droit présent et actuel. Quelle pouvoit étre cette Maison ? Nulle autre que celle de Baviere, des prétentions de laquelle FERDINAND I. avoit une connoissance si parfaite , que lorsqu'a ses Descendans Mâles il a substitué CHARLES V. il ne l'a fait qu'avec une cer-

certaine retenuë, en ajoutant la clause *pour cette fois*, et ne doutant point, que la Maison de Baviere, qui par le Contract de mariage de la Princesse MARIE avoit deja donné les mains a cette transition des Etats Autrichiens d'une Branche masculine a l'autre (*) ne persista en ce sentiment, pourvû qu'Elle eut ses assûrances (**), que la Maison d'Autriche venant a manquer, Elle succéderoit par droit de substitution, et retrouveroit par la jonction de deux Royaumes, sur lesquels ses anciens droits ne s'étendoient pas, de quoy S'indemniser agréablement de toutes les pertes passées.

Si cette premiere interprétation ne plait point a la Cour de Vienne, on luy en donnera une seconde, qui ne sera pas moins a l'avantage de la Maison de Baviere. L'on a vu ci-devant, que FERDINAND a ordonné, qu'aprés les Mâles de luy Descendans les Roiaumes de Hongrie et de Bohême passeroient *a l'une de ses Filles*. En quelle qualité a-t-il voulu, que cette fille y succeda? en qualité *d'Héritiere légitime*; il s'én est formellement expliqué; si donc ce titre d'Héritiere a donné a la fille instituée un droit légitime sur ces Roiaumes, cette fille avoit parconséquent un droit pareil sur le surplus de la succession Autrichienne et étoit celle, que FERDINAND a compris, lorsqu'il s'est servi de ces mots: *a qui ils apar-*

(*) Ce qui prouve, que la Maison de Baviere ne S'étoit point oposé a ce qu'au préjudice de ses anciens droits l'Autriche et ses dépendances passassent, neantmoins a charge du droit de retour, a la Branche d'Espagne, c'est l'article du Contrat de mariage de l'an 1535. ou il „ est dit: "avant la consommation la jeune Reine (*MARIE*) en con- „sidération de la dot cidessus convenuë renoncera par des actes a „ce nécessaires a toute succession paternelle et maternelle, avec cet- „te réserve neantmoins, que si les Mâles de la Maison d'Autriche, „parmis lesquels Sa Maj. Imp. Rom. (CHARLES V.) aussy bien que „S. M. R. avec tous leurs Descendans Mâles sont compris, venoient „a manquer, et que ce fût au tour des filles a hériter, en ce cas la „jeune Reine et ses héritiers hériteront comme Co-héritiers ce „qu'ils devront hériter de droit, comme si jamais il n'étoit survenu „de renonciation, *laquelle renonciation sera par le jeune Prince conjointe-* „ *ment avec son Epouse ratifiée, scellée et expediée.*

(**) C'est par le second Contrat de l'an 1546. que la Maison de Baviere, en donnant les mains a ce que l'Autriche passa a CHARLES V. S'est assuré le droit de retour aprés l'extinction de la branche d'Espagne.

apartiennent de droit et d'équité ; C'eſt pourquoy quand nonobſtant ce droit de la fille inſtituée il a jugé a propos de transporter les Etats Autrichiens *pour cette fois* ſeulement a la Branche d'Eſpagne, et qu'il a ſtatué, qu'au défaut des Mâles de cette branche ces Etats retourneroient a qui ils apartenoient déslors, ce retour ne pouvoit étre qu'en faveur de l'Héritiere inſtituée, qui, comme on le verra incontinent, étoit la Princeſſe ANNE arriere Triſayeule de l'Electeur de Baviere. *

Ainſi de quelle façon l'on cherche a pénétrer l'intention de FERDINAND, l'on trouvera, que ce Teſtateur en S'exprimant en termes généraux a embraſſé par la généralité de ſes expreſſions tous les moiens, dont la Maiſon de Baviere pouvoit faire uſage lòrs et aprés la confection du Teſtament.

ELISABETH fille Ainée de FERDINAND I. et Epouſe de SIGISMOND Roy de Pologne étant décédée en 1545. ſans délaiſſer d'Enfants, cet évenement donna a FERDINAND plus de facilité, qu'il n'en avoit eu auparavant, pour mettre a éxécution les projets conçus en faveur de la Maiſon de Baviere. Il avoit par ſon Teſtament établi la primogéniture entre ſes fils; cela l'autoriſoit a en faire autant entre ſes filles, lorsque les fils viendroient a manquer. Depuis la mort d'ELISABETH Anne étoit devenuë l'Ainée, deſorte que pour parvenir a ſon but il ne penſa plus a donner MARIE a ALBERT de Baviere, ce fut ANNE, qui la rempIaça, et par le ſecond contract de mariage ANNE fut ſubſtituée aux Mâles de la Maiſon pour la totalité de la Succesſion Autrichienne, demême que Marie l'avoit été pour une ſimple cottepart.

Quoyque ce dernier contract eut été dreſsé en termes ſi clai-

(*) Rien n'eſt plus conforme que cette maxime aux régles du droit civil les plus triviales, ſelon lesquelles un fideicommis eſt toujours réverſible a l'héritier originairement inſtituée, lorsqu'un Pére de famille en diſpoſe au proffit d'un collateral, ou d'un Etranger; avec clauſe, que le cas d'ouverture échéant, ce fideicommis retournera a qui il apartient.

claires, qu'il ne pouvoit plus étre douté, quelle feroit l'Héritiere des Roiaumes et Etats Autrichiens, lorsque les Mâles viendroient a manquer, cependant FERDINAND vouloit mettre a fon ouvrage la derniere perfection. Il étoit encore mémoratif de fon Teftament de l'an 1543. dans lequel, quoyqu'il eut apellé a fa Succeffion *Une de fes Filles* il avoit cependant différé de la nommer, ou de la défigner, jusqu'a ce qu'il vit, ou qu'il fut affuré quelle feroit celle, qui épouferoit le Duc ALBERT de Baviere. La conclufion et la célebration du mariage entre l'Archiducheffe ANNE fa Fille Ainée et led. Duc ALBERT luy avoit donné a cet égard toute la certitude, qu'il atendoit, c'eftpourquoy il ne balança plus a fe déclarer, et fit un Codicile en date du 4. Fevrier 1547. dans lequel il commence par expofer, que

„Quoique lórs de fon avénement au thrône de Bohême „il ait par ignorance de fes droits donné aux Etats dud. „Royaume des reverfales, par lesquelles il reconnoiffoit „tenir la Couronne a titre de libre élection, neanmoins „ayant trouvè particulierement dans la Bulle d'or, que „ce Royaume étoit purement héreditaire, les Etats luy „avoient non feulement rendu fes reverfales, mais mé„me remis un acte, dans lequel ils convenoient, que le „Royaume n'étoit parvenu a la Reine ANNE, qu'a ti„tre d'héredité;

Ce préambule, ou éxorde eft l'ouvrage de la prudence du Teftateur. Intentionné d'affurer et de fixer a la Princeffe ANNE fa Fille Ainée le dernier degrè de fubftitution, particulierement quant aux Royaumes de Hongrie et de Bohême, et dans la crainte, que les fujets ne forment quelques difficultés le cas de cette fubftitution arrivant, il les prévient fur fes dernieres intentions, S'arrange avec Eux, retire les reverfales, qu'il leur avoit donné dans le tems, qu'il ignoroit fes droits, et fe fait remettre un acte, par lequel les Etats reconnoiffent, que les femmes font habiles a hériter la Couronne de Bohême; puis il ajoute a fon exposè:

Q „Et

„Et après que par nôtred. Teſtament Nous avons réglé et „ordonné, qu'au cas que tous nos chers fils (ce que „Dieu veuile détourner) vinſſent a déceder ſans héri- „tiers nés en loyal mariage, pourlórs l'une de nos filles „tiendroit et poſſéderoit, *comme héritiere légitime*, nos „Royaumes de Hongrie et de Bohême avec tous les „Pays en dépendants, Nous ne changeons rien en cet- „te déclaration, ſi ce n'eſt, comme Nous le déclarons „par les préſentes, qu'au cas ſusd. lesd. Royaumes de „Bohême et de Hongrie, enſemble les Pays en dépen- „dants, tomberont et échoiront a l'Ainée de nos filles, „qui ſera alórs en vie.

Cette explication mettoit le Seau aux dernieres et ſuprêmes volontés de FERDINAND, a l'occaſion desquelles il n'eſt pas hórs de propos de remarquer, que quoyqu'en établiſſant la primogeniture entre ſes fils il ait ordonné une gradation de l'un a l'autre toujours ſelon le droit d'aineſſe, néantmoins aprés avoir au deffaut des Mâles apellé l'Ainée de ſes filles il n'a rien ajouté a l'égard des autres filles Puinées; la raiſon en eſt, qu'aprés la façon, dont il S'étoit expliqué au ſujet des Mâles en ordonnant, que ſa ſucceſſion paſſeroit d'une branche a l'autre, il ne pouvoit qu'entendre une gradation pareille d'une fille a l'autre fait a fait que l'Ainée, ou la ligne deſcendante de cette Ainée viendroit a manquer; joint a cela qu'il eſt censé avoir en ſa ſubſtitution ſuivi le même ordre, que celuy, qu'il a pris lórs de l'inſtitution.

Peutêtre s'etonnera-t-on encore, que tournant ſes bonnes intentions du coté d'ANNE, il ne l'ait point nommée dans ſon Codicile et ſe ſoit borné a une expreſſion génerique en diſant *l'Ainée de nos filles*; mais il y avoit de la politique dans cette conduite. Pour ne point exciter la jalouſie de ſes autres filles et marquer ſa prêdilection pour ANNE, ainſy que pour la Maiſon de Baviere, il a preferé de dire *l'Ainée*

de nos

de nos filles, afin de faire voir par cette expreſſion, que c'étoit la ſeule prérogative de l'aineſſe, qui le détermi-noit. *

L'on ne croit pas aureſte, que parceque FERDINAND a ajouté ces mots, *qui ſera alórs en vie* la Cour de Vienne préten-de, que pour qu'il y eut ouverture a la ſubſtitution il falloit né-ceſſairement, que ſa fille Ainée ſurvecut a tous les Mâles de la Maiſon d'Autriche ſoit avenirs ſoit préſents, s'entend a MAXI-MILIEN, a FERDINAND, a CHARLES de Styrie, a CHAR-LES V. a PHILIPPE II. a CHARLES infant d'Eſpagne et a toute la poſterité maſculine, qui pouvoit provenir de ces Princes; prêter au Teſtateur une penſée ſemblable, c'eſt nonſeulement luy donner un ridicule extrême en luy faiſant ſupoſer un cas, que la nature rendoit moralement impoſ-ſible, mais c'eſt encore le faire tomber dans une contraven-tion manifeſte aux clauſes du Contract de mariage, qui n'a-tribuent pas moins *aux héritiers* d'ANNE, qu'a ANNE mê-me le bénéfice de la ſubſtitution. Ce ridicule et cette con-travention ne pouvants donc étre préſumés, il faut donner aux paroles du Teſtateur le ſens le plus vrayſemblable et le plus conforme aux obligations, qu'il avoit déja précedem-ment contractées, et aux quelles il ne luy étoit plus per-mis de déroger que de concert avec la Maiſon de Baviere, ainſi pour raprocher ſes ſentiments de ce qui eſt le plus probable, l'on doit dire, que, comme a la téte de ſon Codi-cile il venoit de faire mention de ſon Teſtament, de l'exécu-tion duquel il avoit l'eſprit préoccupé, c'étoit ou au tems de ſa

(*) Cela n'empéchoit point, qu'il ne demeura toujours le maitre, arri-vant un changement de circonſtances, de changer ſon Códicile, quand bon luy ſembleroit, mais il n'y a plus touché, et l'a laiſſé dans toute ſa force et vigueur, parceque jusqu'a ſa mort il a eu la ſatis-faction de voir nonſeulement ſa fille ANNE MARIÉE, comme il le ſouhaitoit, mais trois Petitsfils iſſus d'Elle et du ſang de Baviere, deſorte qu'il regardoit comme un évenement certain, que ſi la Mai-ſon de Baviere ſurvivoit un jour a celle d'Autriche, ſes Etats re-tourneroient a leur ancienne ſouche, et ne ſeroient point ſujets aux partages et diviſions, qu'il vouloit éviter par l'érection d'un fidei-commis.

ſa mort, ou a celuy de l'ouverture de ce Teſtament, que devoient ſe raporter ces mots, *qui ſera alórs en vie;* d'ailleurs ſa pensée n'eſt pas difficile a pénetrer. Il poſe dabord un évenement, qui eſt celuy de l'extinction des Mâles de ſa Maiſon, mais quelque éloigné que ſoit cet évenement, il ne ſe propoſe pas moins de régler la tranſition du fideicommis a une ligne fêminine; c'eſt pourquoy prefférant a toute autre ligne celle, qui ſeroit formée par ſa fille Ainée, il déſigne cette Ainée pour l'héritiere, a laquelle il atache le dernier degré de ſubſtitution. Ainſy ce droit, quoyqu'il fut encore infructueux, étoit au moment du décés du Teſtateur atribué a celle, qui ſe voyoit alórs ſa fille Ainée vivante, et s'eſt par conſéquent tranſmis ſucceſſivement aux Deſcendans de cetté fille jusqu'a celuy, qui â ſurvecu tous les Mâles de la Maiſon d'Autriche; Car l'on a déja cydevant obſervé, que la ſubſtitution ordonnée par FERDINAND I. étoit graduele et maſculine, puisque n'ayant fait mention de ſon ſecond fils FERDINAND, qu'au défaut de MAXIMILIEN et de ſes héritiers légitimes, autrement Enfants Mâles, il ſuit que ſa ſucceſſion devoit échoir aux fils de MAXIMILIEN avant que FERDINAND et ſes fils y pûſſent rien eſperer, demême qu'elle ne pouvoit paſſer a CHARLES de Styrie, ou a ſes Deſcendans Mâles, avant que les lignes maſculines de ſes fréres Ainés MAXIMILIEN et FERDINAND fuſſent totalement éteintes, deſorte qu'il eſt certain, que les héritiers de chacun des fils ſubſtitués étoient apellés dans un ordre lineal agnatique réglé par ces mots, *toujours l'Ainé de Nos fils;* Ainſy la gradation, que FERDINAND a faite de ſes fils a la fille Ainée n'a rien changé a cet ordre de ſubſtitution; et ne peut avoir donné aux héritiers de la fille ſubſtituée moins de droit, que n'en avoient ceux des fils.

Si ſans recourir a aucun raiſonnement, c'eſt de FERDINAND même, qu'on veut tenir l'explication de ſes penſées, on la trouvera dans un des paſſages cy devant transcrits, ou il eſt dit: „mais pour ce qui eſt des joyaux, ar„genterie et autres meubles, iceux échoiront héréditaire„ment

„ment et demeureront *aux Filles, que nous délaisserons &c.* Soutenir que les filles de FERDINAND ne pouvoient avoir part a cette somme, qu'Elles ne fussent éxistantes, lorsque la distribution en seroit faite, seroit un véritable paradoxe, puisque FERDINAND continue plus bas „et celle de nos „filles, qui aprés cette délivrance et partage, soit qu'Elle ait „été mariée, soit qu'Elle ne l'ait pas été, viendra a mourir „sans *Héritiers légitimes* aura pour Héritiers, ainsi qu'il con„vient, ses autres soeurs et leurs Enfants.

Ces dernieres expressions marquent évidemment, que par ces mots *une de nos filles, que nous délaisserons*, les Héritiers sont également apellés; ainsi si cette admission des Héritiers a lieu dans le cas présent, elle ne l'a pas moins dans les précédents passages du Testament, ou le Testateur a pareillement dit lòrs de son institution d'Héritiers, *une de nos Filles, que nous délaisserons*, façon de s'énoncer, qui a la même signiffication, que celle de son Codicile, dans lequel il a déclaré ne vouloir rien changer en son Testament, sinon qu'aulieu qu'il avoit institué une de ses filles, il vouloit que ce fut l'Ainée, a qui le bénéfice de cette institution fut atribué.

Aprés cette analyse la conséquence, qu'on en doit tirer est, que FERDINAND a donné aux filles, qui seroient procréées de ses fils une exclusion, qui doit durer au moins autant de tems, que le Fideicommis subsistera; aulieu qu'il a fait connoitre en diferents passages, qu'il n'apelloit a sa succession qu'une de ses propres filles.

Cette exclusion des filles des fils consiste en ce que dans aucun des articles du Testament il n'a eté fait d'Elles la moindre mention. Il est vray, que la Cour de Vienne avance, qu'Elles sont comprises sous les mots *d'Héritiers nés en mariage légitime;* l'on avoüera même encore dans la these generale, que communement cette expression s'etend aussy aux filles, mais cette régle souffre son exception dans les cas, ou comme dans celuy, dont il s'agit, le Fidei-Committant a formé le dessein de conserver ses biens dans la famille, et

ou dans d'autres paſſages il ne parle plus que de l'éxiſtance, ou du défaut des Mâles nommément, ſans qu'il y ſoit aucune queſtion des filles ; C'eſt ce qui a fait dire aux Auteurs les plus acredités, qu'en ces occaſions les mots ou de Mâles, ou d'héritiers étoient ſynonimes et avoient la même ſignification (*), mais ſans recourir a des autorités étrangeres, celle du Teſtateur ſeul ſufit pour faire èvidemment connoitre, ainſy qu'il a déja été démontré, que ſoús ces mots *héritiers nés en mariage légitime*, il n'a ni voulu, ni pú entendre les filles de ſes fils ; de façon que (pourvû qu'on ſe renferme dans l'eſprit du Teſtament) les filles ne devants étre compriſes ſoús l'expreſſion *d'héritiers nés en mariage légitime*, il ne reſtera plus aucun paſſage, a la faveur duquel la grande Ducheſſe de Toſcane puiſſe détruire l'excluſion, qu'on luy opoſe, excluſion d'autant plus manifeſte, que FERDINAND ayant éxigé de la fille par luy ſubſtituée une renonciation limitée aux Mâles, a ſuffiſamment marqué par cette limitation, que les Mâles étoient les ſeuls, a qui il adjugeoit un droit Anterieur a celuy, que ſa fille acqueroit a titre de ſubſtitution, et il n'auroit point négligé d'ordonner a ſa fille inſtituée ſon héritiere de renoncer pareillement en faveur des filles de ſes fils, ſi ſon deſſein eut été de préférer ces dernieres.

Outre cette excluſion donnée aux filles des fils du Teſtateur, le Teſtament de FERDINAND contient une vocation formelle de ſa fille arrivant le défaut des Mâles ; Cette vocation eſt marquée en diférents endroits.

Elle l'eſt, en ce que ſes filles n'ont pas moins été inſtituées héritieres que ſes fils;

Elle

(*) Dn. Ludolph Tract. de Jure Fœminarum Illuſtrium Part. II. c. 1. §. 24. n. 47. ubi per vocem *Héritiers*, *Héritiers procréés du corps*. Solos deſignari maſculos rectè ſtatuit, ſicubi ſubſtrata materia reſtrictiorem hunc ſenſum efflagitat. Strich Part. I. Conſ. 1. hæredis nomen non unimodè ſemper accipitur, ſed ejus interpretatio fiat, prout conditio Perſonarum & natura diſpoſitionis actuum & rerum poſtulant. Cramer Jurisp. Marpurg. Diſſert. de pacto filiæ nobilis hæreditatis renunciatæ reſervativo §. 25. idem evincit & exempla ſuppeditat dictus Dn. de Ludolph.

Elle l'est, quand par le Contract de mariage de MARIE (*) anterieur au Testament, FERDINAND a dit *qu'au défaut des Mâles MARIE Co-hériteroit ;*

Elle l'est, quand aprés avoir déduit l'ordre de substitution, tel qu'il a voulu, qu'il fut observé entre ses fils et leurs Descendans, il apelle *immédiatement une de ses filles ;*

Elle l'est, quand il ordonne, nommément aux Etats de Bohême, de ne reconnoitre au défaut des Mâles d'autre souverain, que cette *une de ses filles*, qu'il a substitué ;

Elle l'est, quand il apelle sa fille a la succession aux Royaumes de Hongrie et de Bohême, en même tems que, pour ce qui est de l'Autriche, il y apelle CHARLES V. et ses Descendans Mâles; (**)

Elle l'est, quand il dit: *mais s'il arrivoit, que nôtre Chére Epouse et tous nos fils vinssent a mourir sans héritiers nés d'un légitime mariage une de Nos filles, que Nous délaisserons, aura et possedera les Royaumes de Hongrie et de Bohême* ;

Enfin elle l'est, quand par son Codicile il déclare, que c'est a l'Ainée, qu'il atribue le bénéfice de l'institution et de la substitution.

Aprés ces considerations il n'est plus possible de se méprendre sur la diférence, qui se rencontre entre le droit prétendu par la grande Duchesse, et celuy, qui compéte a l'Electeur de Baviere, la grande Duchesse ayant contre Elle une exclusion formelle, et l'Electeur ayant pour luy une vocation expresse.

R 2 Cha-

(*) Quoyque Marie ne soit pas devenuë l'Epouse d'Albert de Baviere, cela n'empéche, que l'on ne puisse icy se prévaloir des avantages portés dans son Contract, parceque ces avantages ont été atribués a celle des autres filles de Ferdinand, que ce Duc épouseroit.

(**) Quoyque pour ce qui regarde les Pays d'Autriche Charle-quint et ses Descendans Mâles aient été substitués a Ferdinand et a ses Hoirs Mâles, neantmoins la branche d'Allemagne ayant survecu a celle d'Espagne, cette substitution, deméme que tous les pactes réservatoires, que Charle-quint a fait, doivent étre censés non avenus, d'autant plus qu'il y a renoncé.

Chapitre quatrieme.

Droits de la Maison Electorale de Baviere fondés sur les Contracts de mariage des années 1535. et 1546. ainsi que sur les clauses rêservatoires de l'acte de renonciation délivré en conséquence.

L'On a fait voir dans le Chapitre précedent les motifs d'équité, de politique, et de convenance, qui ont determiné FERDINAND a assûrer a la Maison de Baviere tous les domaines de celle d'Autriche, au cas que cette derniere vint a S'éteindre avant l'autre. Ce fut pour poser les premiers fondements du plan convenu, que FERDINAND et le Duc GUILLAUME de Baviere conclûrent de marier ensemble le Duc ALBERT et la Princesse MARIE leurs Enfants. Le premier Contract fut dressé dans une forme autentique le 22. Avril 1535. et renferme plusieurs clauses et conventions, dont on raportera quelques extraits, parcequ'elles ont beaucoup de liaison avec celles du Contrat suivant.

„*Nous FERDINAND* par la grace de *Dieu Roy des Romains* „*&c.*... Et *Nous GUILLAUME et LOUIS* fréres par la „même grace Comtes Palatins du Rhin, Ducs de la „haute et basse Baviere &c.... Confessons et faisons a „sçavoir par ces présentes a chacun, que sur les négo„ciations et par les ordres exprés de nôtre trés cher frére „et Seigneur *CHARLES V.* Empereur &c....

Ce titre n'est icy transcrit, que pour faire connoitre, qu'indépendemment des Partiës contractantes, CHARLES V. prennoit aussy beaucoup de part a ce mariage, puisque c'est par ses ordres, qu'il en a été convenu et qu'il a même en-

envoyé ſon Chancelier pour en ſigner le Contract ; ce qui prouve, que FERDINAND n'a rien fait que de concert avec CHARLES V. et qu'ainſi il pourroit étre dít, que toutes les diſpoſitions faites a l'occaſion de l'Alliance entre les Maiſons d'Autriche et de Baviere ſont cenſées muniës de la confirmation imperiale.

„Il a été convenu d'un mariage entre la Reine *MARIE* fille „de Nous Roy FERDINAND et le Duc *ALBERT* fils „de Nous Duc GUILLAUME.

Il falloit, qu'il importa aux deux Maiſons d'Autriche et de Baviere de S'unir par ce lien, puiſque les Péres reſpectifs y ont pensê dans le tems qu'ALBERT n'avoit pas encore ateint l'age de ſix ans et MARIE celuy de quatre.

„Premierement Sa Majeſté Royale promet et S'engage „de donner pour femme légitime au jeune Duc AL- „BERT de Baviere ſa fille MARIE , *ou une autre*, au cas „que cette autre en convienne avec le Prince &c.....

La précaution, que FERDINAND a priſe de ſubſtituer a MARIE celle de ſes autres filles , qui en conviendroit avec le Prince, marque d'un coté l'interêt, qu'il prenoit a ce que cette alliance ne manqua pas, et d'un autre l'incertitude, ou il étoit ſi MARIE deviendroit l'Epouſe d'ALBERT ; C'eſt préciſement a cauſe de cette incertitude , que mariant a AL- BERT *une de ſes filles*, il n'a auſſy apellé par ſon Teſtament qu'*une de ſes filles*, et a ſuſpendu une dénomination plus préciſe jusqu'a ce qu'il vit quelle ſeroit celle, qui épouſeroit ce Duc.

„Avant la conſommation la jeune Reine (*MARIE*) en „conſideration de la dot cy deſſús convenuë renoncera „par des actes a ce néceſſaires a toute ſucceſſion pater- „nelle et maternelle, avec cette réſerve neanmoins, que „ſi les Mâles de la Maiſon d'Autriche (parmis lesquels „Sa Maj. Imper. Romaine (*CHARLES V.*) auſſy bien

„que Sa M. R. avec tous leurs Descendans Mâles indi„stinctement doivent étre compris et entendus) venoi„ent a manquer, et que ce fut au tour des filles a hé„riter, en ce cas la jeune Reine et ses héritiers hériteront „comme Co-héritiers ce qu'ils devront hériter de droit, „comme si jamais il n'étoit survenu de renonciation, „laquelle renonciation sera par le jeune Prince conjoin„tement avec son Epouse ratiffiée, scellée et expediée.

L'obligation imposée a MARIE de renoncer prouve, qu'Elle avoit droit a la succession, et la renonciation étant fixée a l'éxistance des Mâles, il resulte de cette fixation, que les Mâles n'existants plus, ce droit de succession jusqu'alórs suspendu devoit reprendre vigueur.

Lorsqu'il est dit la jeune Reine et ses *héritiers co-hériteront*, comme si jamais il n'étoit survenu de renonciation, cette façon de s'exprimer envelope le même sens, que s'il étoit dit; *La jeune Reine et ses héritiers co-hériteront, comme si jamais il n'y avoit eu de Mâles*, puisque ce sont ces Mâles, qui forment la cause de la renonciation; Or suposant que lórs du décés de FERDINAND il n'y ait point eu de Mâles, conséquemment point de renonciation, il est sans difficulté, que MARIE, ou ses représentants eussent pris leur cotte part en la succession, sans qu'aucune fille des fils pût prétendre l'en exclure, non plus que ses héritiers.

„S'il arrivoit, que l'une des Partiës n'éxécuta point le pré„sent Contract de mariage, ou qu'Elle fut la cause, que „l'autre Partie ne put, ou ne voulut S'y conformer, en „ce cas Celle, qui ne l'éxécutera point, ou qui sera la „cause de son inéxécution, payera a l'autre sans faire la „moindre résistance un dédit pœnal de 200000. florins „du Rhin monoie súsalleguée.

Un dédit aussy fort et aussy inusité, sur tout dans le tems, que les futurs Epoux étoient encore en enfance, sert a fortifier la preuve de ce qu'on a avancé cy dessús, sçavoir, qu'il falloit

falloit, que les Partiës contractantes trouvassent un avantage bien considerable pour avoir pris tant de mesures, afin d'assûrer l'éxécution de leur traité. Cet avantage, pour ce qui regarde la Maison de Baviere, ne pouvoit être autre, que celuy de la jonction des Domaines Autrichiens aux Domaines Bavarois, si jamais les Mâles de la Maison d'Autriche venoient a manquer.

L'on atendoit pour la célébration du mariage convenu, que MARIE devint nubile, et presque dix années s'étoient écoulées, lorsque sa soeur Ainée Elisabeth mourut le 15. Juin 1545. sans délaisser d'Enfants. Cet événement inspira de nouveaux desseins a FERDINAND, qui toujours intententionné de faire passer ses Etats a la Maison de Baviere, lorsque la sienne viendroit a manquer, jugea qu'il valoit mieux atacher le droit de substitution a ANNE qu'a MARIE, parcequ'ANNE étant l'Ainée, cette préference feroit moins murmurer ses autres filles, et seroit d'ailleurs conforme non seulement aux dispositions faites a l'égard des fils, mais aussi au privilége de FREDERIC Barberousse, ou il étoit porté: *Si Dux Austriæ sine hærede filio decederet, idem Ducatus ad seniorem filiam, quam reliquerit, devolvatur.* C'est pourquoy le 19. Juin 1546. fut fait un second Contract de mariage conçu en ces termes;

„*Nous FERDINAND &c....* et *Nous GUILLAUME &c....* „Confessons ouvertement et faisons sçavoir par ces „présentes a un chacun, que &c..... Nous avons „arété et sommes, ainsy qu'il s'ensuit, convenu d'une „aliance et mariage entre la Sérénissime et illustre Princesse ANNE fille de Nous FERDINAND née Reine „de Hongrie et de Bohême &c..... Archiduchesse „d'Autriche, Duchesse de Bourgogne, de Brabant, de „Styrie, de Carinthie, de Carniole et Würtemberg &c.... „Comtesse du Tyrol et de Gorice &c.... d'une, et „l'illustre Prince ALBERT &c.... d'autre part.

 Dans

Dans le Contrat précédent FERDINAND n'avoit point atribué tous ces titres a la Princesse MARIE; peut être a-t-il eu ses raisons pour les donner a l'Archiduchesse ANNE comme Héritiere substituée de tous les Roiaumes et Etats Autrichiens?

„Et sur cela Nous Duc Guillaume avons consenti pour „Nous et pour nôtre fils le Duc ALBERT, que ladite „nôtre tres chére fille la Reine ANNE, aussitôt que sa „Dilection et nôtre fils se seront donné en propre Per-„sonne promesse de Mariage et avant la consommation „d'iceluy, renoncent par des lettres afférantes, au „moyen de la dot cy dessus stipulée, a toute succession „paternelle et maternelle, defaçon cependant, que si „la ligne masculine de la Maison d'Autriche (dans la-„quelle Sa. Maj. Imp. pour ce qui regarde le Royaume „de Hongrie et les Provinces et Pays en dépendantes, „comme aussy l'Archiduché d'Autriche et autres Prin-„cipautés et Pays avec leurs dépendances apartenants „a la Maison d'Autriche sont compris) et si la descen-„dance masculine desd. deux Majestés venoit a man-„quer, et qu'il n'y resta plus que des filles, en ce cas „sa dilection (la Princesse ANNE) et ses Héritiers seront „admis a succeder et hériter quant audit Royaume de „Hongrie et Provinces en dépendantes, aussy bien que „quant a l'Autriche, ses Principautés et sujets, tout ce „qu'Elle peut hériter de droit. Dans la clause suivante FERDINAND parle en ces termes.

„Mais pour ce qui regarde le Royaume de Bohême avec „les Pays et sujets incorporés, aussy bien que les autres „biens meubles et immeubles, que Nous et nôtre ché-„re Epouse la Reine de Hongrie et de Bohême possé-„dons présentement, ou que Nous, nos chers fils et „leurs héritiers Mâles pourrons aquerir cy aprés, nô-„tred. fille la Reine ANNE renoncera sur iceux seule-„ment envérs Nous, nos fils et leurs héritiers Mâles légiti-

„légitimes, et s'il arrivoit, que Nous, nos fils et leurs „Descendans vinssions a mourir sans laisser des héritiers „Mâles et qu'il n'y en eut plus, alòrs nôtred. fille la Rei- „ne ANNE héritera tout ce qui luy compéte et apar- „tient de droit, comme si Elle n'avoit jamais re- „noncé.

Ces articles ne renferment aucune construction, qui n'ait son sens et sa force particuliere, ainsi qu'on va le démontrer en les reprenant par sections.

„Et sur cela Nous Duc GUILLAUME avons consentis „pour Nous et pour nôtre fils le Duc ALBERT, que „lad. nôtre trés chére fille la Reine ANNE, aussitôt „que sa Dilection et nôtre fils se seront donné en pro- „pre Personne promesse de mariage et avant la con- „sommation d'iceluy renoncent par des létres afféran- „tes, au moien de la dot ci dessús stipulée, a toute suc- „cession paternelle et maternelle;

La précaution, que FERDINAND a prise de faire renoncer les Ducs de Baviere pour et au nom de la Princesse, qui entroit en leur Maison prouve, que cette Princesse nommée héritiere par la précédente disposition testamentaire auroit pû prétendre concourir avec ses fréres, si par sa renonciation Elle ne se fut bornée a la dot promise.

„Defaçon cependant, que si la ligne masculine de la Mai- „son d'Autriche (dans laquelle S. M. I. pour ce qui regarde le Royaume de Hongrie et les Provinces et Pays „en dépendants, comme aussy l'Archiduché d'Autri- „che et autres Principautés et Pays avec leurs dépen- „dances apartenants a la Maison d'Autriche sont com- „pris)

Quoyque l'Empereur CHARLES V. prit beaucoup de part a cette nouvelle aliance entre les Maisons d'Autriche et de Baviere, il n'a cependant pas oublié ses propres interêts. La Hongrie n'étoit point son Patrimoine, et il n'en étoit pas le premier Acquereur ; ce nonobſtant ſur le fondement des ſommes par luy avancées pour la conſervation de ce Royaume, il a eu ſoin d'en faire inſérer le retour en ſa faveur, ainſy qu'en celle de ſa Branche maſculine, au cas que la branche d'Allemagne vint a manquer; il n'eſt point a douter, que S'il eut crû, que les filles provenantes des fils de FERDINAND y prétendiſſent aprés luy et ſes Deſcendans Mâles, il n'eut fait donner la préférance a ſes filles, mais comme FERDINAND et luy penſoient uniformément, ſavoir que les Mâles de la Maiſon venants a manquer ce ſeroit ANNE, ou ſes héritiers, qui entreroient en poſſeſſion des Etats Autrichiens, il n'a pas crû devoir S'opoſer a des pactions matrimoniales, dont il étoit luy même en partie l'Auteur.

„ Et ſi la deſcendance maſculine desd. deux Majeſtés ve-
„ noit a manquer, et qu'il ne reſta plus que des filles,

le cas, que FERDINAND a posé, eſt arrivé. La Maiſon d'Autriche vient de S'éteindre et c'eſt a préſent au tour des filles, ou de leurs Repréſentants a hériter et ſucceder; voions, qui eſt celle, que FERDINAND a apellé ? Cet éxamen eſt important.

„ En ce cas ſa Dilection (*la Princeſſe ANNE*) et ſes héritiers
„ ſeront admis a ſucceder et hériter

voila la conteſtation décidée ; ANNE eſt la ſeule, que FERDINAND ait apellé a ſa ſucceſſion ; ANNE eſt par conſéquent auſſi la ſeule, qui doive l'emporter ſur toutes celles des autres filles, qui pourroient ſe préſenter.

Veut-on Savoir en quoy doit conſiſter cette ſucceſſion, a laquelle ANNE et ſes Héritiers ont été admis ? FERDINAND S'en eſt dabord expliqué,

„ Quant audit Roiaume de Hongrie et Provinces en dé-
„ pendantes, auſſy bien que quant a l'Autriche, ſes
„ Principautés et ſujets.

Peu avant il a voulu, qu'ANNE renonça en faveur des Mâles *quant a la Hongrie et l'Autriche ;* plus bas il ajoute qu'aprés

prés les Mâles Elle ſuccedera et Héritera *quant a la Hongrie et l'Autriche*, defaçon que demême qu'au premier cas ces Etats ont fait l'objet de la renonciation, ainſi au ſecond doivent ils par identité de raiſon faire l'objet de la ſucceſſion.

Le mot de *ſujets* joint aux précedents n'eſt pas indifférent, puisqu'il marque, qu'on ne peut réduire cette ſucceſſion au ſimple mobilier, et qu'Anne devant Hériter des ſujets, devoit néceſſairement auſſi Hériter des ſouverainetés, l'un étant inſéparable de l'autre.

Enfin FERDINAND pour envelopper tout ce, a quoy une fille nonobſtant ſon Sexe eſt Habile a ſucceder, finit par ces paroles

„Tout ce qu'Elle peut Hériter de droit.

Cette expreſſion apoſée, non pas par reſtriction, mais par extenſion, n'excepte de la ſucceſſion que ce que des Perſonnes tierces ſeroient autoriſées a en diſtraire a autre titre que celuy d'Hérédité, FERDINAND n'ayant pas prétendu, que ſa fille hérita plus, que le droit et la juſtice ne luy permettoient d'Hériter; mais au reſte ſon intention a été de luy faire paſſer tout ce que en vertu des loix d'un Roiaume, qui tombe en quenouille, en vertu du privilege de FREDERIC I. qui ordonne, qu'au deffaut des Mâles l'Autriche doit échoir a la fille Ainée, en vertu du Teſtament, qui l'inſtitue Héritiere, en vertu du contract de mariage, qui la ſubſtitue, en vertu des anciens droits de la Maiſon de Baviere, en un mot en vertu de tous autres titres, Elle pouvoit avoir droit d'Hériter.

Paſſons a l'analyſe de l'article ſuivant.

„Mais pour ce qui regarde le Royaume de Bohême avec
„les Pays et ſujets y incorporés, auſſi bien que les autres
„biens meubles et immeubles, que Nous et nôtre
„Chére Epouſe la Reine de Hongrie et de Bohême poſ-
„ſédons préſentement, ou que Nous, nos chers fils et
„*léurs héritiers Mâles* pourrons aquerir ci aprés, nôtre-
„dite fille la Reine ANNE renoncera ſur iceux,

 L'on

L'on demande pourquoy FERDINAND n'a parlé icy que des acquiſitions, qui ſeroient faites par ſes fils et leurs héritiers Mâles, et pourquoy il n'a point enjoint a ſa fille de renoncer pareillement aux aquiſitions, que feroient les héritiers féminins de ſes fils ? la réponſe eſt toute ſimple ; il ſçavoit, que ſuivant l'ordre du fideicommis les filles de ſes fils étoient excluës de l'héritage et ne pourroient par conſéquent rien aquerir, qui pût y étre joint, ou faire partie de la ſucceſſion aux Etats Autrichiens, raiſon pour laquelle il a borné cette renonciation a ce que les Mâles aquereroient.

L'on ſçait, que l'artillerie, le thréſor, la bibliothêque, les fiefs conſolidés au domaine direct, les terres incorporées a la Principauté &c… ſont toujours censeés faire partie des Etats ſubſtitués, quand même ce ne ſeroit point le ſubſtituant, mais ſes Succeſſeurs, qui en euſſent fait l'acquiſition, demaniere que FERDINAND a pû valablement diſpoſer au profſit de ſa fille de tous ces nouveaux acquets, quoyque Perſonellement il n'y eut aucune part ; ainſi s'il a eu deſſein de la ſubſtituer quant aux biens avenirs, a plus forte raiſon a-t-il eu celuy de la ſubſtituer quant aux préſents. (*)

„Seul-

(*) J. P. à LUDEWIG *de Obligat. Succeſſoris in S. R. Imp. Princip.* Cap. VII. §. 3. lit. 11. ait: *Atque hæc eſt cauſa, quare familiæ Principum plurimorum pactis conventisque domeſticis ſibi proſpexerint, ut quod acquireretur ullatenus, illud quidem cenſendum ſit acquiſitum eſſe Reipubl. à qua æterno jure nequeat ullo caſu divelli*; PFEFFINGER *ad Vitr.* Lib. III. tit. 20. n. 62. COCCEJ. *J. Publ.* Cap. XXVII. §. 18. n. 21. ou il eſt ſoutenu, que celuy, qui ſuccede par droit de primogeniture et par droit de la ſubſtitution réglée en conſéquence, aquiert tous les meubles, quæ tanquam acceſſoria territorio aut Regno cohærent. v. c. apparatus Principis publicus, uti, quæ ejus dignitatis cauſa comparatæ ſunt gemmæ, vaſa pretioſa, Aulæa, picturæ, Imagines, inprimis Familiæ, Equitium publicum &c….. FINSTERWALD en ſes obſervations pratiques ſur les coutumes d'Autriche liv. II. obſ. 114. aſſûre, qu'il eſt de droit, que le dernier héritier fideicommiſſaire profite des acquets faits par ſes Prédéceſſeurs, et qu'une fille, qui a renoncé conditionellement doit, lórsque le retour a lieu. aquerir toutes les poſſeſſions, qui ont été ſucceſſivement jointes aux Etats, ou aux terres, auxquelles Elle avoit renoncé.

„Seulement envérs Nous, nos fils et leurs héritiers Mâ-
„les légitimes,

Dans le paſſage prêcédent FERDINAND projétant quant a la Hongrie et quant a l'Autriche de ſubſtituer la branche d'Espagne a celle d'Allemagne enjoint a ſa fille de renoncer a ces Etats en faveur de CHARLES V. et de ſes Deſcendans Mâles. Cette renonciation étoit âlors, ſurtout pour ce qui concerne la Hongrie, le ſeul titre, qui donna droit a CHARLES V. au cas qu'il eut ſurvecu ſon frére FERDINAND.

Dans le dernier paſſage FERDINAND forme de la Bohême un article ſéparé et reſtraint la renonciation a la branche d'Allemagne, ne jugeant plus a propos d'y faire mention de CHARLES V. afin par là de luy donner l'excluſion quant a ce Royaume; Ainſi ſi CHARLES V. a été exclu pour n'avoir pas été compris dans la ſeconde renonciation enjointe a l'Archiducheſſe ANNE, les filles des fils, desquelles il n'a été fait mention en aucune renonciation, ne doivent pas moins étre ſujetes a cette excluſion.

„Et S'il arrivoit, que Nous, nos fils et leurs Deſcendans
„vinſſions a mourir ſans laiſſer des héritiers Mâles, et
„qu'il n'y en eut plus, alòrs

Le Pére de l'Epouſe veut en premier lieu, que ſa ſucceſſion ſoit aſſurée aux Mâles ſeuls, a l'effet dequoy il enjoint a ſa fille d'y renoncer, mais envérs les Mâles uniquement; puis il ſupoſe, que ces Mâles viennent a manquer et par conſéquent a laiſſer par cette extinction une ſucceſſion vacante; qu'ordonne-t-il enſuite? *Alòrs*, dit il. Pour peu qu'on veuille icy ſuſpendre ſon atention et s'arêter a ce mot *alòrs*, on concevra aiſément, que FERDINAND aprés avoir posé le cas de l'extinction totale des Mâles et de l'ouverture de la ſucceſſion Autrichienne, annonce par cette expreſſion *alòrs*, qu'il va déſigner l'héritier, auquel il destine cette ſucceſſion vacante; c'eſt en effet ce qu'il éxécute, mais en faveur de qui?

„Nôtredite fille la Reine ANNE héritera.

Cette diſpoſition ne ſçauroit étre éxécutée, qu'on ne laiſſe a ANNE quelque choſe a hériter, fuſt-ce peu, ou beaucoup; cependant qu'hériteroit Elle, ſi le Siſteme de la Cour de Vienne étoit ſuivi? pas un pouce de terre; moiennant quoy il faudroit convenir, que FERDINAND a abusé de la bonne foy de la Maiſon de Baviere, en l'amuſant par des eſperances, qui ne pouvoient étre accompliës et en conſideration desquelles cependant cette Maiſon a ceſsé de pourſuivre ſes anciens droits.

„Tout ce qui luy compéte et apartient de droit.

L'on a déja démontré cidevant, que cette expreſſion, bien loin d'étre reſtrictive, étoit extenſive, et embraſſoit généralement tout ce, a quoy une fille eſt habile a ſucceder en vertu des loix, diſpoſitions et pactes de famille; a cela l'on peut ajouter le contenu du Teſtament, ou il eſt dit:

„Mais s'il arrivoit, que par la volonté du Toutpuiſſant
„nôtre chére Epouſe et tous nos fils vinſſent a mourir
„ſans héritiers Nés d'un légitime mariage, ce qu'a Dieu
„ne plaiſe, une de nos filles, que nous délaiſſerons,
„*aura et poſsédera comme légitime héritiere les ſusmentionés*
„*Royaumes de Hongrie et de Bohême* et les Pays, qui en
„dépendent.

Quoyqu'alors FERDINAND n'eut pas encore nommé celle de ſes filles, qui devoit étre cette héritiere légitime, il n'avoit pas moins déjà conçu le projet de déſigner l'Ainée, qui étoit l'Archiducheſſe ANNE; Ainſi ANNE déſignée ſoûs ces mots: *une de nos filles*: ayant par le Teſtament droit d'hériter la Hongrie et la Bohême, il étoit égal et ſinonime, que FERDINAND mit dans le contrat, qu'ANNE hériteroit ces Royaumes, ou qu'Elle hériteroit ce qui l'uy apartenoit de droit, n'y ayant point de droit plus inconteſtable, que celuy, qui eſt fondé ſur un Teſtament, dont toutes les Partiës reconnoiſſent la validité.

Il a été en outre obſervé au ſujet des clauſes aposées a la renonciation enjointe a l'Archiducheſſe ANNE, que FERDINAND a ſubſtitué cette Princeſſe non ſeulement quant aux Etats, qu'il poſſedoit, mais même quant aux aquiſitions, qui ſeroient ſucceſſivement faites par ſes fils et ſes Deſcendans Mâles. Cependant ce Monarque prévoioit, que ces aquiſitions pourroient être de differente eſpece, les unes devants être regardées comme Domaines réunis, les autres comme Domaines ſéparés et purement allodiaux, deſorte qu'il ne ſe ſentoit pas Maitre de diſpoſer de cette derniere eſpece au préjudice des filles du dernier Poſſeſſeur; C'eſt pourquoy (et c'eſt même une de ſes principales raiſons) il a mis a deſſein, que ſa fille ANNE n'hériteroit que ce qui luy apartiendroit de droit, afin qu'on ne l'accuſa pas d'adjuger indiſtinctement tous les aquets, même ceux, auxquels l'héritiere par luy nommée pourroit ne pas avoir droit.

Le dernier Article du Contrat porte:

„Il a été deplus particuliérement acordé et convenu, et „ce n'eſt même, qu'en cette conſideration, que ce „mariage a été arêté, que le ſusd. Duc ALBERT fils „de Nous Duc GUILLAUME ſera aprés nôtre mort „ſeul Seigneur et Souverain Régnant en Baviere;

Cette même ſtipulation ſe trouve déja inſérée dans le premier contrat de mariage de l'an 1535. entre ALBERT et celle des filles de FERDINAND, qui épouſeroit ce Prince, ce qui prouve, qu'il falloit, que cette primogéniture tint bien a coeur a FERDINAND, puisque de ſon propre aveu c'eſt l'introduction de ce droit, qui a fait un des principaux motifs, pour lesquels il a donné ſa fille a ALBERT; et les Agnats de GUILLAUME, intêreſſés a conſerver l'uſage, ou l'on étoit de partager, ne s'en fuſſent certainement point départis, s'ils n'euſſent été entrainés a conſentir a l'établiſſement de la primogeniture par la conſideration, que la Maiſon de Baviere pourroit un jour remplacer celle d'Autriche.

Cette circonſtance découvre en même tems les raiſons, que FERDINAND avoit, lorsque par ſon Codicile il a borné la ſubſtitution des filles a l'Ainée, ſans qu'il jugea néceſſaire de faire mention des Héritiers de cette Ainée. Son plan étoit d'établir la primogeniture et l'indiviſibilité quant a tous ſès Etats, mais il ne le pouvoit que quant a ſes Roiaumes; car pour ce qui eſt des Pays d'Autriche, la Maiſon de Habsbourg étoit contrevenuë au privilége de FREDERIC Barberouſſe par des actes de partage trop fréquents pour qu'il luy fut facile de redreſſer cet abus, defaçon qu'il a continué avec ſes fils la méthode jusqu'a luy uſitée, et pratiquée même a ſon égard, puisque par le Teſtament de MAXIMILIEN ſon Grand Pére il avoit été inſtitué Héritier par égales portions avec Charlequint ſon frére Ainé; mais il penſa, que lorsque ce ſeroit au tour des filles d'hériter, il pourroit faire d'autres arrangements, et trouveroit occaſion de remettre les choſes ſur l'ancien pied en mariant une de ſes filles en la Maiſon de Baviere, a laquelle ſeule le privilege de FREDERIC I. avoit été accordé, et en faiſant paſſer a cette fille par droit de ſubſtitution conventionelle tout ce que les loix et le droit permettoient, qu'une fille pût hériter quant a la Hongrie, la Bohême, l'Autriche, les ſujets et dépendances généralement quelconques, y compriſes même les aquiſitions et augmentations, qui ſeroient ſucceſſivement faites par les Poſſeſſeurs Mâles (*). De là vient (et l'on ne peut en donner d'autres raiſons) qu'il a voulu, que la Maiſon de Baviere introduiſit et admit le droit de primogéniture, afin que toutes les poſſeſſions Autrichiennes paſſants un jour a cette Maiſon du chef de l'Archiducheſſe ANNE ſubſtituée Héritiere univerſelle fuſſent

(*) Ferdinand pouvoit avec d'autant plus de droit diſpoſer des aquets avenirs, qu'il y étoit autorisé par le privilége de Frederic I. ou il eſt dit: *Volumus etiam, ut ſi diſtrictus & ditiones dicti Ducatus ampliati fuerint ex hereditatibus, donationibus, Emptionibus, deputationibus, vel quibusvis aliis devolutionum Succeſſionibus, præfata jura, Privilegia & indulta ad augmentum dicti Dominii Auſtriæ plenariè referantur.*

fussent assujetis a ce droit, et que par ce moyen ses Etats devinssent inséparables et indivisibles.

Aprés toutes ces observations l'on ne voit pas, qu'il puisse rester aucun doute sur les droits de S. A. E. de Baviere, surtout si l'on considére, que ces droits ont pour fondement nonseulement deux dispositions de derniere volonté confirmatives l'une de l'autre, mais un contrat de mariage concerté depuis plusieurs années pour le commun avantage des familles contractantes, arrêté pour le bien et la tranquilité des sujets, et convenu en forme de transaction pour servir de réparation des torts, que la Maison de Habsbourg avoit faits a celle de Baviere. Si, comme le soutient la cour de Vienne, l'Archiduchesse ANNE n'avoit rien eû a prétendre en vertu de ses pactions matrimoniales et des dispositions testamentaires de son Pére, a quoy luy servoit l'institution d'Héritiere, et l'ordre dans lequel Elle a ensuite été placée lòrs de la substitution? Quelle pouvoit étre la raison, qui a porté FERDINAND a faire une distinction remarquable entre les Etats, qui devoient passer a Charlequint préférablement a sa fille, et ceux, qui devoient échoir a sa fille préférablement a CHARLES V. Par quels motifs auroit il éxigé une renonciation tantôt plus, tantôt moins étenduë, mais toujours limitée aux Mâles, si les filles de ces mêmes Mâles eussent été en droit de succeder immédiatement aprés Eux a l'éxclusion de la Partie renonçante? A quelle fin auroit il dit, que lorsque la Descendance masculine viendra a manquer, sa fille héritera, si depuis que cette Descendance n'est plus, on ne veut point, que cette fille hérite? A quoy pouvoient aboutir toutes ces clauses, *quant a la Hongrie*, *quant a la Bohème, quant a l'Autriche et dépendances*, si ce ne sont point ces Etats, qui forment le fond de l'héritage? Enfin a quoy servoit la passation d'un contrat de mariage solemnel, demême que les autres dispositions, qu'on a eu soin de dresser dans une forme des plus autentiques, si tous ces actes n'eussent abouti, qu'a donner a ANNE, aprés que toute la posterité des fils de FERDINAND seroit éteinte, des esperances, qu'il étoit in-

inutile de luy aſſûrer par aucun écrit , puisque le droit naturel ne pouvoit les luy ôter ?

La Cour de Vienne ſera fort embaraſsé de répondre a toutes ces demandes, et ſon embarras n'augmentera pas peu, quand on luy fera remarquer en même tems, que le contenu du Contrat de mariage léve toutes les dificultés, qu'Elle vouloit faire naitre au ſujet de l'interprétation du Teſtament. Ces mos *héritiers nés en mariage légitime* , *une des filles* , *que Nous délaiſſerons* , *l'Ainée dés filles* , *qui ſera alòrs en vie* luy avoient ſervi de faux-fuyants, a l'aide desquels Elle a ſoutenu contre le ſens commun, qu'ANNE n'a été ſubſtituée, qu'au cas que les fils de FERDINAND vinſſent a mourir ſans Deſcendants des deux Séxes, et que, pour que cette Princeſſe ait pû profiter de la ſubſtitution, il falloit qu'Elle fut encore vivante, lorsque tous les Mâles de la Maiſon d'Autriche viendroient a manquer; Mais que dira-t-Elle a l'inſpection du Contract de mariage, qui contient en termes bien claires et formels, que l'Archiducheſſe ANNE et *ſes héritiers* hériteront , et qui veut, que l'époque de l'extinction des Mâles ſoit l'époque de l'admiſſion d'ANNE et de ſes héritiers a l'héritage, qui leur eſt aſſigné ? *S'il arrivoit, que Nous , nos fils et leurs Deſcendans Mâles vinſſions a mourir ſans laiſſer des héritiers Mâles.* Qui pourra ſe figurer, que par le Codicile FERDINAND ait prétendu exclure des héritiers , que par un contrat de mariage peu auparavant dreſsé il avoit nommément admis ?

FERDINAND ne vouloit rien omettre de tout ce qui tendoit a l'accompliſſement de ſes projets, c'eſt pourquoy lors qu'il eut payé a la Reine ANNE ſa fille, et au Duc ALBERT V. ſon gendre ce qu'il leur avoit promis, il ſe fit remettre un acte de renonciation conçu a peu prés dans les mêmes termes, que ceux du Teſtament, et du Contrat de mariage, en voici quelques paſſages:

„Nous ANNE par la Grace de Dieu &c.....

„Avons en vertu des préſentes renoncé et renonçons „aprés y avoir bien réfléchi, aprés mûre délibération, de

„de bon Conſeil et avec pleine connoiſſance de cauſe „pour nous et tous nos héritiers et ſucceſſeurs a toutes „nos prétenſions et droit héréditaire paternel et ma- „ternel, que nous avons eu jusqu'apréſent et que nous „ou nos Héritiers pourrions aquerir,ou avoir a l'avenir „au Roiaume de Hongrie et a la Maiſon d'Autriche, „ainſi qu'a leurs Principautés, Pays, ſujets et aparte- „nances, et ce nonſeulement envérs nôtre trés gracieux „et cher Pére le Roy des Romàins, &c... .Mais auſſy „envérs le trés Séréniſſime haut et Puiſſant Prince et „Seigneur CHARLES frére de Sad. Maj. R. &c.... et „envérs les Enfants, Héritiers et Succeſſeurs desd. deux „Majeſtés Imperiale et Roiale, qui proviennent et deſ- „cendent d'Elles par ligne maſculine.

Lorsque la Princeſſe ANNE a dit : *Droits et préterſions, que nous avons eu jusqu'apréſent au Roiaume de Hongrie et aux Etats d'Autriche*, ou Elle parloit pour Elle et pour le Duc ſon Epoux, auquel cas il ne pouvoit étre queſtion que des anciens droits de la Maiſon de Baviere,dont les Ducs ne ſe ſont départis, qu'a charge d'y rentrer, quand la Maiſon d'Autriche viendroit a manquer; Ou ſi ANNE parloit pour Elle ſeule, il faudra convenir, que cette Princeſſe avoit jusqu'au moment de ſa renonciation des droits et prétenſions réeles et poſitives ſur la Hongrie, et ſur l'Autriche, puisque ſon propre Pére luy fait tenir ce langage. Or quel étoit le titre, qui luy donnoit ces droits? C'étoit ſes pactions matrimoniales et l'inſtitution d'Héritier portée par le Teſtament. Ces expreſſions jointes a celles du Contrat de mariage donnent matiere a un argument fort ſimple, mais invincible. FERDINAND fait déclarer a ſa fille, qu'Elle a droit au Roiaume de Hongrie et a l'Autriche; dans le Contrat de mariage il ordonne, qu'au deffaut des deux Branches d'Eſpagne et d'Allemagne Elle Héritera ce qui luy apartient de droit, parconſequent ce deffaut arrivant Elle doit Hériter la Hongrie et l'Autriche.

„Defaçon néanmoins, que si les Mâles de la Maison d'Au-„triche (parmis lesquels sad. Maj. Imp. aussi bien que „S.M. R. nôtre trés gracieux Seigneur et Pére avec la „Descendance masculine desd. deux Majestés doivent „étre entenduës et comprises) venoient a manquer et „qu'il ne resta plus que des filles, Nous nous réservons „solemnellement par les présentes a Nous, a tous nos „héritiers et Descendans d'hériter aud. Royaume de „Hongrie, aux Provinces et Pays en dépendants, comme „aussy a l'Archiduché d'Autriche et autres Principautés, „Pays et sujets, tout ce que nous y devons *hériter de „droit et d'équité suivant les priviléges, Constitutions et usa-„ges dud. Royaume de Hongrie et de la Maison d'Autriche*, de-„méme que si jamais il n'étoit survenu de renonciation.

Ce passage sert a expliquer clairement celuy du Contrat de mariage, ou FERDINAND et le Duc GUILLAUME parlants de la Princesse ANNE disent: *et qu'il n'y resta que des filles, en ce cas sa Dilection et ses héritiers seront admis a succéder et hériter quant audit Royaume de Hongrie et Provinces en dépendantes, aussi bien que quant a l'Autriche, ses Principautés et sujets tout ce qu'Elle peut hériter de droit.* L'on voit présentement d'une façon a ne plus pouvoir en douter, a quelle fin FERDINAND a ajouté ces mots: *tout ce qu'Elle peut hériter de droit*; il a voulu dire, comme il est porté dans l'acte de renonciation, tout ce que de droit les priviléges, constitutions et usages du Royaume de Hongrie et de la Maison d'Autriche permettent a une fille d'hériter, lorsqu'il ne reste plus de Mâles. La Maison de Toscane et celle de Baviere sont uniës en ce point, et conviennent l'une et l'autre, qu'en ce cas les filles sont habiles a succeder.

Une réflexion, qui peut étre faite a l'occasion de la Hongrie, est que, puisque FERDINAND a pu nommer CHARLES V. comme son successeur, quoyque rélativement a cette Couronne CHARLES V. fut étranger, a plus forte raison a-t-il pû y apeller la propre fille de la Reine, qui avoit aporté ce Royaume en la Maison d'Autriche.

„Mais

„Mais pour ce qui concerne le Roiaume de Bohême, les „Principautés, Pays et Sujets en dépendants, ſi nôtre „trés gracieux Seigneur et Pére le Roi des Romains, „comme auſſi nos chers fréres et leurs Deſcendans Mâ-„les venoient a mourir ſans laiſſer d'Héritiers Mâles lé-„gitimes et qu'il n'y en eut plus d'éxiſtants, alòrs *nôtre „droit héréditaire et nôtre prétenſion aud. Roiaume de Bohême* et „aux Pays et Sujets y apartenants demeureront de toute „façon en leur entier, et il nous ſera libre d'Hériter „tout ce que *par droit, ſuivant les priviléges et ſelon l'uſage* „nous pouvons légitimement hériter.

Ce dernier paſſage eſt encore important et contient le même ſens, que s'il étoit dit: Quoyque nôtre Pére nous ait „ſoit par nôtre Contrat de mariage, ſoit par ſon Teſtament „et Codicile inſtitué ſon héritiere quant au Royame de „Bohême, néanmoins comme en même tems il a éxi-„gé, que Nous ne puiſſions faire uſage de ce droit hérédi-„taire, qui nous eſt acquis, que quand la Poſterité maſ-„culine de nos fréres aura manqué, Nous ne pou-„vons, que Nous ſoumettre a ſes volontés; En conſé-„quence de ce Nous déclarons, que pour le préſent nous „renonçons a nos prétentions et a nôtre droit d'héré-„dité, nous réſervant néanmoins de le reprendre, dés „que nos fréres et leurs Deſcendans Mâles viendront a „s'éteindre, et d'hériter tout ce a quoy, ſans bleſſer les „droits, priviléges et uſages de ce Royaume, une fille „peut étre admise.

Le tems, auquel a été ſuſpendu, ce droit héréditaire, que l'Archiducheſſe ANNE s'eſt réſervé pour Elle et pour ſes héritiers, eſt enfin venu, et ces réſerves faites en éxecution de Contrats de mariage précédents ont tant de force, qu'aucune diſpoſition poſterieure n'eſt capable d'y déroger; c'eſt ce qui ſera traité juridiquement dans le Chapitre ſuivant (*).

(*) Toutes les piéces jusqu'icy alleguées ſont raportées ci aprés jusqu'a lettre N. incluſivement.

Chapitre Cinquieme.

Droits de la Maison de Baviere fondés nonseulement sur le véritable sens des dispositions testamentaires, conventions matrimoniales, clauses réservatoires de l'acte de renonciation, mais aussi sur différents moyens de droit et préjugés, ou éxemples remarquables.

APrés toutes ces analises, qui doivent avoir donné une connoissance parfaite des intentions et volontés de FERDINAND, l'on ne peut mieux en résumer les conséquences, pour leur apliquer ensuite les maximes de droit, qu'en les divisant en diférentes propositions.

I. Proposition.

FERDINAND a été en droit de régler soit par Testament, soit par Contrat de mariage l'ordre de succession, qu'il vouloit étre observé quant a ses Royaumes et Etats.

La faculté de tester, qui est de tous droits (a), ne compête pas moins aux souverains, qu'aux Particuliers. Il y a même peu de Maisons illustres en Allemagne, dans lesquelles l'ordre de succeder ne soit réglé par des actes testamentaires (b). L'on a vû les Archidus d'Autriche faire avec les Rois de Bo-

(a) Selon GROTIUS *de jure belli & pacis* la faculté de tester est de droit naturel. V. liv. 2. Chap. 6. §. 14. l. 1. c. 3. §. 12. PUFFENDORFF pense demême en son droit de nature et des gens l. 4. Ch. 10. §. 5. et 6. PFEFFINGERI VITRIARIUS *illustratus* tom. 4. liv. 3. 3. tit. 20. §. 17. raporte a cet égard plusieurs éxemples.

(b) C'est ce que dit REINKING en son traité *de Regim. Secul. & Eccles.* Class. 4. Cap. 7. n. 6. ibi: *Notandum etiam hic, quod in omnibus ferè Principum Germaniæ familiis testamentariæ dispositiones frequententur, in quibus vel æquis*

Bohême des pactes successoires (c); l'on a vû l'Empereur SIGISMOND et ULADISLAS Rois de Hongrie et de Bohême tester et désigner leurs futurs héritiers.

Pour ce qui est de l'Autriche et dépendances, le privilége de FREDERIC Barberousse a donné aux Archiducs la liberté de disposer de leurs Etats en faveur de qui bon leur sembleroit, au cas qu'ils vinssent a manquer de posterité (d); Ainsi a plus forte raison peuvent ils le faire, quand arrivant l'extinction des Mâles ils apellent leurs propres filles.

FERDINAND étoit plus autorisé, qu'aucun de ses Prédécesseurs et successeurs de S'ériger en Législateur de sa famille, puisqu'il étoit le premier acquereur des Royaumes de Hongrie, et de Bohême, et le seul Possesseur des Etats Autrichiens d'Allémagne, dont Charles V. luy avoit fait un entier abandon. Aussi sa posterité a-t-Elle en differentes conjonctures reconnu la loy par luy établie pour la véritable Pragmatique-Sanction de la Maison Archiducale. Cette reconnoissance est prouvée par une éxécution bien réguliere de toutes ses volontés jusqu'a l'Empereur Charles VI. par les deffenses, que la Cour de Vienne a fourni en 1615. contre les Prétensions de Philippe III. Roi d'Espagne (e), et par le Testament de Ferdinand II. qui y fait mention de celuy de Ferdinand I. et enjoint a ses fils de S'y conformer.

Y 2 A l'é-

æqis, vel inæqualibus portionibus filii instituuntur, præcepta Regiminis præscribuntur, tutores constituuntur impuberibus, vel etiam adsignato primogenito Principatu & Regimine reliquis filiis alimenta & portiones bonorum relinquuntur. ITTER de Feud. Imp. Cap. 16. §. EYBEN *de Testament. Princip.* Posit. VII. ubi ait: *Quod propter amplam hanc facultatem Principatus Germaniæ allodialem ferè naturam induerint.* HORN J.F. Cap. 14. §. 14.

(c) Ces pactes sont raportés par la plus-part des Compilateurs des actes et traités publics.

(d) *Dux Austriæ donandi, deputandi terras suas cuicunque voluerit, habere debet potestatem liberam, si, quod absit, absque heredibus liberis decederet, nec in hoc per Imperium debet aliqualiter impediri.*

(e) V. les Conseils d'Etats de LUNIG tom. 1. p. 834. avis de quatre Conseillers impériaux Auliques &c.... au sujet de la succession aux Royaumes de Bohême et de Hongrie, comme aussi de la préten-tion

A l'égard des dispositions portées dans le Contrat de mariage, Elles ne sçauroient étre plus favorables, puisque non-seulement Elles font pour ainsi dire partie de la dot, que Ferdinand a constitué a sa fille Ainée en la mariant en une des plus illustres Maisons de l'Empire, mais Elles ont servi a assoupir des prétensions, dont la poursuite auroit pû devenir extrémement funeste et aux Puissances, qui se sont reuniës, et aux Etats, qui dépendoient d'Elles; d'ailleurs il n'est pas rare en Empire de voir des pactes successoires, en vertu desquelles une famille succede a l'autre, même a l'exclusion des filles de la Maison prémourante; combien a plus forte raison ces pactes doivent ils valoir, quand on en rend participante la fille Ainée d'un des Contractants?

L'on abrégera sur cette premiere proposition, parcequ'elle ne peut étre contestée par la grande Duchesse de Toscane, a qui il messieroit de disputer a Ferdinand chef de la Maison, dont Elle descend, un pouvoir, qu'Elle veut attribuer a Charles VI. qui cependant n'étoit qu'un héritier fideicommissaire, ainsi que la proposition suivante le démontrera.

II. Proposition.

Le Testament de FERDINAND contient une institution d'héritier, laquelle par les clauses ensuite y aposées a été changée en véritable substitution fideicommissoriale.

L'on a vû dans le commencement du Testament, que Ferdinand a institué héritiers ses filles avec ses fils pour *posséder héréditairement* et gouverner aprés sa mort *les Royaumes et Etats*, qu'il délaisseroit; cependant, comme indépendemment de la prédilection, qu'il pouvoit avoir pour ses fils, il sçavoit,

tion du Roi d'Espagne aux Pays antericurs d'Autriche de l'an 1615. ou il est dit: *Quoyque Nous nous fussions déja determiné a raporter ensemble nos trés humbles avis, plus a la vérité pour la continuation d'une composition amiable, a l'occasion dequoy il a été quant a tous les cas, ou arrivant quelques dificultés, murement pourvu dans le Testament de FERDINAND &c....*

ſçavoit, que ſes Royaumes étoient affectés au droit de primogéniture, et que quant a ſes autres Etats les loix féodales, ainſi que l'uſage donnoient la préférence aux Mâles; c'eſt pour ſe conformer a l'un et l'autre, qu'aprés avoir inſtitué ſes Enfants cumulativement, il les a disjoint dans l'ordre, qu'il leur a preſcrit quant a la jouiſſance et priſe de poſſeſſion.

Mais aprés avoir ſatisfait a ce qui en ce cas étoit de droit et de coutume parmis les Mâles, il s'eſt ſervi de la liberté, qu'il avoit, de déclarer comment il en ſeroit uſé, lorsque le cas arriveroit, *qu'il ne reſta plus que des filles.* Aucune Conſtitution, aucune coutume, aucune loy d'Etat ne s'opoſoit au plan, qu'il avoit formé de faire ſa diſtribution en autant de lignes, qu'il avoit nommé d'Héritiers, et de même que ſelon ſon Teſtament les lignes, dont chacun de ſes fils formoit la tige, devoient commencer par l'Ainé des Mâles, ainſi ſelon ſon Codicile les lignes ſuivantes devoient elles commencer par l'Ainée des filles, quand le tour des filles arriveroit; or en ces ſortes de cas, lorsqu'il y a concurrence entre les filles, ou leurs Repréſentants, et que par l'extinction des Mâles il ſe fait une tranſition d'un ſéxe a l'autre, il nous eſt enſeigné par les Auteurs les plus reſpectables, que la proximité des lignes l'emporte, et que pour juger de cette proximité, ce n'eſt plus la Perſonne du dernier Poſſeſſeur, que l'on conſidére, mais qu'on remonte au Teſtateur, ou Fideicommittant (f). L'aplication de cette maxime donne un double droit a l'Electeur de Baviere; premierement en

Z ce

(f) Ce cas eſt expliqué bien nettement dans Tyberius Decianus Vol. 3. Conſ 21. n. 6. & 7. *Teſtator* (dit cet Auteur) *primò diſtinxit maſculos à fœminis, quia voluit maſculos deſcendentes ſuos in infinitum ſuccedere, excluſis fœminis; ultimo autem maſculo ſubſtituit fœminas, & earum deſcendentes: licèt ergò potuiſſet dubitari, an in ſubſtitutionibus maſculorum invicem factis attenderetur perſona gravati; tamen, quando tranſit ſubſtitutio de maſculis ad fœminas excluſas, tum procul dubio, & indubitatò attendenda eſt proximitas reſpectu teſtatoris* (incipiendo ſcilicet a linea Primogenitæ Reginæ Annæ), *non autem loco ultimo gravati; & eſt ratio: quia ſicut dilexit primò maſculos vocatos, ita omnes eorum deſcendentes de gradu in gradum, ſecundùm ordinem ſucceſſionis ab inteſtato; ſed quando defecerunt illi omnes, quos primò dilexit, & ſit tranſitus ad alium ſtatum; tunc non pote-*

ce qu'il descend de la ligne féminine, qui a été substituée immédiatement aux Mâles; secondement en ce que cette ligne est l'Ainée de celle, dont la Grande Duchesse de Toscane tire sa descendance, puisque la Reine ANNE étoit née longtems avant CHARLES de Stirie, et que la Grande Duchesse de Toscane, qui est d'un séxe a ne pouvoir se prévaloir de la masculinité, qui a fait donner a CHARLES la préférance sur sa soeur ANNE, doit reprendre la place, que l'ordre de la Naissance luy donne, et atendre, que les lignes antérieures a la sienne viennent a manquer jusqu'a ce que ce soit a son tour, ou a celuy de ses Héritiers de prendre part au Fideicommis.

La

poterit considerari proximitas praecedentis status, sive gradûs praedicti, sed res revertitur ad considerationem personae testatoris; & consideratur, quos praedilexit ipse testator in substitutionem hujus novi statûs, non quos praedilexit ultimus defunctus prioris status, qui jam prorsus est extinctus; tous les Publicites et féodistes sçavent, que *gravatus* veut dire le dernier Possesseur apellé *gravatus*, parcequ'il est chargé de remettre le fideicommis a l'héritier aprés luy substitué, raison pour laquelle il ne peut ni l'aliener, ni autrement en disposer. Voyez encore VINCENTIUS FUSARIUS *substitut. quaest. 484. n. 21.* ou il démontre amplement, qu'en ces sortes de cas l'on rétrograde a la premiere souche, et a la plus ancienne des lignes féminines. IMOLENSIS, ce fameux jurisconsulte de Padoue, puis de Bologne, a démontré dans le Cons. 135. n. 2. et suiv. en quel ordre chacune des lignes devoit étre prise: *Quemadmodum enim masculorum Linea incipit in filio masculo immediato primi acquirentis (primi Testatoris seu fideicommittentis) ita quoque linea foeminarum masculis finitis incipere debet à filiâ immediatâ ejus acquirentis (seu fidei-committentis) respectu; ex quo enim lineae distributae sunt, computatio fieri debet per eosdem gradus ponendo ex una parte lineam masculinam, quae in Filio primogenito incipit,* & ex altera parte *lineam foemininam, quae incipit in foeminis primo acquirenti (fidei-committenti) proximioribus, ut aequale sit genus masculinum foeminino in eodem discursu, eâdem formâ absque distinctione & differentia, adeo ut in substitutione lineae foemininae servetur idem ordo, idemque gradus, qui dati fuere lineae masculinae, alias enim lineae non dicerentur aequiparatae, nec reducta una ad exemplum alterius.* DIDAC. COVARRUV. Cap. 38. Practicar. Qu. *Semper nempe attendi personam testatoris, non autem ipsius ultimi possessoris vel gravati.* PALAES à MERES P. II. Q. 6. n. 69. *Ubicunque testator vocat lineam virorum, & postea lineam foemininam, non admittuntur foeminae, donec sit extincta linea virorum.* Ergo admittitur tamen PARIS. in Consil. 51. n. 24. Lib. 2. PAULUS de CASTRO in L. *Maritus. C. de Procurat.* soutient demême avec fondement: *Quod sicut linea masculina incipit à filio masculo Stipitis seu Radicis, ita & linea foeminina à filia foeminâ ejusdem Stipitis;*

La ſubſtitution, que FERDINAND a établië, ne contenant donc rien que de conforme a la loy du ſang, aux avantages de la primogeniture, et aux maximes communément reçuës, doit étre d'autant plus inviolable, qu'elle eſt fondée ſur des pactes dotaux, et que ces pactes renferment une véritable convention de ſucceſſion future, ainſi qu'on en voit beaucoup dans les Maiſons illuſtres de l'Empire (g).

III. Propoſition.

Le bénéfice de la ſubſtitution ordonnée au profit de la Princeſſe ANNE doit par toutes ſortes de motifs de droit paſſer a ſes héritiers et Deſcendants.

Dans un reſcrit circulaire du 10. Décembre 1740. la grande Ducheſſe de Toſcane n'eſt point diſconvenuë, que le Teſtament de FERDINAND I. ne contint *une ſubſtitution clairement déterminée*, ce ſont les propres termes, dont Elle s'eſt ſervi; mais Elle prétend, que cette ſubſtitution n'étant que perſonelle a la Princeſſe ANNE, ne doit point paſſer a ſes héritiers. Il ne ſera pas difficile de détruire cette opinion en ne s'atachant uniquement qu'aux régles de droit, ſans même recourir au contenu du Contrat de mariage, qui néanmoins eſt décíſif.

(g) Ludolf Tr. *de J. Fœminar. Illuſtr.* P. II. Cap. II. §. 12. ibi: *Solent porro addi pactis dotalibus, & de Succeſſione conventiones;* Item §. 2. ſub fin. *Hodierno Germaniæ uſu ridendum ſeſe præberet, qui diceret, revocabilia eſſe ejusmodi pacta cumprimis Illuſtrium.* Et il ajoute a la note: *Non abſurdè diceres valere pacta dotalia Illuſtrium, etſi de Succeſſione loquantur (nullà enim contrahuntur, ubi Succeſſionis mentio non fiat) in vim conventionis inter vivos: nam ſi permiſſum eſt Juris Interpretibus pacta de Succeſſione ſingulari ultimæ voluntatis jure cenſere.* Torre de Pactis futuræ Succeſſionis Lib. I. Cap. IV. *Quidni liceat pacta illuſtrium ſucceſſoria pro contractu habere, ne formulis verborum & ſubtilitate Interpretum Juris Romani limitetur Illuſtrium Paciſcentium voluntas Germanáque fides.* Titius ad Lauterbach Obſerv. 774. n. 3. in fin. *Sed non opus eſt iſto refugio, fuère pacta dotalia Illuſtrium in Germania & de Succeſſione conventiones ante recepta Jura Romana, neque receptione juris peregrini abolita, imo uſu conſtanti ſervata, & habere vim irrevocabilem, uſus teſtatur irrefragabilis.* Lyncker de Libertate Statuum Sect. III. n. 2. §. 4. Boehmer Conſultat. Tom. I. P. II. Reſp. 41. n. 28. ſéq.

1. Les textes raportés dans les notes du Chapitre précédent prouvent, que l'ordre de succession, selon que FERDINAND l'a établi, est lineal et graduel; Or il ne peut être tel, que les héritiers de celuy, ou de celle, par qui la ligne commence, n'y soient compris, puisque le mot de ligne envelope nécessairement tous les Descendans de la Personne, qui en est le Chef (h).

2. La seule institution fait passer aux Héritiers le droit qu'avoit la Personne instituée, par la raison, que ce droit produit des actions, et que les actions sont transmissibles (i).

3. Il en est tout autant de la substitutions, quand même dans le titre constitutif il ne seroit fait mention que de l'héritier substitué (k).

FER-

(h) GROTIUS de J. B. & P. Liv. II. Cap. VII. §. 22. *In Successione Lineali observari solet non Jus illud subitionis in locum, quæ repræsentatio dicitur, sed jus transmittendi futuram Successionem, quasi delatam lege, scilicet ex spe jus quoddam verum excitante.*

(i) C'est ce que Nous enseigne le sçavant COCCEJUS Tom. II. disput. 62. de fidecommissis familiæ è manu hæredum non capiendis; hinc & statim acquiruntur actiones *ad hæredes* transmittuntur. uti patet ex l. 1. E. de his, qui ante apert. tab. hæres enim hæredis mei meus semper est hæres. L. 65. l. 70. pr. l 170 ff. de V. f. Frider. Mind. de interd. p. 4. tit. 17. §. 24. & hæredibus hæredum in infinitum actiones dantur ex Testamento & hæreditatis petitio sive directa, sive fideicommissaria. L. 1. §. 3. ff. ad SC. trebell. quippe qui omnes nomine Ejusdem defuncti veniunt. Les jurisconsultes tiennent pour une régle constante, quod, quando loquimur de prædilectione unius ad alterum, inspiciendum sit tempus, quo Successio acquiritur, adeo, quod ille, qui tunc præfertur, efficiatur perpetuus Successor & transmittat, & semper excludat alterum §. *Proximus Inst. ff. de legit. Agnat. Success.* L. ultim. ff. *de successorio Edicto.* PEREGRIN. in Tr. *de Jure Fisci* Lib. III. Tit. 6. n. 3. p. 119. plané, ut etiam fideicommissum testamento relictum, licet non sit agnitum, transmittatur ad heredes fideicommissarii. BERGER *de transmiss. hered.*

(k) Voyez COCCEJ. en ses Disputations *de Ordine succedendi Fœminarum Illustrium in territ.* Sect. II. §. 1. ou cet Auteur faisant distinction entre l'ordre de succession selon le droit commun et selon le droit des fiefs et des Royaumes, donne cette diférence, sçavoir, quod ibi jus à tempore mortis, hic à prima concessione & substitutione fideicommissariâ statim fundatum sit; *Constat igitur indubitato, hujus successionis fontem esse regulam, jus Successoris non incipere demum à momento novissimæ successionis, sed à momento primæ dispositionis: ex hac enim omnibus*

FERDINAND II. fils de Charles de Stirie et arriere grand Pére de l'Empéreur Charles VI. deffunt étoit tellement dans la perſvaſion, qu'aprés l'extinction des Mâles de ſa Maiſon la ſucceſſion Autrichienne paſſeroit aux héritiers et Deſcendans de la Princeſſe ANNE, que nonſeulement il a jugé inutil, même injuſte, de faire dans ſon Teſtament, aucune mention de ſes filles, ni de celles, qui proviendroient de ſes fils, mais il a en outre ſoigneuſement recommandé a ſes fils l'éxecution des diſpoſitions de FERDINAND I. (*). Si Charles VI. n'a pas eu les mêmes atentions, cela doit étre indifférent a la Maiſon de Baviere, puisqu'il ne dépendoit plus de cet Empéreur de renverſer les diſpoſitions de ſes Prédeceſſeurs.

IV. Propoſition.

La ſeule clauſe réſervatoire contenuë en l'acte de renonciation de l'an 1546. donne aux Deſcendans de l'Archiduceſſe ANNE des droits inconteſtables a la ſucceſſion Autrichienne, quand même il ſeroit fait abſtraction du Teſtament de FERDINAND I.

Lorsque les loix Romaines furent réçuës en Allemagne, les filles commencerent a prétendre comme les fils a la ſucceſſion aux Etats de leur Pere; mais ces égalités et multiplités de partages affoibliſſoient tellement l'éclat et la Puiſſance des Maiſons illuſtres, que pour porter remede a cet abus et réunir ſur la même tête la totalité des héritages, les Chefs de famille introduiſirent a l'imitation les uns des autres le droit

Aa

de

bus prædium (feudum, Regnum) *ordine ſuo conceſſum, ex hac adeo omnibus etiam futuris de familia quæſitum, ab ea Jus omnium incipit ab eo momento originem habuit. Ab eo ergo tempore omnibus, qui ordine ſuccedunt, retro jus natum fuit:* quod confirmat Textus in L. 3. ff. *de Interd. & Relegat.*, ubi diſtinguitur jus, quod liberi à Patre, & quod à Genere ſive Majoribus capiunt;

(*) V. ci aprés l'extrait de ce Teſtament coté P. en treizieme lieu nôtre intention paternelle eſt et nous voulons et ordonnons, que ce qui quant aux volontés, *Teſtament et Codicile* de nôtre trés chére Pere l'Empéreur *FERDINAND* de glorieuſe mémoire n'a point encore été éxecuté ſoit auplûtot effectué, afin qu'a défaut de ce la conſcience de nos Enfants n'en ſoit point chargée.

de primogeniture, et prirent en même tems la précaution d'éxiger des filles des actes de renonciation (*), afin que l'établissement de ce droit fut moins sujet a étre combattu. De lá est venu ensuite l'usage d'exclure les filles, même quant aux terres allodiales et quant aux fiefs mixtes, ou héreditaires, tant qu'il subsiste des Mâles, et de cette exclusion s'est produite la fameuse question tant agitée par les Publicistes, *an fœmina semel per masculum exclusa semper manet exclusa?*

Ceux, qui tiennent pour la négative, et qui par conséquent admettent le retour, ne trouvent pas équitable, qu'une fille, qui n'a été excluë, que parcequ'il subsistoit des Mâles, ne soit plus recevable a réclamer sa succession, lorsque ces Mâles cessent d'éxister.

Ceux au contraire, qui inclinent pour l'affirmative, c'est a dire pour la perpetuité de l'exclusion une fois donnée, alleguent pour motif et fondement de leur opinion, qu'accordant aux filles excluës le droit de retour, cela ne feroit qu'éngendrer des procés *inextricables* par la difficulté de prouver des descendances, ou Genealogiës fort souvent trés obscures; par la distinction, qu'il faudroit nécessairement faire des différentes acquisitions successivement accruës aux grandes Maisons; Et par la multitude des filles, qui s'étant vuës sujetes a l'exclusion pendant tout le tems, que les Mâles ont vécu, ne manqueroient de se réproduire ou personellement, ou par leurs héritiers, ce qui dans tous les cas, ou il s'agiroit d'une succession ouverte par l'extinction des Mâles, feroit paroitre une infinité de Prétendants.

La Maison de Baviere n'est point dans le cas de ces incon-

(*) Struvius de allodiis imperii cap. 4. fœminas enim illustres olim in imperii allodiis successisse totidem exempla superiùs adducta satis superque docent. Dum autem frequenres olim orirentur terrarum divisiones illustrium familiarum splendorem atque potentiam plurimum debilitantes, his ut obviam procederetur, locum invenit jus primogenituræ, atque tunc dum lex universalis desit, quæ filias à successione excludat, ad conservandum gentis splendorem suborræ fuerunt filiarum illustrium renunciationes in omnia bona tam feudalia quàm allodialia.

conveniens, et peut conséquemment se prévaloir a juste titre de ce droit de retour pure et simple établi sur les principes de l'equité; Cependant Son Altesse Electorale sans se déporter de ce moyen ne S'atachera icy qu'a une autre espéce de retour, qui est le conditionel, ou conventionel, et qui a pour fondement nonseulement les prérogatives du sang, mais des réserves et conventions, qu'aucunes dispositions posterieures ne peuvent annuler.

L'on a vu dans le Chapitre 3. que FERDINAND I. a par son Testament enjoint a ses filles de renoncer a toute succession paternelle et maternelle, néanmoins envérs les Mâles seulement; l'on a vu dans le Chapitre 4. que par le Contract de mariage de l'an 1546. cet Empereur a derechef éxigé de la Princesse ANNE en particulier une renonciation pareille, mais encore limiteé aux Mâles et avec pouvoir d'hériter, lorsque les Mâles viendroient a manquer; l'on a vu, que cette Princesse, pour obeir a ces injonctions reiterées, a signé et délivré un acte, par lequel Elle a renoncé, pour ce qui est de la Hongrie, et de l'Autriche et dépendances, a tout droit de succession envérs CHARLES V. et FERDINAND, ainsy qu'envèrs leurs Descendans Mâles, et pour ce qui est de la Bohême envérs FERDINAND seulement. Passons aux Principes de droit.

Il y a deux especes de renonciations; les unes sont absoluës et n'admettent aucun retour, pàrcequ'elles renferment un déport sans restricton. Les autres sont conditioneles et susceptibles de differents principes tous aplicables a l'acte cy dessús transcrit.

I. Principe. *Une fille, qui dans l'acte de rénonciation par Elle signé s'est spécialement réservé le droit de succeder, au cas que les Mâles viennent a manquer, est préfférable a la fille du dernier Possesseur.* (*)

Se-

(*) Fœmina verò ita per renunciationem exclusa à successione non in totum vel in perpetuum censetur exclusa, sed tantùm dum masculi existunt: jus enim fœminæ non penitùs extinctum, sed intereà dum agnatio floret, dormit & in suspenso est, nec licet masculis in fœminarum, quæ renunciârunt, præjudicium statuta vel pacta

Selon ce principe les Defcendans de l'Archiducheffe ANNE doivent exclure la Defcendante de CHARLES VI. d'autant plus que FERDINAND, en fe faifant remettre et acceptant de fa fille ANNE un acte de renonciation fous les referves y contenuës, a par cette acceptation contracté avec cette Princeffe un engagement nouveau, puisqu'il a derechef confenti, qu'a l'extinction des Mâles de fa Maifon Elle ou fes héritiers priffent poffeffion de fa fucceffion; Car fi telle n'avoit été fon intention, il auroit fait rédiger l'acte en d'autres termes et fe feroit opofé a la claufe réfervatoire y inferée, ou dumoins il n'auroit pas fait borner la renonciation a l'exiftance des Mâles, s'il avoit pensé, que les filles procréées de ces Mâles duffent avoir la prefférance fur la fienne.

II.

---

pacta facere latiorem exclufionem inducentia; omni autem agnatione extincta admittitur Cognata, *licet fœmina ab agnato ultimo adfit*, five claufula *arrivant l'ouverture* adjecta, five non. Backmeifter de renunciatione filiarum illuftrium §. 35.

Sed hisce non obftantibus contraria fententia, quod nimirum filia tam ad paternam, quàm maternam & fraternam Succeffionem pro portione fua regreffum habeat, veritati magis convenit, idque ex vi interpofitæ refervationis. Refervatio enim confervat Jus Refervanti - - - - - interim ergo filia à Succeffione non exclufa, fed tantùm fufpenfa habetur, & remoto obftaculo omnibus, quibus ante renuntiationem, pro portione fua fuccedit - - - ceffante enim causâ impedimenti & exclufionis, ipfa ceffat exclufio & impedimentum - - - - Accedit: Renuntiationes funt ftricti juris, & propterea non extendendæ, fed prout limitatæ funt, intelligendæ, cùm confenfus five renunciatio limitata limitatum foleat producere effectum. - - - & iis folum prodeffe, in quorum favorem exprefsè interpofita eft. Kellenbenz de renunciatione fucefforum quæft. 18. & 19. Ex quo enim conditio, fub qua fœmina fibi, fuisque hæredibus jus fuccedendi refervavit, exiftit, perinde eft ac fi renunciatio facta non fuiffet, cùm pro non facta & ipso jure refoluta habeatur. Vid. Refp. facult. jur. arg. apud Schilter ad jus feud. Alemann. in fupplem. pag. 489. & purificatâ conditione ob defectum mafculorum Refervatio perfectionem recipit, ut de ea non aliter, quàm de actu puro ftatuendum fit, cùm difpofitionis puræ, & purificatæ idem fit judicium. THOM. MICHAELIS apud KLOCK. Tom. III. Conf. 106. n. 22.

Cramer diff. de pacto filiæ Nobilis hæreditatis renunciatæ refervativo, ubi hanc exclufionem filiarum ultimi mafculi folidè demonftrat & dubia obmota in fcholio refolvit. §. 5. Sch. 24. Ertl obfervationum Equeftrium tom. 2. obf. 4. p. 70. Fromman de Cond. pacti

II. Principe. *Une fille, qui a renoncé, transmet ses droits a ses Descendans.* (a)

Ce n'est que par surabondant et pour apuyer ce qui a déja été observé cydevant a l'occasion du Testament, qu'il est icy fait mention de ce principe; Car la Princesse ANNE ayant du consentement du Roy son Pére declaré, qu'Elle ou ses héritiers hériteroient, si les Mâles venoient a manquer, cette reserve forme une preuve convainquante de la transmission de ses droits au proffit de ses héritiers, et deviendroit cependant un acte purement illusoire, si l'on écoutoit les maximes de la Cour de Vienne.

III. Principe. ***Lorsque dans les Maisons, ou le droit de primogeniture est en vigueur, la totale extinction des Mâles donne ouverture a la succession, et qu'il y a concurrence entre les filles de la famille, ou leurs héritiers, la ligne la plus proche de la souche commune doit l'emporter sur toutes les autres.***

Pour rendre cette proposition intelligible, l'on ne sçauroit choisir une démonstration plus claire et plus simple, que celle, qui nous est donnée par le S. Ludolff en son traité concernant les droits des femmes illustres part. 2. Ch. 1. §. 9. a la note lettre L. p. 94.

cti renunciatæ hæreditatis resolutivâ §. 8. de là vient, que l'axiome *Fœmina semel exclusa semper manet exclusa*, n'a pas lieu, ou il y a des renonciations. Idem Cramerus cit. loco §. 10. schol. v. argum. Fabri de erroribus pragmat. dec. 27. error. 1. n. 38. & dec. 30. err. 1. n. 10. Item Huffmanni apud Besold. p. 1. conf. 14. solidè confutans. Marp. vol. 1. conf. 20. 11. 22.

Tubingenses apud Besoldum conf. 171. 221. n. 40 Les renonciations sont si favorables, qu'il suffit qu'Elles ne soient pas absoluës pour operer le retour, quand même ce retour ne seroit point spécialement réservé: cùm ergo satis constat, *Quod tam ipsa renuntiationum causa finalis, quàm fœminarum renuntiantium intentio ac voluntas non alia sit, quàm quòd Renuntiationes in masculorum tantummodo favorem factæ, eæ denique tamdiu durare tantùm debeant, quamdiu masculi superfuerint, ipsisque deficientibus sibi regressum & aditum ad bona renuntiata reservare voluerint, idque ipsa æquitas & æqualitas suadeat, & Germaniæ usus, atque observantia comprobet.*

(a) §. 4. instit. de V. O. Ludolff. tom. 1. obs. forens. 32. COCCEJUS Deduct tom. 1. p. 768. n. 205. Marpurg v 1. conf. 10. n. 40. Ingolstadiensis apud Giphan. de renunc. part. 84.

N. PERE.

MARGUERITE.	GUILLAUME.
Renonce a la ſucceſſion paternelle au proffit de ſon frere GUILLAUME et meurt avant luy ne délaiſſant qu'une fille appellée	Au proffit duquel il a été renoncé par ſa ſoeur MARGUERITE, meurt aprés Elle délaiſſant une fille appelleé
ANNE.	MARIE.

L'Auteur, qui étoit Aſſeſſeur en la Chambre Impériale de Wetzlar, l'un des ſçavants de ce ſiécle des plus conſidérés, aiant été conſulté ſur ce cas pour donner ſon avis, forme la demande, qui ou de MARIE, ou d'ANNE doit ſucceder aprés la mort de GUILLAUME? Il décide, que ſi dans la famille l'uſage de partager a lieu, ANNE et MARIE participeront a la ſucceſſion par portions égales; mais que ſi le droit de primogeniture y eſt établi, ANNE comme ſortant de la ligne Ainée doit exclure MARIE (a). La queſtion a été jugée conformément a ce ſentiment.

Le cas, dont il s'agit, entre la Grande Ducheſſe de Toſcane et l'Electeur de Baviere eſt comparable a celuy cydeſſús proposé, puisque l'Electeur provient d'ANNE, qui étoit l'Ainée de CHARLES de Styrie, dont la Grande Ducheſſe deſcend, defaçon que la ligne formée par cette ANNE eſt aujourdhuy la ligne la plus proche de la ſouche commune, ou du premier Acquereur, par conſéquent celle, qui ſuivant le préjugé ſusallegué doit étre préférée a l'autre.

IV.

(a) Supereſt quæſtio, an ſoli Annæ ſit adjudicanda ſucceſſio, an æquali ex parte cum Wilhelmi filia Maria? Dubitandi ratio eſt, quod incertum ſit, cuinam ſuccedatur, Patri, an Fratri? Si Fratri, gradu eſſet propior ejus Filia, ſi Patri, obſtabit ANNÆ renuntiatio Matris. Sed reſpondetur: de Patris ſucceſſione hìc eſſe quæſtionem, non de Fratris, Fratrum favore renuntiaverat Mater ANNÆ, cujus jus revivixiſſe in hærede Filiâ, poſt extinctos maſculos rectè reſponſum à JCtis; ergo ſi territorium eſſet diviſioni obnoxium, ſuccedent ex partibus æqualibus: ſi individuum, aut commune erit utrique, aut, *Jure Primogenituræ introducto, ſuccedet illa, quæ eſt non ætate ſolùm, ſed & lineâ proprior:*

IV. Principe. *Les renonciations faites avec clause réservatoire ôtent a chacun des Possesseurs de l'Etat, auquel il a été renoncé, la liberté de tester* (a).

Ce principe, sur lequel il sera apuyé, lorsqu'il s'agira de combattre la Pragmatique-Sanction, fait voir de quel poid sont les renonciations conditioneles, et quel droit Elles donnent aux Partiës renonçantes, puisque si les Possesseurs des terres, auxquelles il a été renoncé, sont privés de la faculté de tester, cette privation n'a d'autres motifs, sinon que par ces dispositions il ne soit porté préjudice aux droits de retour réservés par la renonciation.

Ce droit de retour est non seulement admis par les meilleurs Publicistes dans les cas, ou il y a renonciation avec clause réservatoire, il trouve encore accés dans les souverains tribunaux de l'Empire, ainsi qu'on en a diférents préjugés. *

(a) CRAMER Differt. *de Renunt. Filiarum, Clausul. Success. reservat.* Cap. I. §. 13. p. 39. Deinde licet reservatio nihil novi det, dat tamen reservatrici Jus prohibendi ne ultimus possessor testamentum condere jure valeat: *atque sic cæcutiret profectò*, qui videre nollet, ultimo masculo jus testandi ademptum esse, impedit namque illa (reservatio) quominus bona eorum, in quorum favorem renuntiatio facta, propria fiant. C'est ce qui fait dire aux Auteurs, que les Mâles n'ont qu'un domaine revocable, qu'une espece d'usufrut. Kellenbentz. de renunciat. quæst. 23. n. 5. addita quæst. 18. Boehmer conf. vol. 2. part. 2. conf. 897. n. 9.

*C'est ce que prouvent inconcestablement les préjugés rendus au conseil imperial aulique; Entre les héritiers de Dame Rose Susanne de Wolmershausen, contre les trois filles délaissées par le S. Christophe Albert de Wolmershausen. Cramer differt. de pacto filiarum nobil. hæred. renunc. reserv. §. 24. schol. Entre le S. Caspard de Gymnich de Wischel Demandeur d'une, contre le S. Louis Henry Comte de Solms-Assenheim et Consors Deffendeurs d'autre part. Actor hæres declaratus jure Aviæ Amaliæ Reginæ uxoris Joannis Ottonis à Gymnich, cujus jus succedendi sub claufula reservativa renunciatum post masculam stirpem 1718. extinctam, Hugone Ernesto ultimo familiæ Testamento instituente hæredem Comitem de Solms partem ream, in hæredibus reviviscebat, condemnatusque possessor ad restitutionem. Ludolff. tom. 3. obs. fascic. 1. sent. select. L. p. 198. Entre Charles Guillaume de Spiering, contre Jean Joseph Clement de Weichs & Consors. Testamentum Wilhelmi Francisci, quo anno 1720. scripsit hæredem Carolum Wilhelmum de Spiering pro valido non declarátum, nisi salva portione, au cas d'ouverture, Mariæ Barbaræ Franciscæ uxoris Joh. Josephi Wigulei Baronis de Weichs. NB. S'il n'a été adjugé a la Dame Baronne de Weichs que la portion héréditaire, c'est parcequ'aucune des terres de la Maison de Spiering n'étoit sujete au droit de primogeniture.

Ludolff et Cramer, qui citent les préjugés raportés dans les notes, en alleguent encore plusieurs autres et disent, que l'on voit en Allemagne des Corps de Noblesse, qui par leurs statuts admettent le retour, quand il a été réservé (b). Ce droit n'est même point inconnu en france, ou il a différentes fois été jugé en faveur des héritiers des filles, qui n'avoient renoncé qu'envérs les Mâles (c).

Si l'on veut des exemples plus éclatants du retour conventionel mis a proffit par les héritiers des filles, qui l'ont stipulé par leur Contract de mariage, les Maisons de Hannovre et de Hesse-Cassel nous en fourniront, l'une au sujet de la succession de Hanau, l'autre a l'occasion du Duché de Saxe-Lauenbourg (*). Aprés

(b) Quid quod quotidiana inter Nobiles Imperii immediatos regressus hujus exempla occurrant; quippe adeò Statutis etiam Equestribus roboratus legitur. Cramer cit. loc. p. 46. Burgerman. Thes. jur. seq. 592. aliique plures.

(c) Chassagne sur les coutumes de Bourgogne tit. des successions, rubrique 7. verbó femme Mariée §. 12. ad verba, tant qu'il y a fils, raporte les jurisconsu'tes Parisiens, qui font mention de ces préjugés.

(*) Affaire de Saxe Lauenbourg.

BERNARD de la Maison des Ascaniens obtient la Saxe en 1180. aprés la proscription de HENRY le Lion.

ALBERT I. † en 1273.

JEAN obtient en partage la basse Saxe, autrement le Duché de Saxe-Lauenbourg. — ALBERT II. obtient en partage la haute Saxe.

ERIC I.

ERIC II. — AGNES. Epouse de GUILLAUME Duc de Lunebourg. Est morte sans délaisser d'Enfants; la Maison de Hannovre prétend, qu'il fut convenu par le Contract de mariage, que si la branche des Ducs de Saxe-Lauenbourg venoit a s'éteindre, ce Duché passeroit a la Maison de Brunsvic-Lunebourg.

ERIC IV.

BERNARD.

JEAN IV.

MAGNUS.

FRANCOIS I.

FRANCOIS II.

JULES HENRY.

JULES FRANCOIS † 1689. dernier Duc de Lauenbourg.

ANNE MARIE FRANCOISE Epouse de Philippe Guillaume Comte Palatin de Neubourg. — FRANCOISE SIBILLE Auguste Epouse de Louis Guillaume Marggrave de Bade.

Aprés le décés d'Albert I. Electeur de Saxe ce Duché fut partagé entre ses deux fils Jean et Albert II. Jean eut en partage la basse Saxe, autrement le Duché de Saxe-Lauenbourg, lequel a passé a son fils Eric I. Eric avoit un fils et trois filles, dont la Puinée apellée Agnes fut Mariée au Duc Guillaume de Lunebourg, lòrs duquel mariage il doit avoir été convenu (dumoins selon que la Maison de Hannovre en a instruit le public) que si les Descendans Mâles d'Eric venoient a manquer, le Duché de Saxe-Lauenbourg seroit réversible a la Maison de Lunebourg, laquelle en vertu de cette convention a renouvellé peu aprés cette expectative par un second pacte successoire et a reçu eventuellement l'hommage des sujets. Depuis Eric ce Duché a passé de Pere en fils jusqu'a Jules François, qui mourut en 1689. ne délaissant que deux filles, dont l'une a été l'Epouse de Philippe Guillaume Comte Palatin de Neubourg, et l'autre celle du Marggrave Louis de Bade. Aprés le décés de ce dernier Duc ces deux Princesses se crurent en droit de prendre possession de la succession paternelle, mais le Prince d'Anhalt en qualité d'Agnat du deffunt y forma oposition. Cela occasionna une contestation, jusqu'a décision de laquelle le Duc Ernest Auguste de Hannovre Directeur du Cercle fut nommé séquestre. Pendant l'administration ce Duc convertit son titre de possession en titre de propriété et se dépouilla de la qualité de Commissaire pour prendre ouvertement celle de Maitre et de souverain du Pays. Les moyens, qu'il allégua pour autoriser cette conduite, furent qu'autres fois la basse saxe avoit apartenu a Henry le lion Duc de Saxe, dont il descendoit, et que par le Contract de mariage susallegué, ainsi que par les actes subséquents le retour en avoit été stipulé en faveur de la Maison de Lunebourg, au cas d'extinction de celle de Lauenbourg. Depuis ce tems les Electeurs de Hannovre jouissent du Duché de Saxe-Lauenbourg au vu et sçu de tout l'Empire et avec exclusion des filles du dernier Possesseur.

L'Electeur de Baviere peut, sans entreprendre de rien

 déci-

décider fur le fond de l'affaire, comparer fes moyens a ceux allegués par la Maifon de Hannovre. La Maifon de Hannovre foutient, que la baffe faxe luy a autres fois apartenuë; l'Electeur de Baviere a prouvé, que fes Ancêtres étoient cydevant fouverains de l'Autriche et dépendances, même qui plus eft, Agnats des anciens Ducs de ce nom. La Maifon de Hannovre fe fonde fur des pactes fucceffoires; l'Electeur de Baviere fur des difpofitions équipollentes, même a ce qu'il croit beaucoup plus favorables; Car par ces pactes fucceffoires le Duc Eric faifoit fortir de fa famille le Duché de Saxe-Lauenbourg, au lieu que FERDINAND I par fon Teftament et par les Contracts de mariage confervoit aux Defcendans de fa fille les Etats, qu'il délaifferoit.

L'affaire de la fucceffion de Hanau(*), qui vient de fe paffer

(*) REINHARD II.

Branche de Müntzenberg.	*Branche de Liechtenberg.*
REINHARD III.	PHILIPPE furnommé le vieux.
PHILIPPE le Jeune.	PHILIPPE II.
REINHARD IV.	PHILIPPE III.
PHILIPPE II.	PHILIPPE IV.
PHILIPPE III.	PHILIPPE V.
PHILIPPE LOUIS.	JEAN. REINHARD..
AMALIE Elifabeth Epoufe de Guillaume Landgrave de Heffe; donne en 1619 un acte de renonciation, par lequel Elle fe réferve fes droits arrivant le défaut des Mâles de la Maifon de Hanau. — Philippe Maurice; Philippe Jean. Louis III. Henry † 1641.	PHILIPPE WOLFGANG.
Guillaume VI. Landgrave de Heffe.	JEAN REINHARD II.
Charles Landgrave de Heffe.	JEAN REINHARD III.
Guillaume Landgrave de Heffe fucceffeur au Comté de Hanau Müntzenberg.	CHARLOTTE CHRISTINE Epoufe du Prince de Heffe - Darmftatt aujourdhuy Régnant, et Mere des Princes Louis, George et Charles.

ser soûs nos yeux, quoique differente de celle de la succession d'Autriche par les circonstances, est néanmoins presque égale par les Principes.

La Maison de Hanau s'étant divisée en deux branches, sçavoir celle de Müntzenberg, qui étoit l'Ainée et celle de Liechtenberg, qui étoit la Cadette, la branche de Müntzenberg s'éteignit la premiere avec les fils de Philippe Maurice, qui moururent en Jeune âge. Amalie Elisabeth leur Tante fille de Philippe Louis II. Comte de Hanau Müntzenberg s'étoit Mariée avec Guillaume V. Landgrave de Hesse et avoit par acte du 16. Novemb. 1619. renoncé a la succession paternelle, a charge néanmoins que si les Mâles de la Maison de Hanau venoient a manquer, Elle ou ses héritiers seroient admis a hériter le Comté de Hanau.

Aprés le décés de Philippe Louis dernier Comte de Hanau Müntzenberg mort en 1641. le Landgrave de Hesse prétendit a ce Comté du Chef d'Amalie Elisabeth. A cette prétension il en joignit encore d'autres touchant le mobilier, surquoy fut fait entre la Maison de Hesse-Cassel et celle de Hanau un pacte successoire de l'an 1643. par lequel il fut convenu, qu'arrivant l'extinction de la Maison de Hanau, ce Comté échoiroit aux Landgraves de Hesse-Cassel par droit d'expectative.

A la mort de Reinhard III. dernier des Comtes de Hanau Liechtenberg les Princes de Hesse-Darmstatt nés de Charlotte Christine fille unique dud. Jean Reinhard prétendirent au Comté de Hanau-Müntzenberg, mais la Maison de Hesse-Cassel l'emporta et en conserve actuellement la possession du Consentement tacite de tout l'Empire.

L'on peut voir dans une déduction imprimée par ordre du Landgrave de Hesse-Cassel (a), que les moiens, dont ce

(a) Cet ouvrage a pour titre: Contre-déduction bien motivée du véritable Etat du droit de primogeniture établi dans la Maison de Hanau, ainsy que du droit de succession au Comté de Hanau Müntzenberg fondé sur cette primogeniture &c.... Marbourg 1737.

ce Prince s'eſt ſervi pour apuyer ſes droits, ſont les mêmes, que ceux, qui ſont en faveur de l'Electeur de Baviere.

Le memoire de Heſſe-Caſſel prouve, que lorsque le droit de primogeniture eſt établi dans une Maiſon, et qu'il ne reſte plus dans la famille que des filles, ce n'eſt point la fille du dernier Poſſeſſeur, qui hérite, mais celle, qui eſt de la ligne primogeniale, ou ſes héritiers; d'ou l'auteur conclu, qu'Amalie Eliſabeth, dont la Maiſon de Heſſe deſcend, étant de la branche Ainée de Müntzenberg, aulieu que Charlotte Mére des Princes de Darmſtatt n'étoit que de la branche Cadette de Liechtenberg, les héritiers de cette Amalie doivent l'emporter ſur ceux de Charlotte.

La Maiſon de Baviere eſt a peu prés dans une poſition ſemblable a celle du Prince de Heſſe-Caſſel. La Princeſſe ANNE formoit rélativement a ſon frere Charles de Styrie la ligne primogeniale, puisqu'Elle étoit née avant luy; ainſy ſelon la doctrine cydeſſús raportée (a) les ſucceſſeurs de cette Princeſſe ſont prefférables aux filles, qui ſe trouvent d'une ligne Cadette.

Il eſt deplus ſçavament ſoutenu dans le memoire de Heſſe-Caſſel, qu'Amalie s'étant par ſon acte de renonciation formellement réſervé ſes droits de ſucceſſion au Comté de Hanau, au cas que les Mâles vinſſent a manquer, ſes Deſcendans devoient a l'excluſion de la fille du dernier Poſſeſſeur repreſentée par ſes fils, jouir du bénefice de cette clauſe réſervatoire.

AN-

(a) L'on peut faire icy une juſte aplication de ce qui eſt dit dans la Note c. page 37. et 38. du préſent memoire. Quemadmodum enim maſculorum linea incipit in filio maſculo immediato primi acquirentis, ita quoque linea fœminarum maſculis finitis incipere debet à filia immediata Ejus aquirentis reſpectu, ex quo enim lineæ diſtributæ ſunt, computatio fieri debet per eoſdem gradus, ponendo ex una parte lineam maſculinam, quæ in filio primogenito incipit & ex altera parte lineam fœmininam, quæ incipiet in fœminis primo acquirenti proximioribus, ut æquale ſit genus maſculinum fœminino in eodem, eadem forma, diſcurſu, abſque diſtinctione et diſferentiâ; adeò ut in ſubſtitutione lineæ fœmininæ ſervetur idem ordo, iidémque gradus, qui dati fuère lineæ maſculinæ, aliàs enim lineæ non dicerentur æquiparatæ, nec reducta una ad exemplum alterius.

ANNE a renoncé a peu prés dans les mêmes termes et avec la même réserve ; Ainsy pourquoy ses héritiers n'auroient ils point le même avantage, que ceux, qui descendent d'Amalie ? y ayant donc fort peu de difference a faire entre les droits respectifs de ces deux Maisons, il devroit n'y en avoir aucune entre l'évenement de leurs prétensions.

Si l'on veut sortir de l'Empire pour éxaminer ce qui en pareil cas s'est passé dans les souverainetés étrangeres, on trouvera deux fameux éxemples propres a prouver, que la Maxime de l'Electeur a été adoptée en France et en Savoye.

Pour ce qui est de la Savoye, l'on voit par la Table Généalogique ci dessoûs, que Théodore surnommé le Palæologue Marquis de Montferrat avoit deux Enfants sçavoir Jean et Jolanthe (*) En 1330. Jolanthe fut Mariée au Comte Aymon de Savoye et dans les pactes matrimoniaux il fut

Dd con-

(*) Affaire de la succession au Marquisat de Montferrat.

THEODORE PALÆOLOGUE Marquis de Montferrat.

Jean Palæologue.
Theodore Pal. II.
Jean Jaque Pal.
Boniface V. — Guillaume VII.
Guillaume IX. — Jean George † 1533. — Blanche Epouse de Charles III. Duc de Savoye.
Boniface VI. † 1530. sans Enfants. — Marguerite Epouse de Frederic Gonzague.
Guillaume Duc de Mantoue. — Louis Duc de Nevers.
Vincent. — Charles I.
Emanuel Francois III. † 1612. — Charles II.
Marie Epouse du Duc Charles de Nevers. — Charles III. Duc de Mantoue.
Charles IV. † 1707. sans Enfants.

Jolanthe Epouse d'Aymon Comte de Savoye.
Amadée VI.
Amadée VII.
Amadée VIII.
Louis.
Philippe.
Charles III.
Emanuel Philibert.
Charles Emanuel.
Victor Amadée.
Charles Emanuel.
Victor Amadée II.

convenu, que ſi le Marggrave, ou ſes fils venoient a manquer d'héritiers Mâles, alórs Jolanthe, ou ſes ſucceſſeurs hériteroient le Marquiſat de Montferrat.

A la mort de Jean George dernier des Marquis de Montferrat l'Empereur Charle V. inveſtit de ce Marquiſat Frederic II. Duc de Mantoue, qui avoit épousé Marguerite fille de Guillaume IX. Les Ducs de Savoye, qui dérivoient leurs droits de Jolanthe et des conventions matrimoniales faites entre Elle et le Comte Aymon, formérent opoſition a ces inveſtitures, et remirent tant de fois leurs prétenſions ſur le tapis, que ſecondés de la France ils entreprirent de ſe rendre juſtice, ne pouvants autrement y parvenir, et en effet par le traité de Ratisbonne de l'an 1630. et celuy de Quérasque de l'an 1631. ils obtinrent dabord une Partie du Montferrat, puis en 1708. la totalité.

Si la Savoye a éxercé le droit de retour conventionel fondé ſur les pactions matrimoniales de Jolanthe, ſi ce droit a trouvé faveur, pourquoy celuy, qui apartient a la Maiſon de Baviere, ſeroit il rejetté? peut étre dira-t-on, que Charle V. n'a point fait de cas de l'expectative aſſurée a Jolanthe, puisqu'il a inveſtis le Duc Frederic de Mantoue du Chef de Marguerite ſon Epouſe? on répliquera a cette objection, que ſi cet Empereur s'eſt déclaré contre la Savoye, c'a été principalement parcequ'il revoquoit en doute tantot l'exiſtance, tantot le ſens du titre; en tout cas s'il n'étoit point alórs incliné pour la Maiſon de Savoye, il a pensé plus favorablement pour celle de Baviere, puisque c'eſt par ſes ordres, que Ferdinand ſon frére a donné une de ſes filles au Duc Albert. La force des ſubſtitutions, qui apellent les filles du Teſtateur préférablement a celles de ſes fils, n'eſt pareillement point inconnuë en france, puisque dans l'affaire de la Principauté d'Orange l'on a vu le premier Parlement du Roiaume prononcer en faveur des Deſcendans de l'Héritiere ſubſtituée. (*).

Jean IV. Comte de Châlon, Poſſeſſeur de la Principauté d'Orange du Chef de Marie de Baux ſon Epouſe, avoit fait un un Testament, en vertu duquel au déffaut de son fils Louis et de ses Descendans Mâles il avoit substitué sa fille Alix Epouse de Guillaume Comte de Vienne et ses Successeurs. Malgré cette disposition le Comte Philibert se voyant sans Enfants en fit une autre, par laquelle il institua héritier son Neveu René fils de Claudine Epouse du Comte Henry de Nassau. Aprés la mort de Philibert, René prétendit a sa succession en vertu de l'institution d'héritier faite en sa faveur; le Duc de Longueville y prétendit aussy du Chef de son Epouse Jeanne, laquelle descendoit d'Alix héritiere substituée par le Testament paternel, surquoy l'affaire ayant été portée au Parlement de Paris, la Principauté d'Orange fut adjugée au Duc de Longueville par Arrét du 14. Novemb. 1682. et fait aujourd'huy partie des domaines de la France, ainsy quil est a voir par le traité conclu a Utrecht entre cette Couronne et celle de Prusse, a laquelle ont été donnés en échange quelques baillages dans la gueldre Espagnole. Si donc la substitution faite au proffit d'Alix soeur

(*) Affaire de la Principauté d'Orange.

Jean IV. Epoux de Marie de Baux héritiere de la Principauté d'Orange.

Louis de Châlon Prince d'Orange	Alix substituée par Testament paternel héritiere de la Principauté d'Orange; c'est d'Elle, dont la Maison de Longueville descend et a tiré ses droits.
Guillaume.	
Jean.	

Philibert. institue héritier son Neveu René.	Claudine. son Epoux Henry Comte de Nassau.	Jean Comte de Nassau.	
		Henry Comte de Nassau Epoux de Claudine.	Guillaume Comte de Nassau.
		René. institue héritier son Cousin Guillaume de Nassau.	Guillaume I. institué héritier par son Cousin René.
			Henry Frederic.
		Guillaume Prince d'Orange.	Louise Epouse de Frederic Guillaume de Brandebourg.
		Guillaume III. Roy d'Angleterre.	

Cadette de Louis a donné l'exclusion aux Descendans dud. Louis par la Princesse Claudine , a plus forte raison la substitution faite au profit de l'Archiduchesse Anne soeur Ainée de Charles de Stirie doit elle donner cette exclusion aux filles descendantes dud. Charles.

Parmis les Puissances , dont on vient de citer l'exemple, les unes étoient fondées sur des pactes successoires, les autres sur des actes de renonciation avec clause réservatoire, les dernieres sur des dispositions Testamentaires ; l'Electeur de Baviere se croit dans une position tout au moins aussy favorable, puisque seul il rassemble ces trois genres de titres, non y compris les anciens droits de sa Maison ; et si la totale extinction des familles étoit moins rare, il n'est point, qu'il ne fut en état de raporter un plus grand nombre de préjugés ; En tout cas ceux ci suffisent, ne fust-ce que pour justifier, que les filles du dernier Possesseur ne l'emportent pas toujours sur celles du premier acquéreur ou du premier fideicommittant, et que si Elles avoient toutes contre Elles des droits aussi certains, que ceux de l'Electeur de Baviere, il ne seroit pas possible d'en citer aucune, qui eut été admise a prendre possession des Etats délaissés par son Pére.

Cha-

Chapitre Sixieme.

Servant a prouver la nullité de la Pragmatique-Sanction, ainsi que des moiens, sur lesquels Elle est fondée.

A Juger des droits de la Grande Duchesse de Toscane par le contenu de ses rescrits circulaires; par les instructions, qu'Elle donne a ses Ministres; par les écrits, qu'Elle adresse aux Puissances de l'Europe; par les discours, qu'Elle fait politiquement répandre dans les Etats de l'ancienne Domination Autrichienne, on se laisseroit persuader, que l'ordre de succession, suivant que CHARLES VI. l'a réglé par sa prétenduë Pragmatique, ne s'écarte aucunement des loix et coutumes introduites depuis plus de 7. siecles en la Famille Archiducale d'Autriche; Que cet ordre est fondé sur nombre de privilèges aquis par la Maison de Habsbourg a titre des plus onereux, et finalement qu'il se trouve établi sur le droit divin, naturel et des Gens. Tel est aujourdhuy le langage familier de la Cour de Vienne.

Des faits avancés avec tant d'asûrance et si peu de fondements mettent la Maison de Baviere dans la nécessité de désiller les yeux du Public sur l'erreur, dont il a été jusqu'icy imbu, erreur, que l'on s'abstiendroit de découvrir, si la justice des droits de l'Electeur pouvoit se concilier avec les ménagements, que ce souverain voudroit conserver pour la mémoire de l'Empereur deffunt.

Lorsqu'aprés la mort de Charles II. le Roiaume d'Espagne devint vacant, l'Empereur Leópold forma le dessein d'y prétendre ; mais pour se rendre favorables les Puissances interessées a la conservation de l'Equilibre, et a qui la jonction de cette nouvelle Courone aux vastes Etats, dont il étoit possesseur, auroit pû causer ombrage, il crut applanir tous obstacles avenirs en faisant dresser un instrument, par lequel du consentement de son fils Ainé Joseph, qui y souscrivit, il céda ce Royaume a son fils Cadet Charles VI. qui au bas de cette cession mit son acte d'acceptation.

C'est donc la translation de la Couronne d'Espagne, ou des droits y prétendus, qui a fait l'unique objet et sujet des arrangements convenus entre le Pére et les deux fils ; au surplus l'on ne voit pas dans cette convention la moindre sillabe, qui régle, quant aux Royaumes de Hongrie et de Bohême, ainsi que quant aux autres Etats Autrichiens, aucun ordre de succession ni a l'égard des fils, ni a l'égard des filles ; le seul endroit, qui pourroit avoir quelque raport a l'hérédité, est la clause y insérée ? *Salvo semper evenientibus casibus totius Serenissimæ Domûs nostræ successionis jure et ordine*, clause, qui prouve, que Léopold ne songeoit point a déroger aux dispositions de ses ancêtres.

En 1711. l'Empéreur JOSEPH décéda et eut pour successeur son frére CHARLES VI.

En 1713. tems au quel les négociations de la paix de Rastadt étoient assés avancées pour qu'on pût prêvoir, que l'Electeur Maximilien seroit rétablis en ses Etats, Charles VI. projéta de faire un réglement nouveau, qui tendit indirectement a anéantir, ou du moins a éloigner les droits de la Maison de Baviere. Pour poser les premiers fondements de ce projet et pouvoir le faire passer comme la suite d'un précédent pacte de famille, il convoqua ses principaux Ministres d'Etat, et aprés leur avoir fait donner lecture de la disposition de l'Empéreur Léopold signée de Joseph et par luy acceptée, il entama un long discours, par lequel il déclara auxd. Ministres, que par la teneur de ces actes ils avoient entendus, qu'il y avoit un pacte de succession mutuelle entre les

deux

deux lignes Carolines et Joséphines , en vertu duquel entre autres arrivant le défaut des Mâles la fucceffion Autrichienne devoit échoir en premier lieu aux filles , qui naitroient de luy , puis (au défaut de fes Defcendans des deux Séxes) aux filles de la ligne Joféphine , et enfuite a celles de la ligne Léopoldine, toujours avec droit de primogeniture (*).

Aprés cette déclaration ambigûment faite , mais dont le fens vient d'étre raporté , il en fut dreffé une efpece de procés verbal et Charles VI. en ordonna l'enrégiftrement. Ce font cette déclaration , ce procés verbal , cet enrégiftrement, que l'on appelle aujourdhuy Pragmatique - Sanction.

L'Electeur abandonne au jugement de l'Europe entiére, fi l'on peut avec juftice donner le titre de pragmatique a un récit verbal , qui n'a roulé , que fur un étre imaginaire , fçavoir fur un pacte et fur un ordre de fucceffion , qui n'ont jamais été ni conclus , ni arêtés ? Si un fimple narré de ce qui s'eft paffé (quand même on le fupoferoit vray) peut avoir force de loy perpétuelle et immuable ? Enfin fi l'on peut regarder comme Conftitution fondamentale un enrégiftrement fait par des Miniftres , qui n'ont jamais ouis ce qu'on vouloit qu'ils euffent entendu ?

Charles VI. luy même s'eft fait fcrupule de rendre publique une piéce , dont il connoiffoit toutes les défectuofités ; C'eft pourquoy il en a gardé le Sécret jusqu'en 1719. et 1722. tems auquel il Maria les deux Archiducheffes Joféphines, fçavoir l'Ainée au Prince Electoral de Saxe et la Cadette au Prince Electoral de Baviere. Lòrs de ces mariages il éxigea

 non-

(*) Les piéces , auxquelles ce difcours fe référe font raportées ci aprés en leur entier et fe trouvent dans ROUSSET *intérêts préfents des Princes de l'Europe* Tom. I. p. 335. Dans les mémoires de LAMBERTI Tom. II. pag. 518. et fuiv. dans le fuplément du *Repos de l'Europe* par le Sieur. ZINCK.

Aurefte s'il fe trouvoit en effet un pacte fucceffoire , qui n'eut point encore paru, la Cour de Vienne feroit toujours condamnable de l'avoir jusqu'icy fuprimé , et celle de Munich excufable de s'étre laiffée induire a erreur avec le propre Commentateur de la Pragmati-

non ſeulement, que ces Princeſſes luy délivraſſent, ſauf leur droit de retour, des actes de renonciation, par lesquels Elles reconnuſſent, que l'ordre de ſucceſſion par luy établi étoit conforme a des pactes précédents (**), mais auſſi que les Princes leurs Epoux les autorizaſſent a renoncer (***), et que les Electeurs Regnants y accédaſſent; C'eſt ce qui fut fait; cependant avant de s'y réſoudre de la part de la Cour Electorale de Baviere, l'on délibera au Conſeil d'Etat, ſi ces autorizations ne porteroient point préjudice aux droits antérieurs de la Maiſon; il fut décidé, qu'on ne couroit aucun riſque et qu'il étoit même de la politique de ſe prêter de bonne grace a ce que l'Empéreur déſiroit, plûtot que de l'irriter par une reſiſtance et des dificultés, qui auroient pû porter les choſes a quelques vives extrémités.

La Cour de Vienne ſatisfaite d'avoir conduit jusques là l'affaire de la Pragmatique, ſans que Perſonne en eut encore découvert ou relevé les diformités, la rédigea en 1724. en une meilleure forme, mais le fond n'én eſt pas moins demeuré vicieux, ainſy qu'il ſera inceſſament prouvé.

En 1725. l'Empéreur avoit fait un traité avec l'Eſpagne, par l'Article 12. duquel cette Couronne ſe chargeoit de la Garantie de la Pragmatique; il ſollicita les Electeurs de Tréves et de Baviere d'accéder a ce traité, en leur mandant, ce ſont les termes de ſon écrit:

„Que cette paix ne contenoit rien, que ce que les traités „d'Utrecht, de Bade et de Londres, comme auſſy les „pa-

matique-Sanction, qui, quoyque cherchant a apuyer cette conſtitution ſur toutes ſortes de raiſonnements, ne reconnoit cependant luy même d'autre fondement, que l'acte de ceſſion de la Couronne d'Eſpagne du 12. Septembre 1703. ou l'on ne trouve pas le moindre mot d'aucune ſucceſſion mutuelle, bien moins encore de ſucceſſion des filles.

(**) *Juxtà morem in inclyta Domo Auſtriacâ jam dudum receptum et ſubinde per Pacta ac ſubſecutas declarationes & in ſpecie per declarationem die 19. Aprilis 1713. vim legis Sanctionis pragmaticæ & Pacti familiæ perpetui obtinentem &c.....*

(***) *Eamque voluntate, adſenſu & conſenſu noſtro authorizamus &c....*

„pactes ſolemnels convenus lórs des mariages des deux „Séréniſſimes Electeurs avec les Archiducheſſes.... ren„fermoient d'obligatoire &c.

Sur ces aſsûrances S.A.E. de Baviere conjointement avec l'Electeur ſon frere ne balança point a conclure à Vienne un traité en datte du 1. Decemb. 1726. dont le ſecond article porte,

„Secondement en éxecution de ce les deux ſusd. Séréniſſi„mes Electeurs accedent a la paix concluë icy a Vienne „le 30. Avril de l'Añée derniere 1725. entre ſon Imperia„le et Royale Majeſté & le Roy d'Eſpagne, s'engageants „et s'obligeants trés étroitement a tout ſon contenu et „notamment a ce qui s'y trouve expreſſément réglé et „ordonné par l'art. 12. au ſujet de l'ordre de ſucceſſion „de la Séréniſſime Maiſon Archiducale, ainſy qu'il a „été convenu et ſtipulé *dans les pactes matrimoniaux* ſus„allégués &c.

La Cour de Vienne ne prétendra vrayſemblablement point, que par cette acceſſion l'Electeur ſe ſoit déporté de tous ſes droits généralement quelconques. Elle ſçait, que quand il s'agit de renoncer a des Royaumes, a des États, a des domaines auſſy vaſtes que ceux, qui compoſent la ſucceſſion Autrichienne, il faut d'autres formalités, d'autres meſures, (a) et des avantages plus conſiderables qu'une dot de 100.m. fl. pour ſe déterminer a faire un ſacrifice auſſy important. D'ailleurs quand même l'Electeur auroit été aſſez facile pour ſouſcrire a un déport ſi univerſel, pouvoit il porter ce préjudice a ſa Maiſon, qui avoit des droits acquis *ex pacto & providentia Majorum?* ſon acceſſion au traité de Vien-

Ff ne

(a) Reinhard de pacto hæreditatis renunciativo hæredes & ſucceſſores non obligante, §. 17. haud continentur tamen in iſtis renunciationibus res, quæ ſeparatam ab illis, quibus renunciatum, naturam habent, & ex ſingulari & longè diverſa ab ea, in qua renunciatio facta, cauſa defferuntur, quia renunciationes, in quibus de futuris emolumentis amittendis agitur, in dubio ſtrictam interpretationem admittunt. Strick de Succeſſ. ab inteſt. diſſert 8. cap. 10. §. 49. ſeqq.

ne estant donc restrainte et rélative *aux pactes matrimoniaux*, tout ce qu'il a fait ne peut influer que sur les interêts de l'Electrice. Ce ne sont point ces interêts, qu'il poursuit aujourdhuy, il en a de plus anciens, et si en traitant alórs avec la Cour de Vienne il ne les a pas mis sur le tapis, tout le monde l'aprouvera d'avoir sçu par son silence éviter des brouilleriës prématurées en suspendant de faire paroitre des prétensions, qui ne devoient avoir effet qu'au moment de l'extinction des Males de la Maison d'Autriche.

La Cour de Vienne ne fut pas sans S'apercevoir, que celle de Munich se tenoit sur ses gardes contre tous les piéges, qu'on luy tendoit, demaniere qu'Elle eut recours a la Diéte de l'Empire, a qui l'Empereur fit présenter un memoire, autrement dit décret de commission impériale en date du 18. Octobre 1731.

La demande contenuë en ce mémoire tendoit a obtenir la garantie de l'Empire, mais il n'étoit pas possible de s'en promettre aucune réussite, qu'on ne donna a cet Ouvrage des aparences d'équité, afin que l'Empire se laissa plus facilement engager. L'on y avança, que la Pragmatique étoit fondée,

1. Sur les anciens priviléges de la famille et sur des pactes héréditaires (a).

2. Sur les renonciations et acceptations, qui avoient précédé la déclaration du 19. avril 1713 (b).

3. Sur l'éxemple de l'Angleterre (c).

4.

(a) „Que cette affaire doit d'autant moins rencontrer de dificultés, „que l'ordre de succession dans l'illustre Maison d'Autriche est fondé „depuis plusieurs siécles sur les priviléges et libertés acquis avec l'aprobation de l'Empire, sur les pactes héréditarires &c....

(b) Confirmé par les engagements et acceptations respectives, dont il est fait mention cidessus.

(c) De la même maniere, qu'elle (parlant de la garantie) a été acceptée par la Couronne d'Angleterre.

4. Sur la justice, que contenoit une Constitution, qui ne tendoit au préjudice de Personne (e).

5. Sur la conservation de l'équilibre si nécessaire au repos de l'Allemagne (e).

Quant au premier point, il est étonnant, qu'on s'y raporte a une quantité de priviléges, tandis qu'on n'en connoit aucun, qui puisse autoriser la Pragmatique.

Il seroit superflu de faire icy mention des priviléges des Empéreurs Jules Cesar et Neron, non plus que de celuy de Henry IV. parcequ'independament de ce que ces actes n'ont aucune connexité avec la matiére agitée, plusieurs Auteurs, même Autrichiens, les traitent d'imaginaires et de fabuleux (f). L'on écartera encore ceux des priviléges, qui ne sont pareillement que confirmatifs, ou étrangers aux faits controversés, pour ne raporter, que les dispositions rélatives a l'affaire de la succession Autrichienne.

Entre les priviléges effectifs accordés aux Ducs d'Autriche le plus ancien est celuy de Frederic Barberousse de l'an 1156. dans lequel il est dit:

„Etsi, quòd Deus avertat, Dux Austriæ sine hærede filio decederet, „idem Ducatus ad seniorem filiam, quam reliquerit, devolvatur.

La conséquence, que la grande Duchesse de Toscane tire

de

(d)„ Cette Garantie, qu'on demande, ne tend point a préjudicier a Personne, mais uniquement a défendre ce qui apartient a un chacun.

(e)„Prévenir tout ce qui pourroit dans la suite troubler la paix et la tranquillité de l'Europe et en renverser la balance.

(f) CUSPINIEN, qui étoit Chancellier et Conseiller de l'Empéreur MAXIMILIEN I. dit en son traité de Austria ad vit. Ernesti strenui p. 596. *Quod autem Privilegia Idem* HENRICUS *Imperator Marchioni confirmasse fertur, quæ Julius Cæsar, quæ Nero dicuntur donasse meræ nugæ sunt, à quodam impudenti fatuo, qui rationem temporum non observavit, confictæ, quod, cùm dudum observâssem, tanquam rem frivolam & vanam tandem reperi à* FRANCISCO Petrarcha *in Epistola ad* CAROLUM IV. *longè latéque confutatum, & irrisum; si cui legére vacat, Epistolarum senilium, ut nunc vocant, adeat* Lib. 16. *& intelliget, id quod verum est: Hæc plane mendacia sunt, nescio à quo demente & insano Scriptore conficta ad emerendum hujus terræ Principum favorem; sed ignoravit ille nebulo: mendacium nullum posse senescere.*

de cette Conſtitution, eſt, qu'étant la fille Ainée du dernier des Ducs d'Autriche, Elle eſt la ſeule, a qui ce Duché doive être dévolu.

L'on a fait voir dans le premier Chapitre, qu'envain la grande Ducheſſe cherchoit a ſe prévaloir de cette diſpoſition.

I. Parceque ce privilége n'a été octroyé qu'a la Maiſon de Baviere-Autriche, et nullement a celle de Habsbourg, laquelle n'étoit point alórs connuë aux Environs du Danube, et n'avoit aucune part au ſacrifice, qu'a fait Henry Jaſamergott en ſe déportant de la Baviere, ſacrifice, en conſideration duquel le privilége a été accordé.

II. Parceque ce même privilége ne permettant pas, que l'Autriche ſorte de la ſouche, ou de la famille, a laquelle Elle a toujours apartenu, ne reprendra ſa force, que quand ce Duché ſera repaſſé a la Maiſon, dont il formoit le patrimoine.

III. Parceque Rodolphe Comte de Habsbourg y eſt formellement contrevenu, ſoit en inveſtiſſant conjointement ſes deux fils ALBERT et RODOLPHE, ſoit en traitant ce Duché de fief purement maſculin.

IV. Parceque la derniere Maiſon d'Autriche l'a pleinement aboly, en aboliſſant par de fréquents partages (g) le droit de primogeniture, qui cependant étoit étably par ces mots: *Inter Duces Auſtriæ, qui ſenior fuerit, dominium habeat dictæ terræ.*

Mais quand on feroit abſtraction de toutes ces obſervations pour ne s'arrêter qu'au ſens du privilége de FREDERIC, encore ſelon ce ſens les droits de l'Electeur prévaudroient-ils toujours a ceux de la Grande Ducheſſe, vu que ces mots *Senior Filia* ne ſignifient pas précíſément la fille Ainée délaiſſée par le dernier Duc, mais la fille Ainée c'eſt a dire la premiere née, la plus ancienne de la famille; deméme que *Seni-*

(g) V. cy aprés la feuille ſoús la lette O dans laquelle tous ces partages ſont fidelement détaillés.

Senior Filius n'eſt pas néceſſairement un fils, ou un deſcendant en ligne directe du dernier Poſſeſſeur, mais celuy, qui au défaut de ces Deſcendants ſe trouve l'Ainé des branches collaterales.

La Cour de Vienne non contente d'interpréter peu exactement le privilége de FREDERIC, en fait encore une fauſſe aplication en confondant avec l'Autriche la Bohême et la Hongrie, et en prétendant, qu'en vertu de ce privilége la fille du dernier Duc a droit ſur ces Royaumes.

Suivant ce Syſtéme il faudroit admettre, que la Bohême et la Hongrie ne forment qu'un acceſſoire de l'Autriche; Que deux Etats Monarchiques reçoivent la loy d'un Pays, qui cydevant n'étoit qu'un ſimple Margraviat rélévant des Ducs de Baviere; Que FREDERIC Barberouſſe, qui ne pouvoit prévoir, que les Ducs d'Autriche deviendroient un jour Rois de Hongrie et de Bohême, a néantmoins entendu établir la régle, ſelon laquelle il ſeroit ſuccedé a ces deux Royaumes; Enfin qu'il n'a pas été permis a celuy, qui en étoit le premier acquereur, d'en diſpoſer ſelon ſes déſirs et ſelon ceux de la Reine, qui les luy avoit aportés en mariage. Une opinion auſſy peu raiſonnable ne mérite pas, qu'on perde du tems a la combattre.

RODOLPHE I. n'a rien réglé, qui aſſura a la fille du dernier Poſſeſſeur le droit de primogeniture et d'indiviſibilité, ayant au contraire fait dans ſa Maiſon des établiſſements totalement différens de ceux, que FREDERIC Barberouſſe avoit introduit dans celle de Baviere-Autriche.

Soûs le régne de FREDERIC III. le Duc Louis de Baviere pour empécher, que les priviléges, que les Ducs d'Autriche obtenoient, ne devinſſent préjudiciables aux droits et prétentions de ſa Maiſon, en impétra un datté de l'an 1478. par lequel l'Empéreur, qui cependant étoit de la famille Archiducale, déclara en termes formels, que tous les priviléges émanés de luy, ou de ſes Ancêtres ne pourroient jamais nuire a la Maiſon de Baviere (h). Ce privilége a tant d'étenduë,

(h) V. ce privilége ſoûs la lettre H.

duë, que son contenu seul pourroit servir de réponse a tous les moyens, dont la Grande Duchesse fait parade; mais l'Electeur de Baviere perdroit de ses avantages, s'il s'y fixoit et s'il ne continuoit l'examen de ceux, qui ont suivis.

MAXIMILIEN a testé, mais d'une façon peu conforme aux loix de la primogeniture, puisqu'il a institué héritiers par portions indivises ses deux fils CHARLES V. et FERDINAND; Ainsy sa disposition ne contient rien, dont la Grande Duchesse puisse faire un util employ.

L'an 1530. CHARLES V. en confirmant les priviléges de sa Maison a pensé en même tems a l'ordre de succession et a pris pour modéle le privilége de FREDERIC Barbe-berousse, dont il a suivis les expressions avec cette seule différence, qu'il les a rendu en langue Allemande (i); voicy comme il s'est expliqué:

„L'Ainé et aprés luy son fils Ainé possédera héréditaire-„ment la souveraineté du Pays, defaçon néantmoins, „que ce Pays ne sorte point de l'Agnation, et que ledit „Duché ne soit jamais partagé; mais si lesd. Princes „venoient a manquer d'héritiers Mâles, en ce cas „l'Archiduché et Pays en dépendants échoiront a sa fil-„le Ainée.

Selon ces termes le droit de primogeniture est accordé dabord a l'Ainé, aprés luy a son fils Ainé, aprés celuy ci aux autres

---

(i) Ce privilége de CHARLES V. est suspecté par nombre d'Auteurs, parcequ'il se trouve raporté dans les uns *sine die & consule*, et dans les autres avec des dates diférentes. Il ne paroit même pas, que l'Empire ait jamais fait grand cas des privileges de la Maison d'Autriche, car lorsque les contestations entre cette Maison et les Chapitres de Trente, de Brixe et de Kempten furent portées a la Diete de l'an 1654. les Electeurs et Princes s'expliquerent a cette occasion et dirent, que "pour ce qui concernoit les priviléges allegués par l'Envoyé „d'Autriche, on sçavoit les respecter en tant que la Sérénissime „Maison d'Autriche les avoit obtenu par des voyes légitimes, „qu'iceux n'aient point été obtenus au préjudice des autres Etats, „et qu'ils aient été mis en usage et en observance.

V. le protocol de la susd. Année.

autres Princes, et enfin au deffaut des Mâles a ſa fille Ainée. Ce pronom adjectif *Sa* eſt néceſſairement rélatif a un nom précedent; il ne l'eſt pas aux Princes, ni aux Mâles, qui viendront a manquer, parcequ'autrement l'Empereur pour ne pas pêcher contre les régles de la grammaire auroit dit *leur* fille Ainée; il ne l'eſt pas au dernier Mâle et Poſſeſſeur, puisque dans tout le texte il n'eſt pas la moindre queſtion du dernier des Ducs; il faut donc, qu'il le ſoit a cet Ainé, qui délaiſſe pour héritiers les Princes ſubſéquents et aprés Eux *Sa* fille Ainée.

Si l'on veut une autre façon plus ſimple pour aproffondir l'éſprit et le ſens de ce paſſage, il n'y qu'a en retrancher les périodes du milieu, dans lesquelles il ne s'agit que de l'indiviſibilité de ce Duché et de la deffenſe de l'aliener, puis raprocher le commencement avec la fin, on trouvera:

„ L'Ainé et aprés luy ſon fils Ainé *et au deffaut des Mâles* ſa fille „ Ainée.

Il faudroit ignorer la langue pour ne pas convenir, que cette Ainée ſubſtituée au deffaut des Mâles eſt la fille de ce premier Ainé, qui ſe trouve placé a la tête de tous, et que demême qu'aprés luy il a été fait mention de *ſon fils Ainé*, il a auſſy été parlé enſuite de *ſa fille Ainée*, et non de l'Ainée du dernier Poſſeſſeur. Paſſons a préſent de l'explication a l'aplication.

FERDINAND comme fondateur de la ligne d'Allemagne, et a qui CHARLES V. par le traité de 1540. avoit abandonné toutes ſes prétenſions aux Etats, qu'il s'étoit reſervé, étoit rélativement a cette ligne l'Ainé de tous ceux, qui en ſont provenus, ainſy ſon fils Ainé et ſes autres Deſcendans Mâles ayant manqué, il faut en conformité de la déclaration de CHARLES V. rétrograder a ſa fille Ainée, qui eſt la Princeſſe ANNE, et ne plus ſortir de la ligne par Elle formée jusqu'a ce qu'Elle ſoit entierement éteinte. Ce Monarque pouvoit mieux que tout autre interpréter le privilége emané de ſon frére, et s'il n'en a point donné l'interprétation par un acte formel, il l'a donné par un titre équivalent en ſubſtituant ſa fille Ainée a ſes fils et a leurs Deſcendans Mâles.

FERDINAND II. a fait un Teſtament, dans lequel il établit la primogeniture entre ſes fils, n'ordonnant rien au regard des filles, ſinon qu'Elles ſeroient tenuës de renoncer a ſa ſucceſſion; Cependant il n'a pas dans la ſuite éxigé d'Elles cette renonciation, eſtimant qu'étant excluës par les filles de Ferdinand I. il étoit indifferent, qu'Elles renonçaſſent, ou ne renonçaſſent pas.

Léopold a fait entre ſes fils Joſeph et Charles une diſpoſition, par laquelle il aſſûre au premier les Pays d'Allemagne avec les Royaumes de Hongrie et Bohême, et au ſecond la Couronne d'Eſpagne avec les Pays-bas Eſpagnols. Au ſurplus il ne ſe trouve en cet acte, ni en celuy d'acceptation délivré par Charles aucun mot concernant les filles, ainſi qu'il a été cidevant obſervé.

Si dans tout ce détail il n'eſt pas poſſibile de découvrir un ſeul privilége, qui favoriſe les prétentions de la grande Ducheſſe de Toſcane, l'on y trouve encore bien moins ces pactes héréditaires, qui font la bâſe de la Pragmatique; en tout cas ſi la Cour de Vienne en connoit, Elle eſt invitée a en donner communication, afin qu'on puiſſe en raiſonner plus pertinemment.

Secondement pour ce qui eſt des renonciations et acceptations antérieures a la déclaration de 1713. on n'en ſçait d'autres, que celles contenuës dans les actes, par lesquels Joſeph a renoncé a la Couronne d'Espagne, afin que cette Couronne put étre cédèe a ſon frère Charles, et par lesquels Charles a acceptè cette ceſſion. Ces faits ont ſi peu de raport a l'ordre de ſucceſſion ètabli par Charles VI. quant aux filles, qu'on ne peut aſsès s'ètonner, comment jusqu'icy on s'eſt laiſsè aveugler au point de croire, que cet Empèreur n'a rien ſtatuè, qui n'eut dèja ètè règlè par des diſpoſitions et conventions prècèdentes.

Troiſiemement l'èxemple, qu'a donnè l'Angleterre en ſe chargeant de la garantie, ne pouvoit faire la loy a l'Empire,

et

et il eſt a préſumer , que cette Couronne ſe fut autrement comportée, ſi contre toutes les régles on ne luy eut caché les piéces, qui devoient étre jointes a la déclaration de 1713. et ſi contre toute verité on ne l'eut aſſûré , que le droit de primogeniture et d'indiviſibilité avoit toujours été obſervé dans la Maiſon d'Autriche. *Ordine ac jure primogenituræ indiviſibilis nunquam non obſervato.* Ces termes ſont ainſi raportés dans le traité même.

Quatriemement pour ce qui concerne la queſtion ſçavoir, ſi la Pragmatique-Sanction ne tend a préjudicier a Perſonne, ainſi que Charles VI. en a aſſuré toute l'Europe , l'Electeur de Baviere laiſſe a décider, ſi vouloir le priver d'une ſucceſſion a luy dévoluë par tant de titres diférents, c'eſt ne rien commettre, qui tende au préjudice du tiers , et ſi les Puiſſances garantes ſe fuſſent prêtées a ce qu'on exigeoit d'Elles , ſi les droits de Baviere leurs euſſent été auſſi connus , qu'ils le ſont aujourdhuy (k).

En cinquiéme et dernier lieu quand l'Empereur, pour procurer plus d'accès a ſa Pragmatique, a inſinuè aux Etats d'Allemagne, qu'Elle tendoit a maintenir l'équilibre ſi néceſſaire au repos et a la tranquilité de l'Empire, ces inſinuations n'étoient qu'illuſion toute pure : Car s'il s'agiſſoit de débattre icy cette matiére, il ſeroit très facile de dèmontrer par les évènements paſsès , que la paſſion de dominer, qui a toujours gouverné la Maiſon d'Autriche, a plus attirè de guerres dans l'Empire, qu'Elle n'en a parè, et que la libertè des Etats a plus ſouffert ſoûs le règne imperieux des Archiducs , qu'Elle n'auroit fait ſoûs celuy d'une Puiſſance moins ambitieuſe ; d'ailleurs la conſervation de l'èquilibre ne peut jamais ſervir de prètexte, pour autoriſer l'injuſtice et priver le vèritable proprietaire du bien , qui luy apartient ; l'èquitè doit toujours l'emporter ſur toutes autres vuës politiques , et n'admet la

 ba-

(k) Si l'Empire s'eſt déterminé a accorder la Garantie , il eſt censé ne l'avoir fait qu'avec la clauſe, dont on ſe ſert d'ordinaire a la Daterie ; *ſi preces veritate nitantur.*

balance, que quand Elles peuvent ſe concilier enſemble (l).

Une bonne harmonie entre les Etats de l'Empire, des confœderations faites a propos et Rèligieuſement obſervèes (m) èquipollent a tout èquilibre; En tout cas il ne ſera rien diminuè a celuy, que la Puiſſance Autrichienne formoit, ſi la ſucceſſion de Ferdinand I. vient a paſſer a la Maiſon de Baviere, qui rèuniſſant a ſes domaines, ceux que Charles VI. poſſedoit, ſe verra toujours en ſituation de contrebalancer les forces les plus redoutables, ſurtout lorsque les Etats voudront la ſeconder.

Lorsqu'il fut queſtion de faire accepter la Pragmatique par les ſujets des Pays-bas Eſpagnols, l'Empèreur pour rectiffier celle de 1713. la fit rèdiger en forme de lettres patentes et n'y insèra pas moins pluſieurs faits purement imaginès. Cela ſe remarque dans les paſſages ſuivants:

„Savoir faiſons &c.... que les Empèreurs des Romains, „Rois et Archiducs d'Autriche nos Ancêtres ſe ſont donnè par un effet de tendreſſe paternelle et par une prèvoyance pleine de ſageſſe beaucoup de ſoins pour „établir dans nôtre Auguſte Maiſon une rêgle et forme „de ſucceſſion pour y étre a perpetuité immuablement „ſuiviё et obſervée par toute leur Poſterité *de l'une et l'autre Séxe &c....*

Charles VI. a voulu faire entendre, qu'il y avoit déja des

(l) V. H. Grotius de J. B. & P. Lib. II. Cap. I. §. 17. *Ferendum minimè eſſe, quod quidam tradiderunt, jure Gentium arma rectè ſumi ad imminuendam potentiam creſcentem; qua nimium aucta nocere poſſet. Fateor in conſultationem de bello & hoc venire, non ſub ratione juſti, ſed ſub ratione utilis, ut ſi ex alia cauſa juſtum ſit bellum, ex hac cauſa prudenter quoque ſuſceptum judicetur. Nec aliud dicunt, qui in hanc rem citantur AA. Sed ut vim pati poſſe, ad vim inferendam jus tribuat, ab omni æquitatis ratione abhorret; ita vita humana eſt, ut plena ſecuritas nunquam nobis conſtet. Adversùs incertos motus à Divina Providentia, & ab innoxia cautione, non à vi præſidium petendum eſt.*

(m) Le Comte de Colloredo en ſes Eléments du droit des gens l. 4. c 7. §. 7. et 9. donne des notions fort judicieuſes ſur l'équilibre et démontre, que quand on ne peut y parvenir, que par des voiës injuſtés, il vaut mieux recourir a celle des confœderations.

des dispositions antérieures a la Sienne, par lesquelles l'ordre de Succession quant aux filles étoit réglé; cependant on n'en connoit absolument aucune, que celle de FERDINAND I. trop contraire aux vuës de cet Empéreur pour qu'il prétendit en parler.

„Qu'entre autres l'Empereur FERDINAND II. nôtre „trés honoré Bisayeul &c. a réglé l'ordre de la Succes„sion entre les Archiducs ses fils et leurs Descendans „Mâles &c.... en ordonnant, que les filles renonças„sent a l'Hérédité &c..... sauf toutefois leur droit de „retour &c....

FERDINAND I. comme Chef de la branche d'Allemagne, comme premier Aquereur des Roiaumes de Hongrie et de Bohême devoit naturellement étre placé a la tête de Ceux, qui ont testé au sujet de la Succession Autrichienne, mais CHARLES VI. en a voulu dérober la connoissance a ses sujets en ne les instruisant que du testament de FERDINAND II. encore de quelle façon a-t-il donné ces instructions? en suposant, que FERDINAND II. avoit réservé aux filles le droit de retour, tandis que cet instrument ne contient absolument rien, qui concerne les filles, sinon qu'Elles renonceront a la Succession purement et simplement.

„Que le même ordre a été suivi par feu l'Empéreur LEO„POLD &c. Lequel comme Chef de nôtre Auguste „Maison et *Seul* en droit de disposer de ses Roiaumes et „Provinces Héréditaires a établi le même Majorat par „le partage, qu'il a fait le 12.e Septembre 1703. entre „nôtre trés cher et trés Aimé frére l'Empereur JO„SEPH &a... et Nous.

Ce passage renferme deux contradictions, qui sautent aux yeux. La premiere consiste en ce que CHARLES VI. immédiatement aprés avoir parlé de la disposition de FERDINAND II. qu'il cite comme une loy de famille, attribue a

Léopold ſeul le pouvoir de diſpoſer de ſes Roiaumes et Pays héréditaires, pendant que ce pouvoir luy étoit ôté par les diſpoſitions antérieures; la ſeconde, en ce qu'il avance, que Léopold a établi un majorat par le partage, qu'il a fait, pendant que le majorat et le partage ſont deux établiſſements, qui ſe contrarient, car ſelon le majorat les Pays-bas par exémple ne pouvoient étre ſéparés des Pays Autrichiens; ſelon le partage ils paſſoient en d'autres mains, que celles du Poſſeſſeur de l'Autriche.

„Et pour plus de ſûreté il ajouta (*parlant de Léopold*) a ce „traité de trés ſolemnels pactes de Succeſſion, ou de „famille &c... dans leſquels ſusdits pactes et conven„tions de Succeſſion a été auſſi *diſpoſée et réglée la manie„re, dont les Archiducheſſes ſe doivent ſuccédèr au défaut des „mâles,* ſi le cas y échoit jamais &c...

CHARLES VI. réitere icy ce qu'il avoit débité dans ſon diſcours de l'an 1713. ſçavoir, qu'il n'établiſſoit aucune nouveauté, et qu'il y avoit des pactes de famille et de Succeſſion mutuelle, qui régloient la Succeſſion féminine donnants a ſes filles la préférence ſur les autres. Tant que ces pactes ne paroitront point, l'on ſera en droit de les traiter d'imaginaires.

Plus bas CHARLES VI. déclare, qu'il déroge a la pragmatique Sanction faite par Charlequint en 1548. (*). d'ou l'on pourroit inférer, que puisqu'il renverſoit ainſi d'Autorité les ſiſtemes établis par ſes Prédeceſſeurs, il ne devoit point ſe flatter, que ſes Succeſſeurs a leur tour ne culbutaſſent auſſi les ſiens.

Aprés

(*) „ Et ce non obſtant le réglement et ancienne loy touchant la „ſucceſſion des Princes desd. Pays-bas établië dans lesd. Pays par la „Pragmatique-Sanction de l'Empéreur Charles V. du 4. Novemb. „1549. et toutes coutumes d'aucunes de nosdites Provinces, aux„quelles pour les cauſes et conſiderations ſusdites avons de notre„dite autorité et pleine puiſſance dérogé et dérogeons; en ce que „la ſusdite Sanction et coutume ne ſeroient conformes a nôtre „préſente diſpoſition.

Aprés tant d'obſervations ſur la Pragmatique, l'on ne peut que conclure, que cette Conſtitution, bien loin d'avoir pour fondements ces anciens priviléges, uſages et pactes de famille ſi vantés, et cependant ſi peu effectifs, ou du moins ſi peu aplicables, n'eſt au contraire, qu'un tiſſu d'irrégularités, de ſuppoſitions et de contradictions, et que d'ailleurs, quand même on feroit abſtraction de toutes ces nullités, il ſuffiroit, que Ferdinand I. en réglant l'ordre, dans lequel il feroit ſuccédé a ſes Etats, *au cas qu'il ne reſta que des filles*, ait donné a ſes Deſcendants une loy, dont il ne leur étoit plus permis de s'écarter par des diſpoſitions contraires.

Chapitre Septieme.

Servant de récapitulation des Précédents.

Il a été démontré *dans le premier Chapitre.*

QU'aprés la mort de Fréderic le Belliqueux dernier des Ducs de la branche Bavaroiſe-Autrichienne dite de Babenberg, les Ducs de Baviere de la branche Bavaroiſe de Wittelsbach devoient ſucceder, ſoit comme Agnats et Deſcendans des anciens Ducs d'Autriche, ſoit comme ſouverains du Duché de Baviere, dont le Margraviat d'Autriche avoit autresfois dépendu, ſoit comme munis du privilége de frederic Barberouſſe, qui ne permettoit point, que l'Autriche ſortit de la famille;

Que contre la téneur de ce privilége abolis du depuis en tous ſes points, contre la juſtice duë aux Ducs de Baviere, contre la force des proteſtations par Eux formées, l'Empereur Rodolphe de Habsbourg avoit inveſtis de ce Duché ſes fils Albert et Rodolphe;

Dans le ſecond Chapitre, Que, quoyque par deux diſpo-

 ſitions

ſitions des plus autentiques Conradin ait nommé et inſtituè les Ducs de Baviere ſes héritiers et donataires univerſels des Domaines, qu'il poſſedoit en Svabe , donations, qui furent enſuite ſolemnellement confirmées par Rodolphe et par les Electeurs de l'Empire , néantmoins ce même Rodolphe avoit d'autorité caſsé et révoquè le tout par les inveſtitures données a ſon fils Cadet.

Dans le troiſieme Chapitre , Que Ferdinand par ſon Teſtament avoit nonſeulement inſtituè ſon héritiere l'Archiducheſſe Anne, dont ſon Alteſſe Electorale aujourdhuy Régnante deſcend, mais qu'il l'avoit auſſi ſubſtituée tellement, qu'arrivant le défaut des Mâles de la Maiſon Elle ou ſes Deſcendans devoient a l'excluſion des filles procréées de ſes fils ſuccéder au regard des Royaumes de Hongrie et de Bohême, demême que quant a l'Autriche et Pays en dépendants;

Dans le quatrieme Chapitre, Que les conventions matrimoniales arêtées par forme de tranſaction entre le Duc Albert de Baviere et l'Archiducheſſe Anne agiſſant ſous l'autorité du Roi Ferdinand ſon Pére contenoient un véritable pacte de ſucceſſion, en vertu duquel la ſubſtitution réglée par le Teſtament au proffit de cette Princeſſe et notamment de ſes hèritiers, arrivant le dèfaut des Mâles, avoit ètè nonſeulement renouvellèe, mais ètenduë même ſur tous les Aquets, que feroient poſtèrieuremenr les Poſſeſſeurs Mâles de la ſuccéſſion Autrichienne;

Que Ferdinand n'avoit en cela rien ordonnè, qu'il n'eut le pouvoir de faire, et qui ne fut conforme tant au privilège de Frederic Barberouſſe, qu'a celuy de Charles V.

Qu'indèpendanment de ces diſpoſitions les Deſcendants de la Princeſſe Anne ètants de la ligne primogeniale rèlativement a Charles de Styrie, dont la grande Ducheſſe de Toſcane deſcend, devoient dans l'ordre de ſucceſſion linèale avoir la prèferance, ainſi que le cas eſt dècidè par le ſentiment des Auteurs les plus accrèditès;

Dans

Dans le cinquiéme Chapitre, Que la renonciation faite par l'Archiducheſſe Anne conformément a ſes pactions matrimoniales et aux dernieres volontés du Roi ſon Pére, avec clauſe rêſervatoire pour Elle et pour ſes Deſcendants de ſes droits héréditaires et Prétenſions actueles a la Succeſſion Autrichienne, lorsque les mâles viendront a manquer, eſt d'un ſi grand poid, que de l'avis des plus fameux Publiciſtes elle a annulé *ipſo facto* toutes les diſpoſitions poſterieures faites au préjudice de cette reſérve.

Enfin que, ſi l'on conſulte les diférents éxemples et préjugés arrivés et rendus dans les cas, ou il y a eu, ou des droits anciens, qui ont repris vigueur par l'extinction de la Maiſon, qui les avoit uſurpé; Ou des Teſtaments, qui ont réglé l'ordre de Succeſſion tel, qu'il devoit étre obſervé dans la Famille du Teſtateur; Ou des contrats de mariage portants ſubſtitution en faveur des Princeſſes y dénommées; Ou des actes de renonciation avec la clauſe reſervatoire *arrivant lé défaut des Mâles*, l'on a toujours vu les filles du dernier Poſſeſſeur excluës de la ſucceſſion par celles, ou les héritiers de celles, qui y ont été apellées par un des actes cy détaillés; Combien a plus forte raiſon l'Electeur de Baviere, qui ſeul réunit en luy tous ces moiens, doit il exclure la Grande Ducheſſe de Toſcane?

L'on ne trouve parcontre rien de ſolide dans la deffenſe de la Grande Ducheſſe de Toſcane. Recourrera-t-Elle encore aux privileges de ſa Maiſon?

Il n'y en a point d'anterieurs au Regne de Rodolphe, qu'Elle ſoit en droit de s'attribuer, et de ceux, qui ſont poſterieurs, on n'en voit d'autres, que celuy de CHARLES V. qui concerne l'ordre de ſucceſſion; mais ce privilège, qui ſert d'explication a celuy de FREDERIC Barberouſſe et qui en outre ne regarde aucunement les Royaumes de Hongrie et de Bohême, n'incline pas pour la fille du dernier Poſſeſſeur; C'eſt a la plus ancienne de la famille, qu'il donne la prefférance;

Eſt ce ſur la Pragmatique Sanction de l'an 1713. que la Grande Ducheſſe fondera ſes droits ?

Elle ſçait que CHARLES VI. n'a pu diſpoſer d'une ſucceſſion, qui depuis plus d'un ſiécle et demy étoit affectée a un fideicommis, ainſy qu'a un droit de retour conventionel. Dailleurs la façon, dont cette Pragmatique a été fabriquée, eſt ſi vicieuſe, qu'il eut été de l'Honneur de la Cour de Vienne de la ſupprimer plutot que de la produire.

Eſt-ce des actes de renonciation et d'acceptation de l'an 1722. ainſy que de l'acceſſion a la paix de Vienne ſignés et convenus par ſon Alteſſe Electorale, que la Cour de Vienne tâchera de ſe prévaloir ?

Si cette Cour veut ſe donner la peine de faire une attention ſérieuſe a l'esprit de ces actes, Elle avouëra, que tous les engagements, que S. A. E. a contracté, ſont purement rélatifs aux conventions matrimoniales faites avec l'Archiducheſſe AMALIE ſon Epouſe, des interets de laquelle ſeule il s'agiſſoit lòrs de ces renonciations, acceptations et acceſſions.

Eſt ce ſur la Garantie des Puiſſances externes et de l'Empire, que la Grande Ducheſſe ſe repoſera ?

Si l'ordre de ſucceſſion établis par CHARLE VI. avoit été, comme il l'a partout inſinué, conforme aux anciens droits, privilèges, libertés et pactes ſucceſſoires de ſa Maiſon; ſi, comme il l'a aſſuré, cette Sanction ne portoit préjudice a Perſonne, un établiſſement ſelon luy ſi plein d'équité devoit le préſerver des ſecretes inquietudes, que la refflexion ſur les droits de Baviere luy cauſoit, et ſi (pour reprendre les mêmes termes, que ceux, dont la Cour de Vienne ſe ſert) la ſucceſſion d'Autriche eſt devoluë a la Grande Ducheſſe en vertu des loix divines, natureles et civiles, CHARLES VI. ſon Pére pouvoit il avoir de meilleurs Garants? qu'etoit il néceſſaire, qu'il prit tant de précautions? (*)

Dans

(*) Toutes les piéces citées dans ce Chapitre et le précédent a l'occaſion de la Pragmatique Sanction ſe trouvent a la fin du préſent ouvrage ſoùs la lettre S.

Dans le dernier refcrit circulaire émané de Vienne cette Cour a affecté de dire d'un ton railleur et badin, que la *volumineufe Deduction* depuis longtems défirée ne demeuroit vraifemblablement en arriere, que parceque la Baviere ouvroit les yeux fur la foibleffe de fes prétenfions ; l'on voit aprefent combien cette mauvaife plaifanterie étoit mal placée ; et fi en effet la Déduction eft devenuë *volumineufe*, c'eft la multitude des titres et des moiens, qui militent pour la Séréniffime Maifon de Baviere, ce font les artifices et l'adreffe de la Cour de Vienne a donner des tournures ambiguës aux actes et documents les plus clairs, qui ont occafionné ce gros volume, dans lequel on a cru ne devoir rien omettre de tout ce qui peut convaincre l'Univers entier de la Juftice des droits de l'Electeur. (*)

(*) C'eft pour la confervation de ces droits, qu'on a infinué l'acte de proteftation ci aprés foús la lettre T. L'on en a encore fignifié un autre a l'occafion du dernier Couronnement de Presbourg.

PIECES JUSTIFICATIVES

ALLEGUÉES

EN

LA PRÉSENTE

DÉDUCTION.

Lettre A.

V. la table Genealogique de la Maiſon de Baviere.

Lettre B.

Copie du jugement arbitral, ou diplome de l'Empereur FRIDERIC I. par lequel ont eté terminées les conteſtations entre HENRI ſurnommé JASAMERGOTT Duc de Baviere et HENRI le LION Duc de Saxe, le Marggraviat d'Autriche erigé en Duché et conferé aud. HENRI JASAMERGOTT. du 15.e Septembre 1156.

In Nomine Sanctæ & Individuæ Trinitatis.

FRIDERICUS Divina favente clementia, Romanorum Imperator Auguſtus. Quanquàm rerum commutatio ex ipſa corporali inſtitutione poſſit firma conſiſtere, vel ea quæ legaliter geruntur, nulla valeant refragatione convelli; ne qua tamen poſſit eſſe geſtæ rei dubietas, noſtra debet Imperialis Auctoritas præcavere.

Noverit igitur Omnium Chriſti Imperiſque noſtri fidelium præſens ætas, & Succeſſura poſteritas, qualiter nos Ejus cooperante gratia, àquo cœlitùs in terram pax eſt miſſa hominibus, in Curia Generali Ratisponæ in Nativitate S. Mariæ Virginis celebrata, in præſentia multorum Religioſorum, & Catholicorum Principum, litem & controverſiam, quæ inter dilectiſſimum Patrum noſtrum Henricum Ducem Auſtriæ, & chariſſimum Nepotem noſtrum Henricum Ducem Saxoniæ diu agitata fuit de Ducatu Bavariæ, hoc modo terminavimus: quod Dux Auſtriæ reſignavit Ducatum Bavariæ, quem ſtatim in beneficium conceſſimus Duci Saxoniæ. Dux autem Bavariæ reſignavit Nobis Marchiam Auſtriæ cum omni jure ſuo, & cum omnibus beneficiis, *quæ quondam Marchio Luipoldus habebat, à Ducatu Bavariæ.* Ne autem in hoc facto minui videatur honor & gloria dile-

dilectiſſimi Patrui noſtri : de Conſilio , & Judicio Principum, Wladizlao Illuſtri Duce Bohemiæ ſententiam promulgante , & omnibus approbantibus, Marchiam Auſtriæ in Ducatum commutavimus , & eundem Ducatum cum omni jure præfato Patruo noſtro Hainrico, & Prænobiliſſimæ Uxori Suæ Theodoræ in Beneficium conceſſimus , perpetuali jure ſancientes , ut ipſi, & Liberi eorum poſt eos , indifferenter Filii , & Filiæ , eundem Ducatum Auſtriæ hæreditario jure à Regno teneant , & poſſideant. Si autem prædictus Dux Auſtriæ Patruus Noſter , & Uxor ejus absque liberis deceſſerint ; libertatem habeant eundem Ducatum affectandi , cuicunque voluerint. Statuimus quoque , ut nulla Magna , vel parva Perſona in ejuſdem Ducatûs Regimine, ſine Ducis conſenſu vel permiſſione aliquam Juſtitiam præſumat exercere. Dux verò Auſtriæ de Ducatu ſuo aliud ſervitium non det Imperio, niſi quod ad Curias , quas Imperator præfixerit in Bavaria, veniat ; nullam quoque Expeditionem debeat , niſi fortè, quam Imperator in Regna vel Provincias Auſtriæ vicinas ordinaverit. Cæterùm ut hæc noſtra Imperialis Inſtitutio omni ævo rata , & inconvulſa permaneat , præſentem inde paginam conſcribi , & ſigilli noſtri impreſſione inſigniri juſſimus , adhibitis teſtibus idoneis , quorum Nomina ſunt hæc : Pilgrinus Aquilegienſis Patriarcha, Eberhardus Archiepiſcopus Salzburgenſis , Otto Epiſcopus Friſingenſis , Conradus Epiſcopus Bambergenſis , Hartmannus Ratisbonenſis , & Tridentinus Epiſcopus, Dominus Welffo Dux , Conradus frater Imperatoris , Friderici Filius Regis Chunradi , Hermannus Dux Carinthiæ , Marchio Engelbertus de Iſtria , Marchio Albertus de Padem , Diepoldus, Heinricus Palatinus Comes de Rheno. Otto , & Frater ejus Fridericus , & alii quam plures. Signum Domini Friderici Romani Imperatoris invictiſſimi. Ego Reinoldus Cancellarius vice Arnoldi Moguntinenſis Epiſcopi, & Archicancellarii recognovi. Regnante Domino Friderico Romanorum Imperatore in Chriſto. Datum Ratisponæ XV.Kal Octobris , indictione quarta , Dominicæ Carnationis. MCLVI. anno Regni ejus quinto , Imperii ſecundo feliciter Amen.

Lettre C.

Copie du Privilege accordé par ce même Empereur aux Ducs d'Autriche. du 15.e Sept. 1156.

Fridericus Divina favente Clementia Romanorum Imperator Auguſtus. Quanquam rerum commutatio ex ipſa corporali inſtitutione poſſit firma conſiſtere, nec ea , quæ legitimè geruntur, ulla poſſint refragatione convelli , ne tamen rei geſtæ , ulla poſſit eſſe dubietas , Imperialis debet intervenire auctoritas. Noverit igitur omnium Chriſti, Imperiique & noſtri fidelium præſens ætas , & futura poſteritas, qualiter Nos ejus cooperante gratia , à quo cælitus Pax miſſa eſt hominibus ſuper terram , in generali noſtra Curia Ratisbonæ , in Nativitate Sanctæ Mariæ

Mariæ celebrata, in præsentia multorum Religiosorum, & Catholicorum, litem & controversiam, quæ inter charissimum nostrum Patruum, Henricum Ducem Austriæ, & inter Nepotem nostrum charissimum. Henricum Ducem Saxoniæ, diu agitata extitit, *super Ducatu Bavariæ, & super Marchia à superiori parte fluminis Anasi* terminavimus hoc modo, quod Dux Austriæ resignavit Nobis Ducatum Bavariæ, & dictam Marchiam, quos tenebat, qua resignatione facta, mox eundem Ducatum Bavariæ in Beneficium contulimus Duci Saxoniæ; prædictus verò Dux Saxoniæ cessit, & renunciavit omni Juri & actioni, quas habebat ad dictam Marchiam, cum omnibus suis juribus, & beneficiis. Ne autem in hoc facto honor & gloria Patrui nostri charissimi aliquatenus minuatur, de consilio & judicio Principum, Illustri Wladislao Duce Bohemiæ sententiam promulgante, quam cæteri Principes approbabant, Marchionatum Austriæ, & dictam Marchiam supra Anasum, commutavimus in Ducatum, Eundémque Ducatum cum subscriptis juribus, Privigeliis & gratiis omnibus, liberalitate Cæsarea contulimus prædicto Henrico nostro Patruo charissimo, Prænobili suæ Uxori Theodoræ, & *liberis eorundem*, ob singularem favorem, quo erga dilectissimum Patruum nostrum Henricum Austriæ, ejus Conthoralem Prænobilem Theodoram, & eorum successores, nec non erga terram Austriæ, quæ Clippeus & cor Sacri Romani Imperii esse dignoscitur, afficimur, de consilio & assensu Principum Imperii, dictis conjugibus, eorum in *eodem Ducatu Successoribus, nec non præfatæ terræ Austriæ*, subnotatas constitutiones, concessiones, & indulta, auctoritate Imperiali, in Jura plena & perpetua redactas, donavimus liberaliter, vigore præsentium & donamus: Primò quidem, quod Dux Austriæ, quibusvis subsidiis seu servitiis tenetur, nec esse debet obnoxius sacro Romano Imperio, nec cuiquam alteri, nisi ea de sui arbitrii fecerit libertate, eo excepto duntaxat, quod Imperio servire tenebitur in Ungariam, duodecim viris armatis per mensem unum, sub expensis propriis in ejus rei evidentiam, ut Princeps Imperii dignoscatur; nec pro conducendis Feodis requirere, seu accedere debet Imperium extra metas Austriæ, verùm in terra Austriæ sibi debent sua feuda conferri, per Imperium & locari. Quod si sibi denegaretur, ab Imperio requirat, & exigat litteratoriè trina vice, quo facto justè possidebit sua feuda sine offensa Imperii, ac si ea corporaliter conduxisset. Dux etiam Austriæ non tenetur aliquam Curiam accedere edictam per Imperium, seu quemvis alium, nisi ultrò & de sua fecerit voluntate, Imperium quoque nullum feudum habere debet Austriæ in Ducatu. Si verò Princeps aliquis, vel alterius status persona nobilis, vel ignobilis, cujuscunque conditionis existat, haberet in dicto Ducatu Possessiones ab ipso Jure feudali dependentes, has nulli locet seu conferat, nisi eas prius conduxerit à Duce Austriæ memorato, cujus contrarium si fecerit, eadem feuda ad Ducem Austriæ devoluta liberè sibi ex tunc jure proprietatis, & directi Dominii pertinebunt, Principibus Ecclesiasticis & Monasteriis exceptis, duntaxat in hoc casu. Cuncta etiam sæcularia Judicia, Bannum sylvestrium & ferinarum, piscinæ, & nemora in Ducatu Austriæ, debent jure feudali à Duce Austriæ dependere. Etiam debet Dux Austriæ de nullis oppositionibus, vel objectis quibuscunque, nec coram Imperio, nec aliis quibuslibet, cuiquam respondere, nisi id suâ propriâ & spontaneâ facere voluerit voluntate, sed si voluerit, unum locare poterit de suis Vasallis ſeu Homolegiis, & coram illo, ſecundùm terminos præfixos, parere poteſt & debet juſtitiæ complemento. Inſuper poteſt idem Dux Auſtriæ, quando impugnatus fuerit ab aliquo de duello, per unum idoneum non minorennitatis maculâ detentum, vices ſuas prorsùs ſupplere, & illum ipſa eadem die, ſeu Princeps, vel alius quiſquam pro alicujus nota infamiæ non poteſt impetere, nec debet impugnare. Præterea, quidquid Dux Auſtriæ in Terris ſuis, ſeu diſtrictibus ſuis fecerit, vel ſtatuerit, hoc Imperator, neque, alia potentia, modis ſeu viis quibuſcunque, non debet in aliud quoquo modo impoſterùm commutare: *Et ſi, quod Deus avertat, Dux Auſtriæ ſine hærede filio decederet, idem Ducatus ad ſeniorem filiam, quam reliquerit, devolvatur: Inter Duces Auſtriæ, qui ſenior fuerit, Dominium habeant dictæ terræ, ad cujus etiam ſeniorem filiam, Dominium jure hæreditario deducatur, ita tamen, quod ab ejuſdem ſanguinis ſtipite non recedat.* Nec Ducatus Auſtriæ ullo unquam tempore diviſionis alicujus recipiat ſectionem. Si quis in dicto Ducatu reſidens, vel in eo poſſeſſiones habens, fecerit contra Ducem Auſtriæ occultè, vel publicè, eſt dicto Duci in rebus & corpore ſine gratia condemnatus. Imperium, dicto Duci Auſtriæ contra omnes ſuos injuriatores debet auxiliari & ſuccurrere, quod juſtitiam aſſequatur. Dux Auſtriæ principali amictus veſte, ſuperimpoſito Ducali pilleo, circumdato ſerto pinnito, baculum habens in manibus, equo aſſidens, & inſuper more aliorum Principum Imperii, conducere ab Imperio feoda ſua debet. Dictis Ducis inſtitutionibus & deſtitutionibus in Ducatu ſuo Auſtriæ eſt parendum; Et poteſt in terris ſuis omnibus tenere Judæos & Uſurarios publicos, quos vulgus vocat Bauvertſchin, ſine Imperii moleſtia & offenſa. Si quibuſvis Curiis publicis Imperii Dux Auſtriæ præſens fuerit. Unus de Palatinis Archiducibus eſt cenſendus; & nihilominus in conſeſſu, & inceſſu, ad latus dextrum Imperii, poſt Electores Principes obtineat primum locum. Dux Auſtriæ donandi, & deputandi terras ſuas cuicunque voluerit, habere debet poteſtatem liberam. Si, quod abſit, ſine hæredibus liberis decederet, nec in hoc, per Imperium debet aliqualiter impediri. Præfatus quoque Ducatus Auſtriæ habere debet omnia & ſingula jura, privilegia, & indulta, quæ obtinere reliqui principatus Imperii dignoſcuntur. Volumus etiam, ut ſi diſtrictus & Ditiones dicti Ducatûs ampliati fuerint, ex hæreditatibus, donationibus, emptionibus, deputationibus, vel quibuſvis aliis devolutionum ſucceſſionibus - præfata jura, privilegia & indulta, ad augmentum dicti Dominii Auſtriæ plenariè referantur. Et ut hæc noſtra Imperalis Conſtitutio omni ævo firma & inconvulſa permaneat, præſentes litteras ſcribi, & ſigilli noſtri impreſſione fecimus inſigniri, adhibitis idoneis teſtibus, quorum nomina ſunt hæc. Pilgerinus Patriarcha Aquileienſis. Eberhardus Saliſburgenſis Archiepiſcopus. Otto Friſingenſis Epiſcopus. Conradus Patavienſis Epiſcopus. Eberhardus Babenbergenſis. Hartmanus Brixenſis. Harthnicus Ratisbonenſis & Tridentinus Epiſcopus. Dominus Vuelfo. Dux Conradus frater Imperatoris. Fridericus filius Regis Conradi. Henricus Dux Carinthiæ. Marchio. Engelbertus de Hyſtria. Marchio Adalbertus de Staden. Marchio Diepaldus. Herimanus

Co-

Comes Palatinus de Rheno. Otto Comes Palatinus, & frater ejus Fridericus. Eberhardus Comes de Sulzbach. Rodulphus Comes de Swinsheutt. Albertus Comes Hallensis. Eberhardus Comes de Barchuse. Comes de Buthena; Comes de Peilstein, & alii quàm plures.

Signum Domini FRIDERICI Romanorum Imperatoris invictissimi.

Ego RAINALDUS Cancellarius Vice-Archi Moguntini Archi-Episcopi & Archi-Cancellari recognovi.

Datum Ratisbonæ xv. Cal. Oct. Indict. iv. annô Dominicæ Incarnationis M.C.LVI. Regnante Domino Imperatore Augusto in Christo feliciter. Amen. Anno Regni ejus V. Imperii II.

Lettre D.

Copie du Diplome, par lequel l'Empereur Rodolphe reconnoit avoir été élu Roy des Romains par Louis Duc de Baviere, en qui les autres Electeurs de l'Empire avoient compromis.

RUDOLFUS Dei gratia Romanorum Rex semper Augustus; universis præsentia inspecturis, in perpetuum declaramus, quod præsidentibus nobis Curiæ apud Augustam Idibus May solempniter celebratæ, & constitutis ibidem in præsentia nostra Illustrium Principum Ottokari Regis Bohemiæ Nunciis, & Henrici Ducis Bavariæ Procuratoribus, subortaque inter eos quæstione super quasi possessione Juris eligendi Romanum Regem; per Procuratores dicti H. Ducis, & Illustrem Ludovicum Comitem Palatinum Rheni Ducem Bavariæ, filium nostrum Charissimum fuit propositum, ratione Ducatus Bavariæ, hoc eis competere ex antiquo. Idémque; noster filius L. coram nobis; cunctisque; Principibus, Prælatis, Baronibus, Militibus, & universo Populo, qui eidem Curiæ assidebant, extitit publicè protestatus, quod prædictus Dux H. frater ipsius olim electioni incly ti Richardi Romanorum Regis nostri Prædecessoris, unà cum ipso præsentialiter cum cæteris Principibus Coelectoribus interfuit; & in eum uterque direxit legaliter votum suum, eundem in Romanum Regem, unà cum aliis ComPrincipibus Jus in hoc habentibus eligendo. Deinde verò electionis tempore Franckenfurtæ de nobis ab omnibus Principibus jus in electione habentibus concorditer celebratæ, per Nuncios & Procuratores ejusdem Ducis Henrici videlicet Henricum præpositum OEtingen, & Fridericum Rectorem Ecclesiæ de Lantshut; ipsius absentiam propter impedimenta legitima legitimè excusantes;

præsente Venerabili Berchtoldo Babenbergen Episcopo Procuratore prædicti Regis Bohemiæ, & contradicente quidem ipsis Procuratoribus, sed ipsius contradictione à Principibus, Electoribus omnibus, tam Ecclesiasticis, quàm Sæcularibus non admissâ, in dictum L. Comitem Palatinum nostrum filium unà cum aliis Principibus omnibus, qui in nos direxerant suà vota, prout jam dicti Procuratores in Mandatis receperant, concorditer exstitit compromissum, qui commissum hujusmodi in se recipiens, *suo, & dicti H. Ducis fratris sui, ac omnium aliorum Principum jus in Electione habentium auctoritate, & nomine in Romanum Regem solemniter nos elegit*, Vocibus eorundem fratrum Ducum Bavarie Comitum Palatini Rheni ratione Ducatûs pro unà in septem Principum jus in electione Regis Romani habentium numero computatis, prout etiam in prædicta Curia Augusten. vivæ nostræ vocis elogio, utrique ipsorum in præsentia nunciorum præfati Regis Bohemiæ, videlicet Venerabili Wernhardo Seckouien. Episcopo, Magistro Henrico Præposito Werden. Commendatore Domûs Theutonice per Austriam, & Wolfingo Magistro Hospitali S. Johannis de Murpergæ, ac omnium ibidem præsentium Principum, Prælatorum, ac Baronum recognovimus, & recognoscimus manifestè, in hujus rei Testimonium, & perennem memoriam prædictorum, præsentes eis litteras donavimus, nostro Regali Sigillo, necnon subscriptorum Testium Sigillis munitas. Qui sunt Hartmannus August. Episcopus Hiltprandus Eisteten. Henricus Tridentinus Episcopus de sancto Gallo de Augea Abbates. Rudolfus Cancellarius noster. Ex Laicis verò Filius noster Ludovicus Comes Palatinus Rheni Dux Bavariæ. Philippus Dux Karinthiæ. Meinhardus Comes Tyrolen. Fridericus Burggravius de Nürnberg. Henricus Marchio de Burgaue. Ulricus de Helfenstain. Ludovicus de OEtingen. Albertus, & Burchardus de Hochenberg. Henricus de Fürstenberg. Tybaldus de Pirreto, & Ludovicus de Honberg, Comites Henricus, & Berchtoldus de Niffen, Albertus de Pruckperch. Hermannus de Hagiuberch, Volkmarus de Chemnaten, & Marquartus filius suus, Winhardus de Rorbach, Henricus de Prisingen, & alii quàm plures, Actum & datum Augustæ. Anno Dominicæ Incarnationis millesimo ducentesimo, septuagesimo quinto, Regni verò nostri Anno secundo.

Lettre E.

Copie de l'acte contenant la donation faite par le Duc Conradin a Louis Duc de Baviere, du 23. avril 1263.

In Nomine Sancte, & individue Trinitatis Amen.

CHUNRADUS Secundus Dei gratia Jerusalem, & Sycilie Rex, Suevie Dux, ut *sinceris bonovolentie favoribus, quibus Nos Karissimus*

mus Avunculus Noster Lodevicus inclytus Comes Palatinus Rheni , Dux Bavar , patriis affectibus , tanquam filium unicum educavit , respondeamus liberaliter , eosdem remuneratione debita , & merita transcendentes tenore presentium universis Christi fidelibus , presentibus , & futuris notum fieri volumus , *quod Nos eidem Avunculo nostro LODO : omnes proprietates nostras , in quibuscunque terris sitas , ad nos generaliter , & specialiter , a quibuscunque nostris Progenitoribus , ex jure hereditario , & proprietario devolutas , cum omnibus hominibus , majoribus , & minoribus juribus , honoribus , dignitatibus , Dominiis Terre Civitatum , Castrorum , Oppidorum , quorumlibet , & Villarum , necnon aliis bonis , & rebus , cultis , & incultis , quesitis , & inquirendis. Agris , pratis , pascuis , silvis , viis , & inviis , aquarum decursibus , & generaliter omnibus pertinentiis , in quibus tam nobis , quàm progenitoribus nostris jus in eisdem proprietatibus competebat , si , quod absit , sine heredibus nos decedere contingerit , donavimus pleno jure proprietatis perpetuo possidendas.* Hoc incluso , quod de eisdem proprietatibus tam consorti nostræ , si qua nobis processu temporis ex Dei arbitrio fuerit sociata , quam etiam in remissionem nostrorum peccaminum nobis dare liceat , celitus inspirati , quod nobis videbitur expedire. Donum promisimus , pura fide , & nos *per scripta presencia obligamus , ut omnia feoda nostra eidem avunculo nostro conferri disponamus , & etiam fideliter procuremus , adhibita unà cum avunculo nostro sollicitudine , & diligentia diligenti à Dominis , de quibus eadem feuda dignoscimus possidere.* Ad cujus rei memoriam , & robur predicte nostre donationis perpetuo valiturum presens privilegium fieri , & Regii nostri Karacteris impressione cum subnotatis testibus jussimus insigniri. Testes autem sunt Dominus Chounrad Venerabilis Abbas de Roth , Meinhardus Comes Goritiæ , & Tyrolen : Henricus Comes de Eschiloh , & Henricus filius suus , Bertholdus Comes de Eschiloh. Manhardus Comes de Rotinecke , Henricus de Sevelt. Bernhardus , & Gebhardus de Walheim. Hermanus junior de Hiernheim. Volkmarus , Markwardus filius suus de Keminata. Hermanus de Haginberch. Chunradus de Schwangow. Wernherus de Tablat. Bartholomeus de Wale. Ulricus de Fawndulpch. Chunradus , & frater filii sui Grimolt , & Henricus de Preisingen. Gebhardus & frater de Vllwen. Bertoldus Dapifer de Walpurch. Henricus de Lovbinch. Hermanus dictus Vottoman. Chunradus de Schwarzimbch. Chunradus de Witenrott. Rotwertus junior de Lechnspech. Henricus de Berneke. Chunradus de Stromperk. Hartmanus Tarand. Chunradus de Barswile Protholve de Oenspch. Sifridus Plebanus de Ribinbch. Chunradus Plebanus de Ebisse Albertus , & Ulricus Notarii , & alii quàm plures. Actum & datum in claustro Wilntin anno Domini M. CC, LX. tertio sexto decimo Kalendas May. septim. indict.

Lettre F.

Copie 'd' un ſecond acte de Donation daté d' Augsbourg le 24. Octob. 1266.

CUNRADUS Secundus, Dei gratia Jeruſalem & Sycilie Rex, Dux Suevie per preſens ſcriptum notum facimus univerſis preſentibus, & futuris intuentibus ſeriem hujus ſcripti, *quod nos conſiderato ipſo, & ſincero affectu, quo nos avunculi noſtri Kariſſimi Ludovvicus, & Henricus Illuſtres Comites Palatini Rheni, Duces, Bavarie fideliter educarunt, & adhuc quaſi patres unicum Filium ſuum ulnis gratuite benevolentie favorabiliter amplectuntur, ipſis univerſa bona noſtra, ſive Patrimonialia, ſive feudalia, cum omnibus hominibus noſtris utriuſque ſexûs quocunque titulo ad nos pertinentibus, tam in partibus Germanie, quàm latinis, ſi abſque liberis legitimis deceſſerimus ex hac vita, donavimus pleno jure perpetuò liberè poſſidenda, ad hujus* itaque rei obſervantiam, & ſtabilem predictorum omnium firmitatem preſentem literam noſtro, & Venerabilium Patrum Domini Eberhardi Conſtantienſis Eccleſie Epiſcopi, & Domini Pertholdi Abbatis Sancti Galli, & dilectorum fidelium noſtrorum, Friderici Comitis de Tvirhendigen. Friderig Burggravii de Nurenpch. Henrici Marchionis de Burgau. Et Friderici Comitis de Zoler ſigillis, cum ſubnotatis teſtibus juſſimus communiri. Teſtes autem ſunt, Fridericus Dux Auſtrie, & Stirie, Marchio de Baaden Meinhardus Comes Goritie Tyrolenſis, Bertholdus Comes de Grafſpach. Bertholdus Comes de Oeſchenloh. Ulricus de Gundelfingen, & Degenhardus filius ſuus de Heilzſtain, Fridericus, de Haſviach, Hermanus, Rudolfus, Fridericus, & Her manus de Hurnhaiy, Albertus Leuzmann Alberto de Prukkeberch. Otto de Puirhſel. Bruno de Riſenburch. Kunradus, & Kunradus, Comites de Mosburg. Gebhardus de Wilhaij, Waldherus Pincerna de Limburch. Hainricus Camavius de Ravenſpurg Volchmarus de Komnata, & Marquardus filius ſuus. Hainricus, & Kunradus Pincerne de Binterſtereij. Eberhardus Dapifer de Walpurg. Bertholdus de Fronhofen. Kunradus Chriſtophorus de Fluglingen. Hermanus de Haizenberg Arnoldus de Meſſenhauſen. Grimoldus, Hainricus, & Kunradus de Priſingen. Hainricus, & Winhardus de Rorbach. Ulricus de Kamerberch, Otto de Frawenberg. Fridericus de Stauffeneke. Hainricus de Gſalfried, & alii quàm plures. Datum apud Auguſtam anno Domini Incarnationis milleſimo ducenteſimo LXVI, nono Kalendas Novembris.

Lit.

Lettre G.

Copie du diplome, par lequel l' Empereur RODOLPHE I. confirme les donations, que CONRADIN dernier Duc de Svabe a faites de tous ſes biens patrimoniaux tant fiefs, qu' allodiaux. du 1. Mars 1272.

RUDOLFUS Dei gratia Romanorum Rex ſemper Auguſtus univerſis Romani Imperii fidelibus. In perpetuum Longingitate temporis plerumque accidit, ut & geſta hominum, & contractuum efficacia in oblivionem veniant, licet initio utiliter, & neceſſario forent memorie commendanda, propter quod Scripturarum apices dubietalis ſcrupulos, & obtenebrate Reminiſcentie caliginem ſui claritate Luminis repellentes, meroris palpitationes invio ad directionis ſemitas dirigunt, obcecatóſque ignorantie nubilo ad contemplandam veritatem actorum impertitis, & gerendorum à poſteris illuminant, & ſerenant. Ea propter ne impoſterum revocari valeat in dubium cujuſdam Contractus donationis ab inclite memorie Chunrado illuſtris Regis Chunradi filio quondam divi Imperatoris Friderici Nepote fratre ſuo Avunculo illuſtri Principi Lodewico Comiti Palatino Rheni Duci Bavarie preſentem paginam conſcribi precepimus ad dictæ donationis memoriam ſempiternam. donatio talis eſt. *Primo donavit, & tradidit ipſe Chunradus predicto Avunculo ſuo memorato Duci Lodevvico omnia bona Patrimonialia, videlicet oppidum Schongavv, Caſtrum Peuthengeu Ambergevv. Curiam ſuper montem. Curiam Stauffen, villam Eglingen, villam Durinhaim. Villam Mehringen cum toto Heubiſche. Caſtrum Schvvabekke. Caſtrum & oppidum Werde. Caſtrum Tapheim novum forum cum toto officio Berngau, & novo Caſtro. Caſtrum Schennberg, que pro dote, & in dotem quondam ſue Matri Eliſabeth Sorori illuſtrium principum predicti Lodevvici, & Henrici Ducum Bavarie à Patre ſuo Rege Chunrado fuerant aſſignata. Dein omnia alia bona ſua ſive eſſent patrimonialia, ſive alia quecunque, que ad ipſum proprietatis titulo pertinebant. Inſuper omnia bona feodalia.* Videlicet advocatiam Harſpruhke & Villekke, Amberch. Aurbach. Cum Caſtro Hochenſtein, & omnibus pertinentiis omnium predictorum tam in bonis quàm hominibus, que quondam Pater ſuus predictus Rex Chunradus à Babenbergenſe Eccleſia habuit infeodata, ceſſit, donavit, & tradidit, ſupra dicto ſuo Avunculo pleno jure. Nos itaque de favoris, & gratie plenitudine, quibus ipſum Palatinum Comitem Rheni, & Ducem Bavarie Lodewicum proſequimur, *juris beneficio ſibi nihilominus ſuffragante omnem donationem, traditionem de predictis omnibus in ipſum factam, ratam & gratam habentes*, ipſámque approbantes authoritate Regia preſentibus confirmamus in evidens, & efficax teſtimonium rei geſte noſtréque confirmationis ſuperaddite preſens ſcriptum noſtri Sigilli munimine roborantes. Datum Hagenaugie anno Domini M. CC. LXXIII. in Kalendis Martij. Indictione ſecunda Anno Regni noſtri primo.

Lettre H.

Copie des reverſales, ou de la déclaration de l' Empereur FREDERIC III. par leſquelles il eſt dit, que les Priviléges accordés aux Archiducs d' Autriche ne pourront nuire a la Maiſon Electorale de Baviere. du 3. Fevrier 1478.

NOus Fréderic par la grace de Dieu Empereur des Romains toujours Auguſte, Roy de Hongrie, Dalmatie, Croatie &c. Duc d'Autriche, de Stirie, de Carinthie et de la Carniole, Souverain du Windiſchmarck et Portenaw, Comte de Habsbourg, du Tirol, de Ferrette et de Kybourg, Marggrave de Burgau et Landgrave d' Alſace &c. Savoir faiſons par ces préſentes a tous et un Chacun, que Louis Comte Palatin du Rhin et Duc de Baviere nôtre cher oncle et Prince, ainſi que la Maiſon de Baviere ayant obtenu de nos Prédéceſſeurs, de Nous, du ſaint Empire et autrement differentes graces, libertés et priviléges, anciens uſages et droits, tandis que d'un autre Côté nos Prédéceſſeurs et Nous avons ſoit comme Empereur, ſoit comme Roy des Romains octroyé toutes ſortes d'autres libertés, Priviléges et Confirmations, qui peutêtre pourroient déroger et porter préjudice a Ceux de Notred. Oncle et Prince le Duc Louis, ainsi qu'a la Maiſon de Baviere, Nous en qualité d'Empereur et ſur les trés Humbles prieres, que Nous en a fait led. Duc Louis avons dé-

déclaré et ordonné, ainsi que par les préſentes et en vertu de nôtre pouvoir imperial nous déclarons ſciemment et voulons, que lesd. libertés, priviléges, et confirmations, de qui élles puiſſent avoir eté accordées ne pourront jamais porter la moindre diminution, dommage, ni déchez aux libertés, anciens uſages et droits de Notredit Amé Couſin et Prince, de ſes Héritiers et de la Maiſon de Baviere, mais qu'ils pourront ſans empéchement quelconque ſe ſervir, ainſi qu'ils s'en ſont ſervis jusqu'a préſent de ces mémes graces, libertés, priviléges, anciens uſages et droits, ſauf néanmoins tous droits et jurisdictions a Nous compétants et au ſaint Empire. En foy dequoy les préſentes ont été ſcellées de nôtre ſceau imperial. Données a Grätz le troiſieme Fevrier l'an depuis la naiſſance de nôtre Seigneur mil quatre cent ſoixante et dix huit, de nôtre Régne comme Roy des Romains le trente huitiéme, de nôtre avénement au thrône de l'Empire le vingtſixieme et de nôtre Régne en Hongrie le dix Neuvieme.

Lettre I.

EXTRAIT

Du Contract de mariage entre ALBERT V. Duc de Baviere, et l'Archiducheſſe Marie fille de FERDINAND I. Roy des Romains, duquel contract il a été convenu entre led. Ferdinand, et le Duc Guillaume IV. de Baviere, l'un & l'autre ſtipulant pour leurs Enfants. Du vingt deuxieme avril mil cinq cent trente cinq.

N. I.

NOus *Ferdinand* par la grace de Dieu Roy des Romains, toujours Auguſte, Roy de Germanie, de Hongrie, de Bohême, de Dalmatie, de Croatie et de l'Eſclavonie, Infant d'Eſpagne, Archiduc d'Autriche, Duc de Bourgogne, Styrie, Carinthie, Carniole et Würtemberg &c..... Comte du Tyrol &c..... et Nous *Guillaume*, ainſi que Nous *Louis* fréres par la même grace Comtes Palatins du Rhin, Ducs de la haute et basse Baviere &c..... Confessons et faisons a sçavoir par ces présentes a un chacun, que sur les négociations et les ordres exprés du trés Sérenissime, trés puissant Prince et Seigneur *Charles* Cinquieme Empereur des Romains, toujours Auguste, Roy de Germanie, d'Espagne, des deux Siciles, de Jerusalem, de Hongrie, de Dalmatie, Croatie, Archiduc d'Autriche, Duc de Bourgogne & de Brabant, Comte de Flandre et du Tyrol, nôtre chére frére et Seigneur, même trés gracieux Seigneur, comme aussy par l'Honorable nôtre Cher Pieux et trés digne le Sieur *Jean* Elû Archevêque de Lunden et confirmé Evéque de Koschild, Commissaire et Chancellier établi par Sad. Majesté Impériale, il a été bonnement et amiablement et a l'adjonction des Conseillers de part et d'autre a ce commis et munis de procuration suffisante *convenu* au nom du Tout puissant et pour l'accroissement, augmentation et afermissement de l'amitié et de la confiance entre les deux Maisons d'Autriche et de Baviere, *d'un mariage* entre la Reine *Marie* fille de Nous Roy *Ferdinand* et le Duc *Albert* fils de Nous Duc *Guillaume*, a l'occasion de quoy le contract en a été dressé a Lintz le vendredy onziemé du mois de Septembre l'an mil cinq cent trente quatre, lequel contract est conçu de mot a mot comme S'ensuit : Premierement que Sa Majesté Royale promet et s'engage d'accorder et de donner pour femme légitime au jeune Duc Albert de Baviere sa fille Marie, ou une autre, aucas que cette autre en convienne avec le Prince, comme aussi de donner a sa fille une dot de cinquante mil florins monnoie du Rhin, chaque florin a raison de cinq batzes; en outre pour un présent de Noces pareillement cinquante mil florins monnoie susdite ; le jeune Duc Albert assûrera parcontre lesd. cinquante mil florins de dot par une somme pareille de cinquante florins du Rhin même valeur et fera en outre une *Morgen-Gaab* de dix mil florins ;

Il a été cependant principalement convenu et accordé et le mariage n'a même été arrété qu'a cette condition, que le Duc *Albert* fils actuel du Duc *Guillaume* sera et demeurera aprés la mort de son Pere Seigneur et souverain Régnant en Baviere, et que désapresent le Duc *Guillaume* de Bavie-

Baviere S'engagera et S'obligera pour luy et pour ſes autres fils avenirs, au cas qu'il luy en ſurvienne, qu'aprés ſon décés ſond. fils le Duc *Albert*, a qui la jeune Reine ſera mariée, ſera et demeurera ſeul Seigneur et ſouverain Régnant ; et quand d'autres de ſes fils avenirs auront ateint l'âge de Majorité, iceux S'obligeront et S'engageront pareillement a reconnoitre le Duc *Albert* ſeul Seigneur et ſouverain Régnant en Baviere.

N. II.

Avant la conſommation la jeune Reine (*Marie*) en conſidération de la dot cy deſſûs convenuë renoncera par des actes a ce néceſſaires a toute Succeſſion paternelle et maternelle, avec cette réſerve néanmoins, que ſi les Mâles de la Maiſon d'Autriche (parmis lesquels Sa Maj. Imper. Romaine (*Charlequint*) auſſy bien que Sa M. R. avec tous leurs Deſcendans Mâles indiſtinctement doivent étre compris et entendus) venoient a manquer, et que ce fût au tour des filles a hériter, en ce cas la jeune Reine et ſes héritiers hériteront comme cohéritiers ce qu'ils devront hériter de droit, comme ſi jamais il n'étoit ſurvenu de renonciation, laquelle renonciation ſera par le jeune Prince conjointement avec ſon Epouſe ratifiée, ſcellée et expediée.

N. III.

S' il arrivoit, que l'une des Partiës n'éxecuta point le préſent Contract de mariage, ou qu'Elle fut la cauſe, que l'autre Partie ne put, ou ne voulut s'y conformer, en ce cas celle, qui ne l'éxecutera point, ou qui ſera la cauſe de ſon inéxecution, payera a l'autre ſans faire la moindre réſiſtance un dédit pœnal de 200000. florins du Rhin monnoie ſûs alleguée.

Lettre K.

EXTRAIT

Du teſtament de FERDINAND I.

Roy des Romains en date du premier juin mil cinq cent quarante trois.

N. I.

NOus *Ferdinand* pâr la grace de Dieu Roy des Romains, toujours Auguſte, Roy de Germanie, de Hongrie, de Bohême, de Dalmatie, de Croatie et d'Eſclavonie, Infant d'Eſpagne, Archiduc d'Autriche, Duc de Bourgogne, de Styrie, Carinthie, Carniole et Würtemberg &c..... Comte du Tyrol &c. .... reconnoiſſons ouvertement pour Nous, nos Héritiers et Deſcendans par le préſent acte teſtamentaire, et faiſons ſçavoir a tous chacuns, qu'ayant, par de mûres, chrétienes, et intérieures réflexions conſidéré le peu de ſolidité de ce monde pervertis, et que ſur la terre il n'y a rien de conſtant, ni de permanent, mais que toutes les Créatures et toutes les choſes ſont mortelles, périſſables et ſujetes a deſtruction; et qu'en même tems rien n'eſt plus certain que la mort, mais rien de plus incertain que l'Heure, a laquelle on mourra, de façon qu'il convient a toutes Perſones ſenſées et particulierement aux têtes illuſtres, qui par une deſtination divine ont des Roiaumes, Etats et ſujets a gouverner, de diſpoſer tellement toutes et une chacune de leurs affaires pendant qu'Elles vivent et ſont d'un jugement ſain, et ſi bien arranger et régler toutes choſes, qu'aprés leur mort il ſoit obvié autant que faire ſe peut a toutes déſunions, diviſions, contrariétés, dommages & préjudices, a quel effet nous avons dans les années paſſées dreſſé et fait un teſtament contenant nos diſpoſitions de derniere volonté, dont la date porte : fait

et

et donné dans notre Ville de Linz en Autriche au dessûs de l'Ens le dix Septieme jour du mois de Septembre de l'an aprés la naissance de JEsus Christ mil cinq cent trente et deux, le deuxieme de notre Régne comme Empereur des Romains, et de tous nos autres Régnes le sixiéme. Mais comme depuis cet interval nos affaires ont de toute façon changé et pris une autre face tant par l'Heureuse augmentation de nos Chers Enfants, que par celle de quelques uns de nos Pays et autres choses, cést pourquoy nous étants en bonne santé, Sains de jugement et de memoire, apés mûre déliberation, de bon Conseil, et avec connoissance de cause avons annulé, cassé et déclare sans force nôtre susmentionné testament cydevant dressé & avons parcontre a la gloire du Tout puissant, pour le salut de nôtre âme, ainsy que pour la consolation, le bien, & la prosperité tant de nos Héritiers et Successeurs, que de tous nos Royaumes, Principautés, Pays et Sujets établi et dressé en la meilleure forme, façon et maniere que faire se peut le présent nôtre testament nouveau, ainsy que nous cassons et annulons, établissons et dressons par ces présentes sciemment et en vertu de la disposition testamentaire actuellement libellée, desorte que nôtredit testament cidevant dressé soit cassé, sans force et sans vigueur, et qu'en sa totalité il ne puisse ni valoir, ni produire aucun effet, mais qu'il soit a notredit présent testament nouveau et derniere volonté obei et déffëré en tous points, articles, dispositions, téneurs et géneralement de toute façon par nos Héritiers, Successeurs, Sujets et d'ailleurs quiconque ce puisse être; qu'iceluy soit observé véritablement, fermement, constamment et inviolablement, et que contre iceluy il ne soit rien commis, et ne puisse rien être fait par quique ce soit en aucune façon ni maniere, et &c.....

N. II.

Nous voyants par la grace du tout Puissant élevés a des honneurs suprêmes, possedants des Royaumes, Principautés, et Etats considerables, et ayants acquis les Royaumes de Bohême et de Hongrie par le mariage, que nous avons contracté avec la Serenissime Reine Anne Archiduchesse d'Autriche, de laquelle nous avons pour le présent trois fils et neuf filles, sont en vie, sçavoir *Maximilien*, *Ferdinand*, *et Charles*, *Elisabeth*, *Anne*, *Marie*, *Magdeleine*, *Catherine*, *Eleonore*, *Marguerite*, *Barbe*, *et Helene*, Nous ordonnons et nommons, ainsy qu'il est sans cela juste, suivant les loix divines, natureles et civiles, *Nos fils et nos filles* susmentionés, demême que ceux, que nous pourrions encore avoir, *pour nos vrais et incontestables héritiers*, afin qu'aprés notre mort ils possedent *héreditairement* et gouvernent, ainsy que s'ensuit, nos Royaumes, Principautés, Pays, et sujets, sans que Personne n'y mette aucun trouble et empechement.

Aprés notre mort notre fils Maximilien comme l'Ainé entrera dans le gouvernement de nos deux Royaumes de Hongrie et de Bohême, lesquels avec tous les Royaumes, Principautés, Marquisats, Pays et sujets y appartenants il possedera héreditairement, les gouvernera et en jouira, sans que nos autres fils et héritiers puissent y apporter obstacle et empéchement.

Mais dans le cas, que nôtre dit fils l'Archiduc Maximilien, soit avant, ou aprés notre mort mourut *sans héritiers nés d'un légitime mariage*; alórs nôtre fils Ferdinand, ou pareillement a son deffaut toujours l'Ainé de nos fils entrera sans empechement quelconque dans le gouvernement héreditaire de nos Royaumes et Etats.

Mais pour ce qui concerne nos Pays héréditaires de l'anterieure, de la haute et basse Autriche, que le Tout puissant nous a donné, et que nos Ancêtres nous ont transmis, comme aussy nôtre prétention de 60. mil Ducats de revenus annuel et héréditaire a nous avenus et légués sur le Royaume de Neaples par nôtre Cher grand Pére Ferdinand Roy d'Espagne, et a nous assurés sur certaines hypothêques par nôtre Cher frére et Seigneur l'Empereur Carles V. nous par l'effet de nôtre inclination paternelle avons réfléchi et considerê, que nos Ancêtres par une coutume Sage et louable ont évité quelquesfois le démembrement de nos Principautés et Etats héréditaires en les gouvernant en commun et par indivis, ou en s'ajustant a l'amiable avec ceux, qui avoient a y prétendre, par ou certainement Nôtre Maison d'Autriche a beaucoup augmenté en dignités, honneurs, Pays et sujets et S'est par la grace de Dieu si considerablement étenduë.

Dans

Dans ces circonſtances et afin que cette Grandeur et cette élévation de nôtre Maiſon d'Autriche, que nous avons acquis, ſoient aprés nôtre mort, comme elles l'ont été de nôtre tems et de celuy de nos Ancêtres conſervées, et qu'il n'y ſoit aporté aucun changement; Nous exhortons et réquerons nos Chers fils par une bonté vraiment paternelle, qu'ils aient a ſuivre avec obeiſſance et bonne volonté nos thraces et celles de leurs Ancêtres, et que pour leur propre honneur, utilité, conſolation et proſpérité, ainſy que de leurs Etats et Sujets ils aient a éviter et éloigner tout partage, mais qu'aucontraire ils aient de bon et commun accord a s'attacher et ſe ſervir d'vne Régence indiviſe, non partagée, fraternelle et pacifique; Nous voulons, réglons et nôtre intention eſt particulierement, que tout au moins et de toute façon tout partage entre nos Chers fils demeure tout a fait et totalement ſuſpendu et diféré, jusquá ce que nôtre fils dernier né, que nous délaiſſerons aprés nous, aura pleinement ateint la dix huitieme année de ſon âge; Et afin que pendant tout ce tems nos ſusdits Etats Héréditaires puiſſent étre régis, conſervés et protégés dans un état de tranquilité, en paix et avec plus de commodité, nous voulons et ordonnons, quáprés que le Seigneur Tout puiſſant nous aura ſelon les décrets de ſa volonté divine apellé de ce monde ci a l'autre, en ce cas nos deux Chers fils l'Archiduc Maximilien et l'Archiduc Ferdinand, dont Chacun aproche de plus en plus l'âge de Majorité, poſſedent, régiſſent, adminiſtrent, jouiſſent, tiennent a uſufruit et protégent en commun, heureuſement, fidelement et comme fréres, qui n'ont point partagé, pour Eux même et a la place et au nom de leur frére Mineur dernier né, que nous délaiſſerons aprés nôtre mort, tous nos Pays de la haute et de la baſſe Autriche, ainſy que de l'Autriche Anterieure avec toutes les Principautés, Marggraviats, Landgraviats, Comtés, Seigneuriës, Châteaux, Villes, Sujets, biens, Peâges, Gabelles, impôts, rentes, jouiſſances, et cenſes y incorporées et en dépendantes, comme auſſy avec les ſoixante mil Ducats légues ſur le Royaume de Naples, avec toutes leurs autres apartenances droits et avantages rien en excepté en façon quelconque, et qu'iceux ſoient les Guides, Curateurs et Adminiſtrateurs de nos fils et filles leur fréres Cadets et leurs ſoeurs, et qu'ils les entretiennent

 ſplen-

ſplendidement ſelon leur état, dignité et illuſtre extraction : le tout ſuivant le Conſeil de Sa Majeſté Imperiale Romaine et de notre bien amée Epouſe, et ce tant et ſi longtems, jusquá ce que nôtre fils cadet, comme a été dit, aura ateint la dixhuitiéme année de ſon âge.

Nous enjoignons auſſy ſérieuſement a nos Chers fils, et voulons, qu'ils aient ſans réſiſtance, ni opoſition a garder et 'accomplir inviolablement toutes et une chacune les pactions et conventions matrimoniales, que de nôtre vivant Nous avons au ſujet de quelques unes de nos chéres filles accepté et arrêté, ou que Nous accepterons et arrêterons pour le bien, utilité et avantage de nos Etats et ſujets.

Et s'il arrivoit qu'il ſe préſenta quelque parti convenable pour celles de nos Chéres filles, qui aprés nôtre mort ſe trouveront encore dans le célibat, ſoit pendant leur Minorité, ſoit aprés, et que ce parti fut ſelon leur état et ſelon la coûtume, alórs Elles ſeront de l'avis de Sa Majeſté Imperiale Romaine, de celuy de nôtre trés Chére Epouſe, de celuy de nos Etats Héreditaires mariées, et il ſera donné et accordé a Chacune d'Elles pour dot effective, bien de nóces, et pour leur part et portion Héreditaire a toute Succeſſion paternelle et maternelle la ſomme de cent mil florins du Rhin, et en bijoux, Habillements, argenterie, meubles et autres eff.ts jusqu'á la valeur de vingt mil florins, le tout ſuivant la volonté de nos fils, de laquelle dot la moitié ſera acquittée des revenus de nos Royaumes et Principautés y incorporées et l'autre moitié des revenus de nos Pays Héréditaires d'Autriche, et ſeront nosdits Royaumes et Pays Héréditaires requis d'aider et contribuer leur part, ainſy qu'il eſt d'un ancien uſage, ne doutants point, qu'ils ne s'y prêtent avec obeiſſance.

Avec laquelle dotation et délivrance toutes et une chacune de nos filles ſe tiendront pour ſatisfaites et *renonceront* a tout droit Héreditaire de Succeſſion tant paternelle, que maternelle *envérs nos fils*, ſa Majeſté Imperiale en qualité d'Archi-Duc d'Autriche, *Nos héritiers Mâles légitimes* et ceux de Sad. Majeſté, ainſy et de la méme maniere, que cela a déja été fait par celles de nos filles, qui ſe ſont mariées, ou qui ſe marieront

ront et ſuivant qu'il eſt d'uſage et de coutume en nôtre Maiſon d'Autriche &c.

Et quand même par quelle raiſon cela ait pû être cette renonciation n'auroit pas été faite par l'une ou l'autre de nos filles, Elles n'en devront pas moins étre excluës de toute Succeſſion tant paternelle que maternelle au moyen du payement et de l'acceptation de la dot et délivrance cydeſſús preſcrites, et nos Chers fils ne ſeront point tenus de leur rien donner au delá.

N. III.

Nous ordonnons et voulons auſſy, quáprés nôtre mort nos fils et nos Héritiers S'acquittent fidélement et délivrent ſans la moindre excuſe, empéchement et retard a nôtre Chére Epouſe leur Chére Mére et Dame, ſoit qu'Elle perſiſte dans ſon veuvage, ſoit qu'Elle convôle en ſecondes nôces, ſon Douaire et bien matrimonial, ainſy que nous l'avons fixé et réglé a Sa Dilection; et attendu que nôtredite trés Chére Epouſe eſt la véritable Héritiere de nôtre Royaume de Bohême et de toutes les Provinces en dépendantes, et qu'Elle a transféré ſur nous ce droit d'Hérédité a Elle apartenant, nous en joignons a nôtre fils l'Archiduc Maximilien en qnalité de futur Roy de Bohême, d'éxercer et conduire la Régence, ou le gouvernement de ſon Royaume avec les Conſeils de nôtredite trés Chêre Epouſe en qualité de Sa Mére et d'Héritiere de ladite Couronne et Provinces en dépendantes, et en outre de payer et délivrer a Sa Dilection ſa vie durant au pardeſſús du leg et Douaire, qui luy ſont aſſignés ſur nos Pays Héreditaires d'Autriche, la ſomme de vingt mil florins du Rhin a prendre ſur les revenus de la Courrone de Bohême et des Provinces en dépendantes, a l'effet dequoy il aſſignera cette ſomme a prendre ſur certains lieux et endroits ſi ſûres, que ſadite Dilection puiſſe étre aſſurée de ſon payement et le toucher et recevoir annuellement. Nos fils ſe comporteront auſſy avec obeiſſance et fidelité envérs nôtre tres Chére Epouſe, comme leur Mere et Dame affectionnée; ils deffendront et protégeront Sa Dilection contre toute injuſtice et violence, ainſy qu'ils y ſont obligés par les ſentiments, que la nature leur a donné.

Et comme, quoyque nous accordions à nôtre fils l'Archiduc Maximilien en ſa qualité d'Ainé nos Royaumes de Hongrie et de Bohême, neantmoins nous ne l'avons point exclus de la Succeſſion a nos Pays Héréditaires, ce qui nous fait réfléchir, qu'aprés nôtre décés et celuy de nôtre trés Chére Epouſe nos autres fils pourroient fort bien pareillement demander part et former prétention a nos ſusdits deux Royaumes et ſurtout au Marggraviat de Moravie, ainſy qu'aux Principautés de Sileſie et de Luſace, c'eſtpourquoy affin qu'il ſoit obſervé a cet égard une eſpece d'égalité, et que nos fils Cadets aient d'autant moins a ſe plaindre, nous enjoignons a nôtre fils l'Archiduc Maximilien de s'accommoder autant que faire ſe pourra dans l'espace de deux années a comencer depuis le jour du décés de nôtre trés Chére Epouſe ou du nôtre, aucas que nous vinſſions a la ſurvivre, avec nôtre fils l'Archiduc Ferdinand pour luy et au nom de Sa Dilection ſon frére Cadet au ſujet de leurs droits Héréditaires, et voulons que cet accommodement ſoit fait et arrêté avec le Conſeil commun de Sa Majeſté Imperiale Romaine, ou des Commiſſaires par Elle nommés, comme auſſy des Etats Provinciaux de nosdits deux Royaumes et de nos Pays Héréditaires &c. . . .

N. IV.

Mais s'il arrivoit, que par la volonté du tout Puiſſant nôtre Chére Epouſe et tous nos fils vinſſent a mourir ſans héritiers nés d'un légitime mariage, ce qu'a Dieu ne plaiſe, *une de nos filles, que nous délaiſſerons* aura et poſſédera comme légitime *héritiere* les ſusmentionnés Royaumes de Hongrie et de Bohême et les Pays, qui en dépendent.

Et quoyque par ignorance de nos droits nous ayons cy devant donné aux Etats de nôtre Royaume de Bohême une reconnoiſſance portant, que les filles n'hériteroient point led. Royaume, neanmoins il a été du depuis clairement trouvé dans les anciens et louables priviléges de nôtredit Royaume de Bohême et particulierement dans la Bulle d'or de feu l'Empereur Charles, qu'au deffaut des Mâles les Princeſſes Royales étoient habiles a ſucceder, et que ce Royaume devoit leur échoir; c'eſtpourquoy nous exhortons et avertiſſons de leur

devoir

devoir les Etats et sujets de nosd. Royaumes, et surtout ceux de la Courrone de Bohême, qu'ils n'aient en ce cas (*c'est a dire au deffaut des Mâles*) a recevoir et reconnoitre d'autre souverain, que *l'une de nos filles*, a laquelle ils prêteront toute obeissance et fidelité.

N. V.

Mais au deffaut de nos descendans Mâles tous nos Pays héreditaires d'Autriche soit fiefs, soit propres, ensemble toute la mousqueterie, l'artillerie et autres échoiront pour cette fois et apartiendront héreditairement a S. M. Imper. nôtre Cher frére (*Charle-quint*) et aux Descendans Mâles de Sadite Majesté et nul autre qu'Elle ou ses Descendans ne pourront étre regardés comme Seigneurs et Princes légitimes desdits Pays; Nos sujets luy prêteront aussy, ainsy qu'il convient et avec obeissance, les foy, devoirs et hommages acoutumés.

Parcontre S. M. I. ou ses Descendans Mâles pourvoiront et donneront a nos Chéres filles la dot et délivrance cy dessus mentionées et distribueront en outre entre Elles une somme de trois cent mil florins du Rhin pour raison de la Succession allodiale et pour tous leurs droits et prétensions, laquelle somme sera partageable entre toutes celles, qui seront encore en vie, *a l'exception de celle, qui parviendra a la possession de nos Royaumes*; mais pour ce qui est des joyaux, argenterie, et autres meubles, iceux echoiront héreditairement et demeureront aux filles, que nous delaisserons, et celle de nos filles, qui aprés cette délivrance et partage, soit qu'Elle ait été Mariée, soit qu'Elle ne l'ait pas été, viendra a mourir sans héritiers légitimes, aura pour héritiers, ainsy qu'il convient, ses autres soeurs et leur Enfants.

Et s'il arrivoit par les décrets de la volonté divine, que Sa Majesté Impériale nôtre Cher frére et Seigneur vint aussy a mourir Sans Enfants Malês, ou qu'aprés sa mort sa Posterité masculine vint a manquer, alors nos Pays d'Autriche echoiront héréditairement a qui ils apartiennent de droit et d'équité.

Lettre L.

EXTRAIT

Du codicille de FERDINAND I. en date du quatrieme fevrier 1547.

NOus ne pouvons par un effet de nôtre affection paternelle et sincère nous dispenser d'informer nos Chers et Aimés fils, qu'il y a quelques années, savoir vérs le commencement de nôtre Régne en qualité de Roy de Bohême, que sur les pressantes instances des Etats de nôtredite Couronne de Bohême et par un défaut de connoissance du véritable fond de l'affaire nous avons ouvertement donné aux Etats de nôtre Royaume de Bohême des lettres autentiques en forme de reversales, par lesquelles nous avons reconnu, qu'ils nous ont de leur libre mouvement élu leur Roy et agréé pour tel; mais qu'ayants il y a quelque tems éxaminé entre autres les droits et privileges de nôtre Royaume de Bohême et particulierement la Bulle de nôtre Prédécesseur feu l'Empereur Charles IV. de glorieuse mémoire, nous avons clairement trouvé, que tant qu'il subsiste des Mâles, ou des filles du sang Royal, les Etats ne sçauroient procéder a l'élection d'un Roy de Bohême, mais que ce Royaume doit échoir a celles des Personnes du sang Royal, qui sont encore éxistantes, c'est pourquoy nous avons effectué prés des Etats de nôtre Courronne de Bohême, qu'ils nous ont rendu nos reversales, ou nôtre reconnoissance, et ont en même tems déclaré, que ce n'est point par leur élection, mais a titre d'Hérédité et de Succession légitime, que ce Royaume est échu a nôtre trés Chére Epouse de louable et pieuse mémoire, comme a leur Reine et souveraine Héreditaire, d'ou il est ensuite parvenu a nous, ce que nous avons jugé util et a propos d'être communiqué a leurs Dilections, afin qu'ils aient a se régler selon cela; Et aprés que par nôtred Testament

ment Nous avons réglé et ordonné, qu'au cas que tous nos Chers fils (ce que Dieu veuille détourner) vinssent a décéder sans héritiers nés en loyal mariage, pourlórs l'une de nos filles tiendroit et posséderoit, *comme héritiere légitime*, nos Royaumes de Hongrie et de Bohême avec tous les Pays en dépendants, Nous ne changeons rien en cette déclaration, si ce n'est, comme Nous le déclarons par les présentes, qu'au cas susd. lesd. Royaumes de Bohême et de Hongrie, ensemble les Pays en dépendants, tomberont et échoiront a l'Ainée de nos filles, qui sera alórs en vie.

Et comme cydevant dans nôtre susdit testament nous avons fait les arrangements et dispositions paternelles portants, comment nos Chêres filles seroient dotées, et ce qui devoit étre donné a chaune d'entre Elles en bijoux et en autres effets mobiliers, Nous n'y aportons aucun changement, sinon que sur la priere, qui Nous en a été faite par nôtre souvent mentionée trés Chére et bien Aimée Epouse Deffunte de pieuse et louable mémoire, Nous réglons, ordonnons et voulons, qu'il soit donné et délivré a notre Chére fille Catherine en effets mobiliers, bijoux, ou argent comptant la valeur de vingt mil florins de plus, qu'il n'a été par nous réglé pour nos autres filles. Et aprés que l'an passé 46. Nous avons Marié nos Chéres filles Anne & Marie, sans leur avoir cependant encore payé leur dot, mais ayant promis et assuré leurs Dilections de l'acquitter dans l'espace des deux années prochaines, notre volonté paternelle et nos ordres bienveillants sont, que si Nous venions a mourir par la volonté de Dieu avant que ces dotes aient été totalement aquitées a leurs Dilections, nos Chers fils en ce cas soient tenus de les leur payer et délivrer sans retard; Nous ordonnons et voulons aussy, que si l'une, ou plusieurs de nos Chéres filles, lorsqu'on les pourvoira, ou aprés qu'Elles seront pourvuës, pendant que Nous serons encore en vie venoient a ne pas toucher pleinement leur dot en bijoux et effets mobiliers, ainsy que Nous l'avons réglé par notre testament, comme aussi par notre présent codicile, pour ce qui concerne nôtre Chére fille Catherine, Nos Chers fils en ce cas soient obligés aprés notre mort d'acquitter et remplacer ce qui pourroit encore étre demeuré en extances.

Lettre M.

EXTRAIT

Du Contract de mariage convenus entre le Roy FERDINAND I. et GUILLAUME IV. Duc de Baviere, l'un et l'autre stipulants pour leurs Enfants, sçavoir GUILLAUME pour le Duc ALBERT son fils, et FERDINAND pour l'Archiduchesse Anne sa fille.

Du 1. juin 1546.

N. I.

NOus Ferdinand par la Grace de Dieu Roy des Romains, toujours Auguste, Roy de Germanie, Hongrie, Bohême, Dalmatie, Croatie, et Esclavonie &c. Infant d'Espagne, Archiduc d'Autriche, Duc de Bourgogne, de Brabant, de Styrie, de Carinthie, de Carniole, de Luxembourg, du Würtemberg, de la haute et basse silesie, &c.... Prince de Swabe, Marggrave du Saint Empire Romain dans le Burgaw, en haute et basse silesie, Comte de Habsbourg titré Prince, du Tyrol, de ferrete, de Kybourg, et de Gorice &c. Landgrave d'Alsace, Seigneur du Windischmarch, de Portenau et de Salins &c..... Et Nous Guillaume par la même Grace de Dieu Comte Palatin du Rhin, Duc de la haute et basse Baviere &c... Confessons ouvertement et faisons a savoir a un chacun par ces présentes, que pour la louange et honneur de Dieu, comme aussi pour l'accroissement, augmentation et affermissement de l'amitié et confiance entre nos deux Maisons d'Autriche et de Baviere, & pour la meilleure union, prospérité et bien de nos Etats et sujets respectifs, Nous sommes au nom de la trés Sainte Trinité du Pére, du Fils, et du Saint Esprit convenus, avons arrété et conclu un mariage entre la Sérenissime et Illustre Princesse Anne née Reine de Hongrie et de Bohême, Archi-

Archiducheſſe d'Autriche, Ducheſſe de Bourgogne, de Brabant, de Styrie, de Carinthie, de Carniole, du Würtemberg &c..... Comteſſe du Tyrol et de Gorice, fille amée de Nous ſusdit Roy Ferdinand d'une, et l'illuſtre Prince Albert Comte Palatin du Rhin, Duc de la haute et baſſe Baviere &c..... fils amé de Nous le Duc Guillaume d'autre part, ainſy et de la maniere qu'il ſenſuit. &c.....

N. II.

Et ſur cela Nous Duc Guillaume avons conſenti pour Nous er pour nôtre fils le Duc Albert, que ladite nôtre trés Chére fille la Reine Anne, auſſitót que ſa Dilection et nôtre fils ſe feront donné en propre Perſonne Promeſſe de mariage et avant la conſommation d'iceluy, renoncent par des lettres afférantes, au moyen de la dot cy deſſús ſtipulée, a toute ſucceſſion paternelle et maternelle, defaçon cependant, que ſi la ligne maſculine de la Maiſon d'Autriche (dans laquelle Sa Maj. Imp. pour ce qui regarde le Royaume de Hongrie et les Provinces et Pays en dépendants, comme auſſy l'Archiduché d'Autriche et autres Principautés et Pays avec leurs dépendances apartenants a la Maiſon d'Autriche ſont compris) et ſi la deſcendance maſculine desd. deux Majeſtés venoit a manquer, et qu'il n'y reſta plus que des filles, en ce cas il ſera permis a ſa Dilection (la Princeſſe Anne) et a ſes héritiers de ſucceder et hériter quant audit Royaume de Hongrie et Provinces en dépendantes, auſſy bien que quant a l'Autriche, ſes Principautés et ſujets, tout ce qu'Elle peut hériter de droit.

Mais pour ce qui regarde le Royaume de Bohême avec les Pays et ſujets incorporés, auſſy bien que les autres biens meubles et immeubles, que Nous et nôtre Chére Epouſe la Reine de Hongrie et de Bohême poſſedons préſentement, ou que Nous, nos Chers fils et leurs héritiers Mâles pourrons acquerir cy aprés, nôtred. fille la Reine Anne renoncera ſur iceux ſeulement envérs Nous, nos fils et leurs héritiers Mâles légitimes, et s'il arrivoit, que Nous, nos fils et leurs Deſcendans vinſſions a mourir ſans laiſſer des héritiers Mâles et qu'il n'y en eut plus, alórs nôtred. fille la Reine Anne héri-

 ritera tout ce qui luy compéte et apartient de droit, comme si Elle n'avoit jamais renoncé.

N. III.

Il a été deplus principalement accordé et convenu, et même le présent mariage n'a été arété qu'a cette condition, que le susd. Duc Albert fils de Nous Duc Guillaume sera aprés nôtre mort Seigneur et Souverain Regnant en Baviere; cest-pourquoy Nous Nous engageons et obligeons présentement pour nos autres fils avenirs, aucas qu'il Nous en survienne, quáprés nôtre mort nôtredit fils le Duc Albert Epoux de lad. Reine Anne sera et demeurera seul Seigneur et Souverain Régnant, et que nos autres fils avenirs, lorsqu'ils auront ateint l'âge de Majorité, s'engageront et s'obligeront pareillement a ne point s'oposer, que nôtre fils le Duc Albert soit Seigneur et Souverain Régnant en Baviere.

Lettre N.

Copie. De l'acte de renonciation

délivré par la Sérénissime Archiducheſſe la Reine ANNE, Epouse du Sérénissime Duc ALBERT V. de Baviere, le cinquiéme juillet mil cinq cent quarante six.

NOus Anne par la Grace de Dieu Comteſſe Palatine du Rhin, Ducheſſe de la haute et baſſe Baviere &c.... née Reine de Hongrie et de Bohême &c.... Archiducheſſe d'Autriche &c.... Ducheſſe de Bourgogne &c.... confessons ouvertement pour Nous, tous nos Héritiers et Successeurs, et faisons a sçavoir a chacun par ces présentes; Aprés que le trés Sérénissime, trés Puiſſant Prince et Seigneur Ferdinand &c.... nôtre trés gracieux et Cher Seigneur et Pére Nous a suivant les constitutions divines et celles de la sainte Eglise Romaine, comme auſſy suivant nôtre propre mouvement, ainsy que celuy de l'Illustre Prince Guillaume Comte

Pa-

Palatin du Rhin, Duc de haute et basse Baviere &c..... nôtre Cher et bien aimé Pére et Beaupére, marié et donné pour Epouse a l'Illustre Prince Albert Comte Palatin du Rhin, Duc de la haute et basse Baviere &c..... nôtre Cher et aimé Seigneur et Epoux. Et que pour nôtre portion héréditaire apellée par le droit écrit *légitime*, ainsy que pour tout notre héritage et droit de Succession tant paternel que maternel, il nous a promis et permis, que nous ayons a prendre surtous les Royaumes et autres Principautés, Comtés, Seigneuriés, Pays et Sujets de Sadite Majesté Royale une dot de cinquante mil florins, a raison de quinze batzes le florin, et en outre pour présent de noces et augment de dot aussi cinquante mil florins monoie susdite, suivant qu'il est contenu dans le contrat de mariage dressé a ce sujet, comme aussi que sadite Majesté Royale nous a fait délivrer et payer en bonnes especes, ainsy quá nôtredit Cher et aimé Seigneur et Epoux ladite somme de cinquante mil florins de dot, et les autres cinquante mil florins d'augment, desorte qu'il nous a si gracieusement et si paternellement contenté, que nôtre susmentionné Seigneur et Epoux et nous sommes pleinement satisfaits a cet égard; c'estpourquoy nous laissons et déclarons Sad. Maj. Royale, et ses Héritiers et Successeurs francs, libres, exemts et quites envers nous, nos Héritiers et Successeurs de la susdite somme de dot, d'augment et de légitime ainsy délivrée et aquitée; et attendu, qu'en vertu du Contract de mariage susallegué nous sommes tenuës de renoncer par des actes et instruments nécessaires a tous nos droits d'hérédité et de Succession tant paternelle que maternelle, nous en vertu dud. Contract de mariage, et particulierement de l'agrément, du sçu et de la volonté de notred. Seigneur et Epoux, avons en vertu des présentes renoncé et renonçons aprés y avoir bien réfléchi, aprés mûre délibération, de bon Conseil et avec pleine connoissance de cause pour nous et tous nos héritiers et successeurs a toutes nos prétensions et droit héréditaire paternel et maternel, que nous avons eu jusqu'aprésent et que nous ou nos Héritiers pourrions aquerir, ou avoir a l'avenir au Royaume de Hongrie et a la Maison d'Autriche, ainsy qu'a leurs Principautés, Pays, sujets et apartenances, et ce nonseulement envers nôtre trés gracieux et cher Pére le Roy de Romains, &c..... Mais aussy ſy envérs le trés Séréniſſime haut et Puiſſant Prince et Seigneur CHARLES frére de Sad. Maj. R. &c..... et envérs les Enfants, Héritiers et Succeſſeurs desd. deux Majeſtés Imperiale et Royale, qui proviennent et deſcendent d'Elles par ligne maſculine.

Mais pour ce qui concerne le Royaume de Bohême, les Principautés, Pays et ſujets y incorporés et y apartenants, ainſy que tous les autres biens propres ſoit meubles, ſoit immeubles, que nos trés gracieux et aimés Pére et Mére poſſedent a préſent et que les Chers frérés de Sad. Majeſté et de nous, ainſy que les Héritiers de leurs Dilections pourront aquerir a l'avenir, nous pour nos Héritiers et Succeſſeurs renonçons a tout ce, mais ſeulement envérs Sa Majeſté Royale, les fils de Sa Majeſté Royale, et leurs Héritiers et Succeſſeurs de nom et de ligne maſculine, defaçon que désapréſent et pour toujours nous, tous nos Héritiers et Succeſſeurs (tandis que, comme dit eſt, il ſubſiſtera des Archiducs d'Autriche mâles du nom et de la tige desd. deux Majeſtés Imperiale et Royale) n'aurons, ni ne chercherons, ni ne nous arrogerons plus, ni ne voudrons avoir, chercher et nous arroger a cet égard aucunes prétenſions, ou droit héréditaire, ni ne nous prévaudrons d'aucunes loix ſoit Eccléſiaſtiques, ſoit séculiere en aucune façon ni maniere; promettons par ces préſentes trés fortement pour nous, nos Héritiers et Succeſſeurs, ſur nôtre foy, dignité et honneur de Prince, d'obſerver véritablement, fermement et conſtanment cette préſente renonciation a tout droit de Succeſſion paternelle et maternelle, tant qu'il éxiſtera des Archiducs d'Autriche de la Maiſon de Sa Majeſté, ainſy que dit eſt cydeſſús, Ne ferons rien, ni ne permettrons, qu'il ſoit rien fait a l'encontre ſoit par quelque autre; et aucun droit ſoit Papal, ſoit Impérial, non plus que les conſtitutions, loix et uſages des autres Royaumes et Etats ne pourront en ce cas étre d'aucun ſecours a nous, nos Héritiers et Succeſſeurs, car nous renonçons et nous Déportons entierement de tous ces droits tant en général, qu'en particulier et de tout ce qui pourroit nous aider et étre avantageux contre nôtre préſente renonciation. Renonçons auſſi a touts droits ſemblables, ſur les connoiſſances ſufiſantes, que nous en avons, de ſcience certaine et auſſi for-

fortement que faire se peut. Defaçon néanmoins, que si les Mâles de la Maison d'Autriche (parmis lesquels Sad. Maj. Imp. aussi bien que S. M. R. nôtre trés gracieux Seigneur et Pére avec la Descendance masculine desd. deux Majestés doivent étre entenduës et comprises) venoient a manquer et qu'il ne resta plus que des filles, Nous nous réservons solemnellement par les présentes a Nous, a tous nos héritiers et Descendans d'hériter aud. Royaume de Hongrie, aux Provinces et Pays en dépendants, comme aussy a l'Archiduché d'Autriche et autres Principautés, Pays et sujets, tout ce que nous y devons hériter de droit et d'équité suivant les priviléges, Constitutions et usages dud. Royaume de Hongrie et de la Maison d'Autriche, demême que si jamais il n'étoit survenu de renonciation.

Mais pour ce qui concerne le Royaume de Bohême, les Principautés, Pays et Sujets en dépendants, si nôtre trés gracieux Seigneur et Pére le Roy des Romains, comme aussi nos chers fréres et leurs Descendans Mâles venoient a mourir sans laisser d'Héritiers Mâles légitimes et qu'il n'y en eut plus d'éxistants, alórs nôtre droit héréditaire et nôtre prétension aud. Royaume de Bohême et aux Pays et Sujets y apartenants demeureront de toute façon en leur entier, et il nous sera libre d'Hériter tout ce que par droit, suivant les priviléges et selon l'usage nous pouvons légitimement hériter.

Le tout fidelement et sans fraude ; en témoignage de quoy nous avons aux présentes aposé le sceau a nous propre, ainsy que notre Signature, et pour plus grande confirmation de tout ce que dessús icelles ont pareillement été muniës du seau de nôtre Epoux le Duc Albert, et par luy signées de sa Main propre.

Et nous Susmentionné Albert par la Grace de Dieu Comte Palatin du Rhin, Duc de la haute et basse Baviere &c... déclarons spécialement par les présentes que la renonciation, qui a été faite par écrit dans l'acte ci joint et tout ce que l'Illustre Princesse nôtre Chère et aimée Epouse Comtesse Palatine du Rhin, Duchesse de la haute et basse Baviere &c..... y a inséré pour Elle et pour nos Héritiers et Successeurs, a été fait et arêté aprés mûre déliberation, avec pleine connoiſſance de cauſe, et avec la bonne volonté de ſa dilection, comme auſſi de nôtre ſçu et conſentement. Nous nous engageons et promettons auſſi ſur nôtre honneur et dignité de Prince, ſelon les termes de la verité, de tenir, comme dit eſt, cette renonciation pour agreable, ferme et inviolable, et de jamais, en aucune façon et maniere nous déclarer, ni rien faire, ou permettre, qu'il ſoit fait contre, ainſy que cela a deja eté formellement convenu dans le contrat de mariage, et que nous nous ſommes obligés a le faire, ſans fraude. En temoignage de quoy nous avons muni de nôtre ſignature le préſent acte de renonciation et avons a iceluy fait apoſer nôtre ſceau de Prince, conjointement avec celuy de nôtre Chère Epouſe. Fait et donné le cinquieme jour de julliet l'an &c..... quarante ſix.

Lettre O.

Cette piéce eſt la table contenant tous les partages Succeſſivement faits en la Maiſon d'Autriche.

Lettre P.

EXTRAIT

D'une transaction faite entre Autriche et Baviere en date du onzieme Septembre mil cinq cent trente quatre.

N. I.

POur ce qui concerne tous les compromis et auſtrêgues il a été par les Conſeillers et Envoyés de M. le Chancellier Imperial conclu entre les Partiës, agréé et par Elles accepté: qu'en-

Lettre O. a la page.

BORDEREAU

des partages fuccefsivement faits en la Maifon Archiducale d'Autriche, ainfi qu'il eft a voir plus au long dans le traité intitulé : *Inftruction fervant a prouver, qu'a commencer depuis l'Empéreur Rodolphe I. le droit de primogeniture n'a jamais été obfervé entre les Archiducs d'Autriche.*

RODOLPHE I. Empéreur.

Inveftit fes deux fils Albert et Rodolphe des Etats et Pays d'Autriche pour fous certaines conditions régir en commun et avec égalité de droit.

ALBERT Empereur. — RODOLPHE II.

Entre les fils d'Albert Frederic le bel obtint l'Autriche, Leopold la Suabe, et Otton la Carinthie; mais Etants décédés tous trois fans Héritiers, tous les Etats fe réunirent en la Perfonne d'Albert le Sage.

RODOLPHE III. — FREDERIC le Bell. — LEOPOLD le Glorieux. — ALBERT le Sage. — OTTON le Hardy.

Celuy cy a fait en 1355. une difpofition entre fes fils portant, que fans diftinction d'Age s'entend l'Ainé comme les Puinés et les Puinés comme l'Ainé tiendroient la Régence en commun et par indivis, laquelle difpofition a été par Eux unanimement fuivië en 1364.

RODOLPHE IV. — FREDERIC III. — LEOPOLD III. — ALBERT III.

Aprés la mort des deux freres Ainés Rodolphe et Frederic, fut fait en 1373. un partage entre les autres fréres furvivants Léopold et Albert. Albert, quoyque le plus jeune, eut le Duché d'Autriche audeffus et audeffous de l'Ens avec la Stirie; et le Duc Léopold le furplus des Etats. En 1375. ce partage fut renouvellé presque fans changements. En 1376. Leopold fit une convention portant, que le Duc Albert partageroit avec luy et que les lots de partage feroient tirés au fort, deforte que ce partage fe fit par portions égales, tellement même que la Réfidence et ville Capitale de Vienne y fut comprife. Le partage égal renouvellé en 1397. a été fpécialement confirmé par l'Empereur Wenceslas, afin que les Succeffeurs viffent, qu'entre les Ducs d'Autriche en degrés égaux aucun ne devoit avoir de la préférence fur lautre; auffi ces deux Ducs fe font ils en leurs teftaments conformés a cette maxime.

GUILLAUME. — FREDERIC. — LEOPOLD. — ERNEST. — ALBERT IV.

Entre les fils de Leopold III. et Albert IV. fils d'Albert III. furent faits en 1386. 1395. 1396. 1402. et 1404. diférents partages, dans lesquels on a toujours tâché, autant que faire fe pouvoit, de former une égalité. En la même Année 1404. 1406. et 1417. les Etats furent partagés par portions égales, furtout entre les fils de Leopold III. et tous regnérent dans les Etats a Eux échus avec le même pouvoir.

SIGISMOND obtient le Tirol. — FREDERIC Empereur. — ALBERT le Prodigue. — ALBERT V. Empereur.

Ont eu a l'occafion du partage des Etats beaucoup de diffenfions partie entre Eux, partie avec le Duc Sigismond. l'Empereur Frederic ayant voulu s'arroger la préférence, le Duc Albert s'y opofa vivement et foutint, qu'il ne connoiffoit aucun accommodement, qui défendit les partages. Aprés plufieurs partages des Années 1435. 1444. 1446. 1453. 1458. l'Empereur Frederic obtint la baffe Autriche, le Duc Albert la haute et le Duc Sigismond une partie de la Carinthie et du Tirol. La ville de Vienne demeura en commun et chacun y établit un louvre, jusqu'a ce que Maximilien réunit le tout.

LADISLAS Pofthume.

MAXIMILIEN I. Empereur.

PHILIPPE.

CHARLES V. Empereur. — FERDINAND I. Empereur.

Ils fuccedent l'un et l'autre par portions égales en vertu du teftament grand paternel; mais comme Charlequint obtint feul toute la Monarchie d'Efpagne avec les Pays-bas, il céda et abandonna avec plein droit a fon frére Ferdinand Roi des Romains, puis Empereur, tous les domaines de la Maifon d'Autriche fcis en Allemagne, lesquels moiennant ce ont repaffé fous la même tête, ainfi qu'il eft a voir par les actes et partages des Années 1521. 1522. et 1540.

MAXIMILIEN II. Empereur. — FERDINAND. en Tyrol. — CHARLES. de Stirie.

L'on a vu dans le Chapitre III. ce que Ferdinand a ordonné au fujet des Pays héréditaires. Comme il ne croioit pas pouvoir quant a fes fils et pour ce qui concerne les Etats Autrichiens introduire le droit de primogeniture jusqu'alors inufité en fa Maifon, ce fut la raifon, pour laquelle en 1554. fans déroger au furplus de la difpofition de 1343. il ordonna, que fes Etats feroient partagés entre fes fils également; cependant Maximilien l'Ainé a eut la moindre portion.

RODOLPHE. — MATHIAS Empereur. — ANDRé. — CHARLES. — FERDINAND II. Empereur. — LEOPOLD.

Le partage et la divifion des Etats ont toujours eû lieu entre les Ducs jusqu'a ceque Ferdinand II. qui a furvecu tous les Mâles de fa Maifon les réunit; l'on peut obferver icy, que lorsqu'en 1595. le Duc Ferdinand de Tyrol mourut fans Enfants Mâles, il s'éleva a l'occafion de fa fucceffion de Grandes dificultés entre les fils de Maximilien II. et de Charles de Stirie; les premiers ayants prétendu régner feuls entre Eux, ceux ci aucontraire provoquants aux partages jusqu'alòrs ufités, et alléguants furtout, que dans la Maifon d'Autriche le privilege de Frederic I. avoit été aboli *per non ufum, contrarios actus, fubfecutas & reiteratas divifiones*, et que Ferdinand I. avoit luy même fait le partage: enfin la Regence commune fut agréée et éxercée jusqu'al'extinction des Defcendans Mâles de Maximilien II.

qu'entre Sa Majesté Royale des Romains et le Prince de Baviere il feroit au fujet des compromis et auftrêgues dreffé des actes a ce néceffaires, dans lesquels il feroit porté en termes formels, comme s'enfuit : fçavoir qu'a l'avenir aucun ne chargeroit, attaqueroit, feroit la guerre, molefteroit, ou chagrineroit l'autre au fujet de fes Pays contre l'ancienne et louable coutume, ufage et droit, en aucune façon, mais que fi une Partie attaquoit l'autre pour quelques droits et prétenfions, ou qu'Elle crut en avoir, cela ne fera point demandé, recherché, ou terminé autrement, que comme il eft ci aprés écrit et marqué.

N. II.

Il a été deplus par les fusmentionnés Envoyés et Confeillers de Sa Majefté Imperiale Romaine et des Ducs de Baviere agréé en préfence de M. le Chancellier Impérial, conclu et accepté, que l'union de tous les auftrêgues fera et demeurera conftamment : favoir des deux côtes, céft a dire de Sa Majefté Royale Romaine et du Duc Guillaume et du Duc Louis de Baviere *et des Enfants Mâles* de leurs dite Majefté Royale et de chacun des Princes, lesquels feront Souverains Régnants dans les Pays de la baffe et de la haute Autriche, dans le Comté Princier du Tyrol et dans le Pays de Baviere tant qu'ils vivront ; dequoy feront et demeureront exclus les autres Princes féculiers et Ecclèfiaftiques des deux côtés, qui n'auront point la Régence.

Ces extraits font tirés du Code Autrichien tom. II. pag. 106. et 108.

N. III.

EXTRAIT

Du Privilege de l'Empereur Charlequint octroyé a la Maison Archiducale d'Autriche, en date du huitieme Septembre mil sept cent trente.

L'Ainé et aprés luy son fils ainé possédera héreditairement la Souveraineté du Pays, defaçon néanmoins, que ce Pays ne sorte point de l'agnation et que led. Duché ne soit jamais partagé; Mais si lesd. Princes venoient a manquer d'Héritiers Mâles, en ce cas l'Archiduché et Pays en dépendants échoiront a sa fille ainée. L'Archiduc a le pouvoir de céder et donner ses Etats a qui bon luy semble, si, ce que Dieu veulle détourner, il venoit a manquer d'Enfants Héritiers, et l'Empire ne luy aportera aucun empéchement a cet égard.

N. IV.

EXTRAIT

Du testament de l'Empéreur FERDINAND II. de l'an 1621. vérs la fin.

Lit. Q.

Traité de partage en date du douziéme Septembre mil sept cent trois fait par l'Empéreur LEOPOLD entre ses deux fils JOSEPH Roy des Romains et CHARLES d'Espagne.

NOs LEOPOLDUS Divina favente Clementia electus Rom. Imperator semper Augustus, tot. tit. Notum testatúmque facimus: Cùm per mortem pientissimæ memoriæ Serenissimi quondam,

&

& Potentissimi Principis Domini CAROLI II. Hispaniar. & Indiar. Regis fratris, & Nepotis nostri carissimi, omnia ab illo possessa regna & ditiones ad nos hæreditario jure pervenerint; nos tamen seriò perpendisse, quàm difficile sit, tot, & tam longè dissitas provincias, simul cum aliis regnis & provinciis nostris hæreditariis ab uno Principe sic gubernari; ut his præsertim temporibus communis Europæ salus, & cunctorum nostrorum subditorum utilitas efflagitat. Maturè præterea consideravimus, cum modernæ res Hispanicæ ita comparatæ sint, ut Regis sui præsentiam quantociùs requirant, non solum nos multifariè impediri, quo minùs illuc nos statim conferamus, sed nec filium nostrum dilectissimum primogenitum, Serenissimum Regem Rom. & Hungariæ JOSEPHUM, ad quem post nos omnis Successio nostra primo jure pertinet, istud nunc iter arripere, & ab Imperio Romano, Regnisque nostris & provinciis Austriacis abesse posse. Non minùs ob oculos nobis posuimus, quæ jam â teneris unguiculis in altero nostro filio perdilecto Serenissimo Archiduce CAROLO indoles emicuerit, talis nimirùm, qualis eos, quos divina ipsa Benignitas concessit natales, deceat, quam etiam progredientibus annis omni virtutum se, & domibus unde ortum trahit dignarum genere excoluerit, & quod jam ea ætàte sit, ut divino auxilio præeunte, accedente fidelium Ministrorum Consilio & ope, populis â Deo sibi concreditis laudabiliter præesse queat. Non potuimus denique pro certissimo approbantis, ducentis, & secundantis divinæ voluntatis indicio grati non agnoscere, & venerari, quod & primogenitus noster Serenissimus Rom. Rex hujus sui fratris amantissimi incrementa pro suis reputet, & hic communibus non modò populorum Hispaniæ ditioni subditorum, sed totius penè Europæ votis ad Hispanicam capessendam Monarchiam destinetur, & invitetur, eúmque ad finem assequendum â plurimis potentia, & justitia fulgentibus statibus nulli sumptui aut operæ etiamnum parcatur. His igitur aliisque permoti gravissimis rationibus in Nomine SS. & individuæ Trinitatis, consentiente, & adstipulante, & promovente dilectissimo filio nostro primogenito Serenissimo Rom. & Hungariæ Rege JOSEPHO, cessimus, & assignavimus, cedimus & assignamus, virtute præsentium litterarum omni meliori modo, & quam firmissimè id fieri possit, eidem filio nostro secundo genito Serenissimo Archiduci CAROLO, ejúsque posteris ex legitimo matrimonio nascituris, non qualitercunque legitimatis, aut legitimandis, universam Monarchiam Hispanicam, omniáque ad eam pertinentia, ubicunque sita Regna, & provincias, unáque Belgium quod Catholicum audit, & ad Serenissimam Domum nostram Austriacam antiquo jure spectat, illíque, & illis plenam, & absolutam suo nomine omnes easce ditiones adipiscendi, possidendi, regendi, & gubernandi tribuimus facultatem, ea planè ratione, iisque titulis, & prærogativis, quibus defunctus Rex CAROLUS II. eas possedit, tenuit, rexit, & gubernavit, aut possidere regere, & gubernare potuit, aut debuit; nosque ipsi aut dilectissimus filius noster primogenitus potuissemus, aut debuissemus, *salvo semper evenientibus casibus totius Serenissimæ Domûs nostræ Successionis jure, & ordine, observatis quoque ubivis cujusque populi privilegiis, quæ illibata penitùs quibusvis cupimus.* Reservamus etiam Nobis, & Successoribus Nostris Rom. Imperatoribus, & Regibus, Sac. Rom. Imperio, omnia Imperii jura in illas provincias, quæ præcedentes Reges Hispaniæ sub quacunque qualitate ab Imperio acceperunt, filiúsque noster Serenissimus CAROLUS III. accipiet, & possidebit, non secùs ac si speciatim hic singula expressa fuissent, quæque adeò idem conservare, & suo quævis loco, & tempore in effectum deducere omninò tenebitur. Volumus similiter, & eam porrò huic cessioni seu translationi conditionem dicimus, ut filius noſter cariſſimus Sereniſſimus Rex CAROLUS III. omnes conventiones ratas habeat, atque jam ratas habuiſſe cenſeri debeat, quas ad vindicandam, & in illum transferendam Hiſpanicam Succeſſionem fecimus, ſeu inivimus, & ad eas implendas ſuo ſe nomine diſertè obſtringat, ac jam obligatus cenſeatur, fidémque à nobis datam reaptè liberet, atque nos filiumque noſtrum Regem Rom. JOSEPHUM, & illius poſteros eâ de cauſâ ſecuros & indemnes præſtet, perindè ac ſi omnes iſtæ conventiones & præſtationes hic ſigillatim deſcriptæ eſſent. In horum omnium teſtimonium & majus robur nos unà cum filio noſtro Dilectiſſimo Sereniſſimo Rom. Rege JOSEPHO, non tantum præſentes has litteras manibus noſtris ſubſcriptas, ſigillis noſtris munivimus, & cariſſimo filio noſtro Sereniſſimo CAROLO III. Hiſpaniarum, & Indiarum Regi tradidimus, ab eóque vice mutua aliud acceptationis Inſtrumentum, cui hoc Inſtrumentum verbotenùs inſertum eſt, recepimus, ſed & de eorum tenore ſemper obſervando, ac omnibus viribus propugnando nos amboque filii noſtri pro nobis, omnibus poſteris noſtris verbo Imperiali & regio, juréque jurando corporaliter præſtito fidem noſtram quàm ſolemniſſimè adſtrinximus, nullo unquam tempore aut modo à nobis aut aliis infringendam omni quorumlibet qualicunque contradictione, exceptione generali & ſpeciali reſtitutione, diſpenſatione, & abſolutione etiam Pontificia, aliisque beneficiis legis, ſeu conſuetudinis, aut nominis perpetuò excluſis. Actum præſentibus præcipuis Aulæ noſtræ Cæſareæ Proceribus, aliisque Conſilariis ſanctioris noſtri Conſilii ſtatus, Viennæ, die 12. Menſ. Sept. Anno à partu Virgineo. 1703. Regnorum noſtrorum Romani 46. Hungarici 49. Bohemici verò 47.

Et Nos JOSEPHUS DEI Gratia Rom. ac Hungar. Dalmatiæ, Croatiæ, Sclavoniæ Rex, tot. tit. teſtamur, & profitemur omnia ſuperiùs deſcripta ab Auguſto Domino, & Parente noſtro ſummè venerando, nobis maximè volentibus, aſſentientibus, & una cedentibus decreta, acta, & ceſſa eſſe; aſſentimur etiam, & cedimus pro nobis, & poſteris noſtris omni meliori, quo fieri poſſit, modo, verbo æternæ veritatis, & Regio, additóque Corporali Sacramento, promittente, nos omnia, & ſingula exactiſſimè ſervaturos, nec iis unquam contraventuros, aut aliis id permiſſuros eſſe, abolitis omnibus quibuslibet exceptionibus aut beneficiis contrariis, undecunque aut quomodocunque provenientibus, etiamſi eorum jure vel conſuetudine ſingularis mentio vel amplior renunciatio fieri debuiſſet. Viennæ die & Anno expreſſis.

LEOPOLDUS manu propria. (L. S.)
JOSEPHUS manu propria. (L. S.)

Nos, cùm ceſſionem iſtam, tum additas conditiones gratiſſimo animo acceptaſſe, ſicut hiſce acceptamus, pro nobis & omnibus poſteris noſtris, regio verbo promittentes & tactis SS. Scripturis jurantes nos, & ipſos omnia & ſingula accuratiſſimè cuſtodituros, & optima fide impleturos, illis nunquam contraituros, aut ut ab aliis contraeatur paſſuros, & ſi quæ ulterior aut interata, vel ſæpius repetita, licet non neceſſaria confirmatio à nobis poſteriſve noſtris quibuscunque, noſtriſque Regnis, & Provinciis quandocunque poſtuletur, eam quoque daturos, & ut quam ſolemniſſimè expediatur curaturos eſſe, omni qualicunque tergiverſatione, generali vel ſpeciali exceptione, reſtitutione, & abſolutione cujusvis Eccleſiaſticæ aut ſæcularis poteſtatis, etiam Pontificia

ficia aliísque beneficiis contrariis quibuscunque perpetuò exclusis. Ita nobis, posterisque nostris summa divinitas semper propitia sit, uti cupimus felicissimis & florentibus Regnis & Provinciis â Serenissimis Parente, & fratre nobis ea fiducia ultrò concessis. Actum præsentibus præcipuis Cæsareæ Aulæ proceribus aliisque suæ Majestatis Consiliariis Sanctioris Consilii status. Viennæ die 12. Mens. Sept. Anno â Nativitate Christi Domini & Salvatoris nostri 1703. Regnorum nostrorum primo.

CAROLUS. (L. S.)

Præsentes fuere Eminentissimus & Celsissimus &c. &c..... Ce Diplome se trouve raporté tout au long dans Lamberty. Mémoires, negociations, traités et resolutions d'Etat pour servir a l'Histoire du XVIII. siécle, tom. II. pag. 518. & suiv.

Lettre R.

Copie de la cession des Pays antérieurs d'Autriche faite en 1540. par l'Empereur Charlequint au profit de son frére Ferdinand.

NOus Charles Cinquiéme &c..... déclarons, que comme nous étions convenus et avions arêté cydevant avec nôtre Cher et amé frere le trés Sérénissime et trés Puissant Prince Ferdinand Roy des Romains, Roy de Bohême et de Hongrie, Infant d'Espagne, Archiduc d'Autriche, Duc de Bourgogne, Styrie, Carinthie, Carniole, Comte du Tyrol, un partage amiable et fraternel, dans lequel entre autres il a été réglé et pourvû, que sa Dilection posséderoit sa vie durant les Pays scis en Alsace, sçavoir le Landgraviat en Alsace, le Brisgau, le Sungau et ferrete, avec toutes leurs apartenances et dépendances, et qu'aprés la mort de sa Dilection, ces Pays retomberoient a nous, a nos Héritiers et Successeurs, ainsy que le tout se trouve plus amplement inséré dans le susdit acte de partage héréditaire, Nous nous sommes avec nôtredit Cher et amé frére le Roy des Romains &c..... accommodé, avons accordé a sa Dilection et faisons ce que ci aprés pour nous, nos Héritiers et Successeurs, en la meilleure forme et maniere, ainsy que cela peut et doit étre et arriver le plus fermement et le plus constamment, savoir sa Dilection possèdera sa vie durant les susmentionnés Landgraviat en Alface, le Brisgau, le Sungau, et ferrette suivant et conformément au partage héréditaire, dont mention ci dessus, et aprés le décés de sa Dilection (ce que le Tout puissant veuille détourner) lesd. Pays avec toutes leurs jouissances, apartenances et dependances, rien en excepté, ni distrait, et tels que nôtre Cher frére le Roy des Romains les a jusqu'icy possédé et les posséde encore, echoiront aux Héritiers nés en mariage légitime et aux Successeurs de sa Dilection, le tout sans empéchement quelconque. Nous renoncons aussi pour nous et nos Héritiers a tous droits et prétentions, que nous, ou nos Héritiers et Descendans avons, ou pourrions en vertu du susdit partage héréditaire avoir et aquerir auxdits Pays, assurons et promettons sur nôtre dignité d'Empéreur et sur parole de vérité de tenir et accomplir tout ce constamment, fermement et inviolablement, et de ne rien faire, ou entreprendre contre en façon quelconque; avons en témoignage de ce signé les présentes de nôtre propre main, et icelles scéllé de nôtre sceau Imperial a queuë pendante données en nôtre ville de Gant en Flandre le Septieme jour de May aprés la Naissance de nôtre Seigneur JEsus Christ l'an 1540.

Lettre S.

Décret de commission Impériale daté de Ratisbonne du dix huitieme Octobre 1731. concernant la garantie de l'ordre de Succession en la Maison Archiducale. Y jointes les piéces sous les N. I. jusquá VI.

FRobene Ferdinand Prince et Landgrave de Fürstenberg, Comte de Heiligenberg et Werdenberg Prince du S. Empire Romain, Chevalier de la Toison d'or, Conseiller privé actuel de l'Empereur et Son Principal-Commissaire à l'assemblée Generale de l'Empire, notifie par la presente au nom de S. M. I. aux Conseillers et Ministres des Electeurs, Princes, et Etats a la Diete; que le cours et les circonstances des affaires passées ont suffisanment fait connoitre tout ce que S. M. a fait depuis son avenement au Thrône Imperial, pour maintenir

tenir et affermir la paix et la tranquillité publique, conserver la balance en Europe, et deffendre l'honneur, la dignité et les droits de l'Empire, qu'elle a toujours preferés a toute autre consideration; Et les Electeurs, Princes, et Etats de l'Empire se ressouviendront sans doute de tout ce qui a été communiqué a ce sujet a la Diete par les decrets de Commission, qui y ont eté delivrés de tems en tems.

Comme il a plû a la Divine Providence de bénir les justes vües de S. M. I. d'une telle maniere qu'au moyen du traité conclû le 16. mars dernier avec le Roy de la Grande Bretagne, et de ce qui s'est passé depuis en consequence dud. traité, on a suffisament pourvû aux dangers, qui êtoient prets a éclater, et posé par là un fondement solide et capable de prevenir tout ce qui pourroit dans la suite troubler la paix et la tranquilité de l'Europe, et en renverser la balance, il est donc juste, que d'un autre coté l'Empire concourre a perfectioner, par une resolution generale, cet ouvrage, qui se trouve deja posé sur un si solide fondement.

Pour parvenir a un but si salutaire, S. M. I. a jugé a propos de communiquer a la Diete son intention par rapport a la garantie de l'ordre de Succession dans la tres Illustre Maison d'Autriche, etabli par sa declaration du 19. Avril 1713. dans l'entiere confiance, que comme la puissance de la Maison d'Autriche a servi jusqu'a present de Boulevart a la Chretienneté et qu'elle servira a deffendre contre toute attaque la liberté de l'Europe, et en particulier celle de la tres chere Patrie de S. M. I. Chaque Etat de l'Empire reconnoitra sans peine, que de la conservation entiere et indivisible de cette Puissance depend non seulement la seurete de l'Europe en General, mais aussy le bien et le salut de l'Empire en particulier. S. M. I. n'a pas envie par l'etablissement de cette succession, d'agrandir sa Maison Archiducale, mais de conserver pour elle, pour ses heritiers et descendants de l'un et de l'autre sexe dans un Etat indivisible, les Royaumes, et Pays hereditaires, qui luy ont eté donnés de Dieu et qu'elle possede actuellement. Que cette affaire doit d'autant moins rencontrer de difficulté, que l'ordre de succession dans l'Illustre Maison d'Autriche est fondé depuis plusieurs siecles, sur les Privile-

(K 2)

leges et libertés acquis avec l'approbation de l'Empire, sur les pactes hereditaires, confirmés par les engagemens, et acceptations respectifs, dont il est fait mention cy dessus, lesquels se trouvent deja affermis de telle maniere par la garantie tant de quelques puissances Etrangeres, que des principaux Etats de l'Empire, que si on y ajoute la resolution de l'Empire, il n'est point a presumer que qui que ce soit voulût y apporter quelque, obstacle. Cette garantie, qu'on demande, ne tend pas a prejudicier a personne, mais uniquement a deffendre ce qui appartient a un chacun, et bien loin qu'on en puisse craindre quelques inconvenients pour l'avenir, il n'y a pas de moyen plus convenable et plus sûre que la ditte garantie pour prevenir ceux, qui pourroient arriver, si faute de cette précaution, on laissoit quelque esperance de reussir a ceux, qui par des vües contraires, voudroient exciter quelques troubles; Et les Electeurs, Princes et Etats de l'Empire ne doivent pas ignorer, que ces troubles peuvent survenir tant au dedans qu'au dehors de l'Empire; qu'ils sont capables d'en renverser la constitution, et que ses membres ne pourront s'empecher d'y prendre part même malgré eux. Comme tout cecy a été reconnu par des Puissances Etrangeres portées a contribuer de leur coté au maintien de la tranquillité publique, S. M. I. se confiant sur le zele des Electeurs, Princes, et Etats de l'Empire, elle ne doute pas, qu'ils n'acceptent au plutôt la garantie de l'ordre de succession dans la Maison Archiducale, tel qu'il a été étably par la declaration de S. M. I. du 19. Avril 1713. de la meme maniere qu'elle a eté acceptée par la Couronne d'Anglettere, conformement au traité du 16. Mars de cette année, communiqué a la Diette, et qu'en consequence, ils n'envoient a ce sujet a leurs Conseillers et Ministres a la Diete de l'Empire des ordres convenables, et qui puissent repondre aux desirs de S. M. I.

S. M. I. compte sûrement sur le consentement de l'Empire a cet egard: Elle le regardera comme une reconnoissance de l'affection, qu'elle a toujours eüe, et qu'elle aura toujours envers les Electeurs, Princes, et Etats de l'Empire, et elle reconnoitra avec gratitude les temoignages de leur zéle pour S. M. I. et pour la Maison Archiducale &c... Fait a Ratisbonne le 18. Octobre 1731.

Etoit signé

FROBENE FERDINAND
Prince de Fürstenberg.

Piéces, dont il est fait mention dans le décret cydessùs.

N. I.

LE 19. Avril 1713. a 10. heures Sa Majesté Imperiale a fait ordonner a tous les Conseillers intimes, qui se trouvoient a Vienne de se rendre en l'endroit accoutumé; l'heure fixée étant venuë Sa Majesté Impériale s'est renduë en la salle du Conseil sécret soùs un baldachin, et s'est placée a la table Impériale ordinaire, surquoy Elle a fait apeller ses Ministres et Conseillers intimes, lesquels sont entrés selon leur rang et se sont rangés chacun en son lieu restants debout; sçavoir le Prince Eugene de Savoye; le Prince de Trautson; le Prince de Schwarzenberg; le Comte de Traun Mareschal du Pays; le Comte de Thurn Grand Maitre d'Hôtel de l'Impératrice Eléonore; le Comte de Dietrichstein Grand Ecuyer; le Comte de Seylern Chancellier de la Cour; le Comte de Staremberg Président de la Chambre; le Comte de Martiniz le Cadet; le Comte de Herberstein Vice-Président du Conseil de guerre; le Comte de Schlicky premier Chancellier de la Cour de Bohême; le Comte de Shönborn Vice-Chancellier de l'Empire; l'Archevêque de Valence; le Comte de Sinzendorff Grand Chambellan; le Comte de Paar Grand Maitre d'Hotel de l'Impératrice Amalie; le C. de Sinzendorff Vice-Prés. du Cons. Impérial Aulique; le Comte Nicolas Palfi juge Royal de la Cour de Hongrie; le Comte Illieschasi Chancellier de Hongrie; le Comte Khevenhiller Gouverneur de la basse Autriche; le Comte Gallas; le Comte de Salm Grand Ecuyer de l'Impératrice Amalie; le Marquis Romeo Sécretaire d'Etat intime de la Couronne d'Espagne; le Comte Kornis Vice-Chancellier de Transylvanie; le Référendaire de Schlicky.

Aprés que tous les susdits Ministres et Conseillers intimes

mes furent assemblés, Sa Majesté Imperiale exposa, que la raison et le but de cette convocation de ses Ministres et Conseillers intimes étoient de leur faire sçavoir, qu'entre feu l'Empereur Léopold son trés gracieux et trés honoré Pére et sa dilection son trés Cher frere Joseph alórs Roy des Romains, devenu ensuite Empéreur, de trés glorieuse mémoire, et Sa Majesté Impériale (Charles VI.) comme déclaré Roy d'Espagne avoient eté dressés, même avec prestation de serment faite en présence de differents Ministres et Conseillers Impériaux, certaines dispositions, réglements et pactes successoires; mais qu'y ayant fort peu de ces Ministres et Conseillers, qui fussent encore en vie, Sa Majesté Imperiale avoit jugé, qu'il étoit nécessaire non seulement de leur faire cette ouverture, mais aussi de rendre notoires ces réglements et pactes, et de leur en faire faire la lecture; surquoy en effet Sa Majesté Imperiale enjoignit aussitot trés gracieusement au Chancellier de sa Cour d'en donner lecture.

En éxecution de ce le Chancellier, qui avoit en mains l'acte d'acceptation en original signé de Sa Majesté alors Royale, aujourdhuy Imperiale, en lût a voix haute et claire le préambule en langue Espagnole; il lut ensuite tout le contenu depuis le commencement jusquá la fin de l'acte de succession signé de Léopold Empéreur et de Joseph Roy des Romains et muni de deux sceaux a queuë pendante l'un Royal, l'autre Impérial, ensemble l'acte de notorieté y joint; Enfin, dans l'instrument concernant le Royaume d'Espagne, l'acceptation et respectivement l'obligation y contractée par Sa Majesté Imperiale avec l'acte de notorieté aussy jusquá la fin; lesquels instruments sont datés de Vienne le 12. Septembre 1703.

Aprés que cette lecture eut été achevée S. M. Imp. en continuant son discours consequemment au contenu de ces piéces, dit, que par les actes, qui avoient été lûs, l'on avoit pû remarquer, quelle étoit la disposition dressée et fortifiée par serment, ainsi que le pacte de succession mutuelle entre les deux lignes Josephines et Carolines: qu'ainsi, indépendament des Royaumes et Pays Héreditaires d'Espagne a Elle conférés ou abandonnés par les feûs Empéreurs Léopold et Joseph,

ſeph de trés glorieuſe mémoire, tous les Royaumes et Etats héréditaires de ſa Dilection led. Empereur Joſeph ſon frére etoient depuis ſa mort ſans Héritiers Mâles a Elle échus et devoient reſter ſans aucun partage entre les mains de ſes Héritiers Mâles légitimes ſelon le droit de primogeniture, tant qu'il en ſubſiſteroit, mais qu'au défaut des Enfants Mâles (ce que Dieu veuille faire la grace de détourner) ils échoiroient toujours ſelon l'ordre et le droit de primogeniture aux filles légitimes, qui reſteroient; deplus qu'au défaut, ou a l'éxtinction de ſes Deſcendans légitimes de l'un et l'autre ſéxe ce droit héréditaire a tous les Royaumes et Pays héréditaires échoiroit indiviſiblement de la maniere ſusdite ſelon le droit de primogéniture aux filles délaiſſées par ſa Dilection l'Empereur Joſeph de trés glor. mem. frére de Sa Majeſte Imperiale, et a leurs Deſcendans légitimes, et que ſelon le même droit et ordre tous les autres avantages et préférances compéteroient et apartiendroient auxd. Archiducheſſes; le tout dans le ſens, qu'aprés l'extinction de la ligne Caroline aujourdhuy Régnante quant aux deux ſéxes, de la ligne Joſephine ſuivante quant au ſéxe féminin, le droit héréditaire et tout ce qui y eſt ataché apartiendroit et ſeroit réſervé aux ſoeurs de Sa Majeſté Impériale et a toutes les autres lignes de la Séréniſſime Maiſon Archiducale ſuivant le droit de primogeniture et l'ordre, qui en réſulte. Et atendu que toutes ces conſtitutions, réglements et pactes perpetuels n'ont été dreſsés et n'ont eu d'autres motifs, que la gloire de Dieu et la conſervation de tous les Pays héréditaires, et qu'ils ont d'ailleurs reçu de nouvelles forces par le ſerment corporel, qu'ont prété leurs Majeſtés le Pére et le frére de Sa Maj. Imperiale, ſad. Majeſté y feroit d'autant plus de fond, qu'Elle ſe promettoit bénignement de ſes Miniſtres et Conſeillers intimes, les en avertiſſant même gracieuſement et le leur enjoignant, qu'ils ne ſeront pas moins intentionnés et donneront même tous leurs ſoins pour que ces pactes et conſtitutions ſoient obſervés, maintenus et ſoutenus dans toute leur plénitude, a l'effet dequoy S. M. I. les relevoient quant a ce cas de l'obligation du ſilence, ou du ſecret, auquel ils étoient tenus. Enſuite de ce Sa Majeſté Imperiale et aprés Elle ſes Miniſtres et Conſeillers intimes ſe ſont retirés.

Je fouffigné certiffie par ma propre fignature et l'apofition du cachet ordinaire de mes armes, que les chofes fe font ainfi pafsées et ont eté ainfi traitées.

Signé.

JEAN GEORGE FREDERIC de Schicky
Confeiller Aulique de S. M. I. Secretaire et
Referendaire intime de la baffe Autriche
et créé notaire Public a l'effet du préfent
acte autentique Imperial et Archiducal.

Actes de renonciation et refpectivement d'autorifation des Archiducheffes Jofephines et des Princes leurs Epoux.

N. II. NOs FRIDERICUS AUGUSTUS DEI Gratiâ Regius Poloniæ & Lithuaniæ ac Electoralis Princeps, Dux Saxoniæ, Juliaci, Cliviæ ac Montium, nec non Angriæ, & Weftphaliæ, Landgravius Thuringiæ, Marchio Misniæ, ut & Superioris & Inferioris Lufatiæ, Comes Princeps Hennebergenfis, Comes Marcæ, Ravensbergæ & Parby, Dominus in Ravenftein. Notum teftatúmque hifce facimus ad perpetuam rei memoriam Univerfis : Cùm DEO propitio factum fit, ut Sereniffimus & Potentiffimus ac invictiffimus Princeps ac Dominus CAROLUS, divinâ favente Clementiâ Electus Romanorum Imperator, hujus Nominis Sextus, femper Auguftus, Germaniæ, Hifpaniarum ac Indiarum, nec non Hungariæ, Bohemiæ, Dalmatiæ, Croatiæ, Sclavoniæ, utriúfque Siciliæ Rex, Archidux Auftriæ, Dux Burgundiæ, Styriæ, Carinthiæ, Carniolæ & Würtenbergæ, Comes Tyrolis &c. pro poteftate, & authoritate, quâ pollet, de voluntate, & adfenfu Sereniffimæ ac Potentiffimæ Romanorum Imperatricis Dominæ Amaliæ, Colendiffimæ tunc temporis Sponfæ, nunc Conjugis noftræ Genitricis, nobis perdilectiffimam fuam ex Fratre Neptem Sereniffimam Dominam MARIAM JOSEPHAM Regiam Principem Hungariæ, Bohemiæ, utriúsque Siciliæ &c. Archiduciffam Auftriæ &c. prævio quóque ejufdem Confenfu, fub die decima Augufti anni currentis, in futuram Conjugem defponsârit, eâ difertâ lege & conditione, ut Dilectio fua pro fumma centum millium Florenorum Rhenenfium, dotis nomine, Eidem in Contractu Matrimoniali conftitutæ, ftatutóque

que tempore numerandæ, omni Paternæ avitæque ſucceſſioni & hæreditati, juxta morem in Inclytâ Domo Auſtriacâ jam dudum receptum, & ſubindè per Pacta ac ſubſecutas Declarationes, & in ſpecie per Declarationem die 19. Aprilis 1713. vim legis Sanctionis Pragmaticæ & Pacti familiæ perpetui obtinentem, ac propediem in omnibus Regnis, Principatibus, & Provinciis ſuæ Majeſtatis Cæſareæ Regio-Catholicæ promulgandam, dilucidatum magis magiſque obfirmatum, ritu ſolenni renuntiaret, Ipſâ verò id non modò Viennæ, ſub die decimâ nonâ Auguſti Anni currentis, acceptante, iſtamque acceptionem in animam noſtram jurejurando confirmante Noſtro Procuratore magni Ducatûs Lithuaniæ ſtabuli Præfecto, Regiæ ſuæ Majeſtatis Poloniæ Campi-Mareſchallo ſecretioris Conſilii Directore, actuali Conſiliario intimo, & arcani Conſilii Bellici Præſide, Domino Jacobo Henrico Comite à Flemming, ſcientibus ac conſentientibus Nobis, ante Conſummationem Matrimonii, actu præſtiterit, ſed et eandem Renuntiationem hic Dresdæ, hodierno die infraſcripto, Nobis præſentibus, volentibus, conſentientibus, & adpromittentibus iteraverit, cujus tenor ſequens eſt.

FIAT INSERTIO.

QUòd Nos FRIDERICUS AUGUSTUS, Regius Poloniæ, & Lithuaniæ ac Electoralis Princeps, iſtam à dilectione ſua perdilectiſſima Conjuge noſtra, ità factam iteratámque Renuntiationem, cui velut præviæ Conditioni, ipſe Matrimonii Contractus innititur, ſicque & non aliter initus fuit, per omnia in omnibus ſuis punctis, clauſulis, & articulis acceptaverimus, adprobaverimus, laudaverimus, & confirmaverimus, prout Eandem hiſce litteris noſtris ſub promiſsâ lege, pacto & conditione, acceptamus, adprobamus, laudamus, & confirmamus, eámque voluntate, adſenſu, & Conſenſu noſtro authorizamus, atque etiam adſtipulantibus Nobis, ritè ac validè perfectam fuiſſe profitemur, pro Nobis, hæredibúsque noſtris ac ſucceſſoribus promittentes & caventes, nos præfatam Renuntiationem juxta leges Primogenituræ in Inclyta Domo Auſtriacâ, inter Maſculos jam dudum receptas, & ſubindè per Pacta, & recentiores Declarationes,

(M) Nobis

Nobis apprimè cognitas ad Fœminas disertè extensas, atque vim Pacti familiæ perpetui obtinentes emissam atque iteratam, in omnibus & singulis punctis, articulis & conditionibus, tam quoad ordinem succedendi, in eo statutum, quàm quoad stabilitam in eo unionem perpetuam ac omnimodam omnium Regnorum, Provinciarum, Principatuum, ac Ditionum à sua Majestate Cæsarea Regio-Catholica in præsens possessarum, aut in futurum possidendarum indivisibilitatem, & inseparabilitatem, ratam, gratam, probatámque habere, sempérque habituros, néque ulla in re illi unquam contraventuros, aut, ut à quocunque contraveniatur, passuros, esse.

In cujus rei majus robur istam à nobis factam Renuntiationem, acceptationem ac ratificationem, ejusque perpetuam observantiam juramento firmavimus, atque in ejus testimonium præsentes manibus nostris subscriptas Sigillo nostro muniri fecimus. Dresdæ primâ Mensis Octobris Anni millesimi septingentesimi decimi noni.

(L.S.) FRIDERICUS AUGUSTUS R. P.P. & L.E.S.

COPIA.

N. III. CUm in Pactis Conjugalibus inter Serenissimum Principem Dominum FRIDERICUM AUGUSTUM Regium Poloniæ, & Lithuaniæ, itémque Electoralem Principem, Ducem Saxoniæ, Juliaci, Cliviæ ac Montium, Angriæ, & Westphaliæ, Landgravium Thuringæ, Marchionem Misniæ, ut & Superioris & Interioris Lusatiæ, Comitem Principem Hennebergensem, Comitem Marcæ Ravenspergæ & Parby, Dominum in Ravenstein, & Serenissimam Principem Dominam MARIAM JOSEPHAM, Regiam Principem Hungariæ, Bohemiæ, utriusque Siciliæ &c. Archi-Ducissam Austriæ &c. die decima Augusti Anni currentis initis Art. 3. & 5. conventum & à Regiæ Suæ Majestatis Poloniæ, suæque Serenitatis Principis Regii Procuratore magni Ducatûs Lithuaniæ stabuli Præfecto, Regiæ Suæ Majestatis Campi Mareschallo, Secretioris Consilii Directore, Actuali Consiliario Intimo, & Arcani Consilii Belici Præside Jacobo Henrico Comite à Flemming vigo-

re

re Specialis Mandati, promissum fuerit, ut solennem Cessionem, Renuntiationem, & Abdicationem, quam prædicta Serenissima Regia Princeps super omnibus & singulis à sua Cæsarea ac Regia Catholica Majestate in- & extra Germaniam modò possessis, aut aliàs de Jure ad Eam spectantibus Regnis Hæreditariis, Archi-Ducatibus, Principatibus Ditionibus ac Provinciis, quocunque demum nomine eæ veniant, ac super ejusdem veris aut putativis ex quocunque titulo provenientibus juribus fecit, atque Juramento Corporali ante Consummationem Matrimonii Viennæ die decimâ nonâ præfati Mensis Augusti firmavit, non solùm memorata Serenissimâ Regia Princeps MARIA JOSEPHA, Archiducissa Austriæ, hîc Dresdæ, præsente Suæ Cæs. ac Regiæ Catholicæ Majestatis ad hunc actum specialiter ablegando Ministro, iterare ac denuo juramento firmare, sed etiam Serenissimus & Potentissimus Princeps ac Dominus AUGUSTUS SECUNDUS DEI Gratia Rex Poloniæ, Magnus Dux Lithuaniæ, Russiæ, Prussiæ, Massoviæ, Samogitiæ, Kyoviæ, Volhiniæ, Podoliæ, Podlachiæ, Livoniæ, Smolensciæ, Severiæ, Czernicoviæque Dux Saxoniæ Juliaci, Cliviæ, ac Montium, nec non Angriæ & Westphaliæ, Sacri Rom. Imp. Archi-Mareschallus & Elector, Landgravius Thuringiæ, Marchio Misniæ, ut & Superioris & Inferioris Lusatiæ, Burggravius Magdeburgensis, Comes Princeps Hennebergensis, Comes Marcæ, Ravenspergæ, & Parby, Dominus in Ravenstein unà cum antefato Serenissimo Principe Regio Poloniæ & Electorali Saxoniæ FRIDERICO AUGUSTO, probare & acceptare eámque pro valida & obligatoria agnoscere, nec non ad perpetuam firmámque observantiam veterum recentiorúmque Dispositionum Divorum Romanorum Imperatorum, videlicet Ferdinandi, de Dato decimâ May Anni millesimi sexcentesimi vigesimi primi, & decima octava Augusti Anni millesimi sexcentesimi trigesimi quinti, nec non Leopoldi glor. mem. de Dato duodecimâ Septembris Anni millesimi septingentesimi tertii, præcipuè verò & nominatim juxta Declarationem à suâ modò feliciter regnante Cæsareâ Regio-Catholicâ Majestate, quoad successionem ejúsque modum & ordinem deinceps in Augusta Domo observandum, decimâ nonâ Aprilis Anni millesimi septingentesimi decimi tertii, in vim sanctionis Pragmaticæ, ac Legis perpetuò valituræ emissam, deposito ad DEUM, Ejusque

(M 2) san-

ſanctum Evangelium, ſolenni juramento, ſe obſtringere velint, ac debeant, jámque à Cæſarea ſua Majeſtate ad hunc actum actualis Ejusdem Conſiliarius Intimus, Cubicularius, Regius locumtenens & ſupremus Burggravius Pragenſis, Joannes Joſephus Comes de Wrttby, hûc ſpeciali mandato inſtructus miſſus fuerit.

Hinc Nos MARIA JOSEPHA, Regia Poloniæ ac Lithuaniæ itémque Electoralis Saxoniæ Princeps, nata Regia Princeps Hungariæ, Bohemiæ, ac utriusque Siciliæ &c. Archiduciſſa Auſtriæ &c. ea, quæ in ſupra citata Renunciatione, ejúsque Articulis, punctis, & clauſulis continentur, & in ea ex antiquis jam allegatis Ordinationibus, Pactis & Diſpoſitionibus, præſertim verò ex declaratione iſtâ 19. Aprilis anni 1713. editâ, ceu Baſi & fundamento noſtræ Renunciationis, & reſpectivè acceptationis allegata, clarè deducta, proviſa, ſtipulata, promiſſa ac Juramento die, quò ſupra, firmata jam fuerunt, ſincerè, fideliter & accuratè obſervaturas, neque iis ullâ ratione, viâ aut modo, ſive directè ſive indirectè contraventuras, nec ut iis à quocunque alio ſub qualicunque demum prætextu, aut colore ullo unquam tempore contraveniatur, admiſſuras eſſe, denuo promittimus, Deoque omnipotenti, pro nobis, omnibúsque Noſtris hæredibus, Poſteris & Succeſſoribus vovemus, ac juramus, quòd ſæpiùs memoratam renunciationem & reſpectivè adhæſionem, cujus Inſtrumentum Nobis, Viennæ die decimâ nonâ Auguſti anni currentis prælectum, & à Nobis propriâ manu ſubſcriptum fuit, in omibus punctis, articulis & clauſulis fideliter obſervare debeamus & velimus.

Ita Nos DEus adjuvet, Sanctum Ejus Evangelium & omnes Sancti.

ITémque Nos FRIDERICUS AUGUSTUS, Regius Poloniæ & Lithuaniæ, nec non Electoralis Saxoniæ Princeps, iſtam à perdilectiſſima Conjuge noſtra Sereniſſimâ Principe Regiâ Poloniæ & Lithuaniæ, itemque Electorali Saxoniæ, natâ Principe Regiâ Hungariæ, Bohemiæ, ac utriúſque Siciliæ &c. MARIA JOSEPHA Archiduciſſa Auſtriæ, factam & à Supremo Procuratore Noſtro Comite à Flemming, in animam

mam Nostram Juramento solenni jam Viennæ firmatam Renuntiationem, & adhæsionem in omnibus suis Punctis, Clausulis & Articulis acceptamus, adprobamus, laudamus & confirmamus, eámque voluntate, adsensu & consensu Nostro authorizamus, atque etiam adstipulantibus Nobis ritè ac validè perfectam fuisse profitemur, Deóque omnipotenti pro Nobis, hæredibúsque Nostris, ac Successoribus vovemus ac juramus, quod præfatam renuntiationem juxta Leges Primogenituræ in inclyta Domo Austriacâ inter Masculos jam dudum receptas, & subinde per pacta, & recentiores Declarationes, Nobis apprimè cognitas, ad Fœminas disertè extensas, atque vim Pacti Familiæ perpetui obtinentes emissam, atque iteratam in omnibus & singulis punctis, articulis & conditionibus ratam, gratam probatámque habeamus, fidelitérque observare debeamus & velimus.

Ita nos DEus adjuvet, Sanctum Ejus Evangelium & omnes Sancti.

NOS AUGUSTUS Secundus DEI Gratiâ Rex Poloniæ Magnus Dux Lithuaniæ, Dux Saxoniæ & Elector &c. á dilectione sua perdilectissimâ Nuru nostrâ, Serenissimâ Principe Regiâ Poloniæ & Lithuaniæ, itémque Electorali Saxoniæ, nata Principe Regiâ Hungariæ, Bohemiæ & utriúsque Siciliæ &c. MARIA JOSEPHA, Archiducissâ Austriæ &c. ita factam à Procuratore Nostro Comite à Flemming Nostro nomine, Viennæ acceptatam, juramentóque in animam Nostram confirmatam & jam Nobis & perdilectissimo Filio Nostro Principe Regio Poloniæ & Electorali Saxoniæ FRIDERICO AUGUSTO præsentibus, volentibus, consentientibus & adpromittentibus hìc iteratam Renunciationem per omnia acceptamus, laudamus & confirmamus, eámque voluntate adsensu & consensu Nostro authorizamus, atque etiam adstipulantibus Nobis ritè ac validè perfectam fuisse profitemur, DEO omnipotenti pro Nobis, Hæredibúsque Nostris & Successoribus voventes & jurantes, istam Renunciationem juxta Leges Primogenituræ in Inclyta Domo Austriacâ inter Masculos jam dudùm receptas & subinde per pacta & recentiores declarationes Nobis apprimè cognitas ad Fœminas disertè extensas atque vim Pacti Familiæ perpetui obtintinentes emissam atque iteratam in omnibus & singulis Punctis, Articulis & Conditionibus à Nobis hodiernâ die. solenni Diplomate ratihabitam gratam probatámque habere, nec ulla in re illi unquam contravenire, aut ut à quocunque contraveniatur, pati velimus aut debeamus.

Ita Nos DEus adjuvet, Sanctum Ejus Evangelium & omnes Sancti.

IN fidem hujus reiteratæ Renunciationis, Adhæsionis, & Acceptationis Instrumentum hoc propriis manibus à Nobis AUGUSTO Secundo Rege Poloniæ &c. Electore Saxoniæ &c. Nobis Regio Poloniæ & Lithuaniæ, item Electorali Saxoniæ Principe FRIDERICO AUGUSTO & Nobis Regiâ Principe MARIA JOSEPHA subscriptum, sigillisque Nostris munitum est. Dresdæ primâ Mensis Octobris Anni millesimi septingentesimi decimi noni.

AUGUSTUS Rex.
FRIDEICUS AUGUSTUS R.P.P. & L. E.S.
MARIA JOSEPHA R.P.P. & L. E.S.A.A.

COPIA.

N.IV. NOS CAROLUS ALBERTUS DEI Gratiâ Electoralis Princeps, utriúsque Bavariæ Dux, Comes Palatinus Rheni, Landgravius Leuchtenbergæ. Notum testatúmque hisce facimus ad perpetuam rei memoriam Universis. Cùm DEO propitio factum sit, ut Serenissimus Potentissimus & Invictissimus Princeps ac Dominus CAROLUS divinâ favente Clementiâ Electus Romanorum Imperator hujus nominis Sextus, semper Augustus, Germaniæ, Hispaniarum ac Indiarum, nec non Hungariæ, Bohemiæ, Dalmatiæ, Croatiæ, Sclavoniæ, utriúsque Siciliæ Rex, Archidux Austriæ, Dux Burgundiæ, Styriæ, Carinthiæ, Carnioliæ & Würtenbergæ, Comes Tyrolis &c. pro potestate & authoritate, quâ pollet, de voluntate, & adsensu Serenissimæ ac Potentissimæ Romanorū Imperatricis Dominæ Amaliæ, colendissimæ nunc Conjugis nostræ Geni-

Genitricis, nobis per dilectissimam suam ex fratre Neptem Serenissimam Dominam MARIAM AMALIAM Regiam Principem Hungariæ, Bohemiæ, utriúsque Siciliæ &c. prævio quóque ejusdem consensu, sub die vigesima quinta Mensis Septembris Anni currentis, in futuram conjugem desponsarit, eâ disertâ lege & conditione, ut Dilectio sua pro summa centum millium florenorum Rhenensium, Dotis nomine ibidem in contractu Matrimoniali constitutæ, statutóque tempore numerandæ, omni Paternæ, Avitæque successioni & hæreditati, juxtà morem in Inclytâ Domo Austriacâ jam dudum receptum, & subindè per Pacta & subsecutas Declarationes, & in specie per Declarationem die decimâ nonâ Aprilis Anni millesimi septingentesimi decimi tertij vim Legis, Sanctionis Pragmaticæ & Pacti familiæ perpetui obtinentem, ac jamjam in omnibus Regnis, Principatibus & Provinciis suæ Majestatis Cæsareæ Regio Catholicæ promulgatam dilucitatum magis, magisque obfirmatum, ritu solenni renuntiaret, Ipsa verò id non modò Viennæ sub die tertiâ Octobris Anni currentis acceptante, istámque acceptationem in animam nostram jurejurando confirmante Nostro Procuratore Consiliario Intimo, Camerario, Consiliario Bellico, & Generali vigiliarum, nec non Provincialis rei armamentariæ Præfecto Josepho Ignatio Comite à Törring in Yettenbach, scientibus ac consentientibus Nobis, ante consummationem Matrimonii actu præstiterit, sed & eandem Renuntiationem hic Monachii hodierno die infrascripto, Nobis præsentibus, volentibus, consentientibus, & adpromittentibus iteraverit, cujus tenor sequens est:

FIAT INSERTIO.

QUòd NOS CAROLUS ALBERTUS Bavariæ Electoralis Princeps istam à dilectione suâ perdilectissima Conjuge nostra,ità factam iteratámque Renuntiationem, cui velut præviæ Conditioni, ipse Matrimonii Contractus innititur, sicque & non aliter initus fuit, per omnia, in omnibus suis punctis, clausulis, & articulis acceptaverimus, adprobaverimus, laudaverimus, & confirmaverimus, prout Eandem hisce nostris litteris sub promissâ lege, pacto & conditione, acceptamus, approbamus, laudamus, & confirmamus, eámque voluntate,

 adsen-

adſenſu, & Conſenſu Noſtro authorizamus, atque etiam adſtipulantibus Nobis ritè ac validè perfectum fuiſſe profitemur, pro Nobis, hæredibúsque Noſtris, ac ſucceſſoribus promittentes, & caventes, nos præfatam Renuntiationem juxta leges Primogenituræ in Inclytâ Domo Auſtriacâ inter Maſculos jam dudùm receptas, & ſubindè per Pacta, & recentiores Declarationes, Nobis apprimè cognitas ad Fœminas diſſertè extenſas, atque vim Pacti familiæ perpetui obtinentes, emiſſam, atque iteratam in omnibus & ſingulis punctis, articulis & conditionibus, tam quoad ordinem ſuccedendi, in eo ſtatutum, quàm quoad ſtabilitam in eo unionē perpetuam, ac omnimodam omnium Regnorum, Provinciarum, Principatuum, ac Ditionum à ſuâ Majeſtate Cæſarea Regio-Catholica in præſens poſſeſſarum, aut in futurum poſſidendarum Indiviſibilitatem, ratam, gratam, probatámque habere, ſempérque habituros, néque ulla in re illi unquam contraventuros, aut ut à quocunque contraveniatur, paſſuros eſſe. In cujus rei majus robur iſtam à nobis factam Renuntiationis acceptationem, ac ratificationem, ejuſque perpetuam obſervationem juramento firmavimus, atque in ejus teſtimonium præſentes manibus noſtris ſubſcriptas Sigillo noſtro muniri fecimus. Monachij decimâ Menſis Decembris anni milleſimi ſeptingenteſimi vigeſimi ſecundi.

CAROLUS ALBERTUS.

COPIA.

N. V. CUm in Pactis Conjugalibus inter Sereniſſimum Principem Dominum CAROLUM ALBERTUM Electoralem Principem Superioris & Inferioris Bavariæ Ducem Comitem Palatinum Rheni, Landgravium Leuchtenbergæ, & Sereniſſimam Principem Dominam MARIAM AMALIAM natam Regiam Hungariæ, Bohemiæ, ac utriusque Siciliæ Principem &c. Archiduciſſam Auſtriæ &c. die vigeſima quinta Menſis Septembris, anni currentis Art. III. & V. conventum, & à Sereniſſimi Electoris Bavariæ, ſuæque Serenitatis Principis Electoralis Procuratore, Conſiliario reſpectivè Intimo, Camerario, Conſiliario Bellicô, & Generali Vigiliarum, nec non Provincialis rei Armamentariæ Præfecto Joſepho Ignatio Comite de Törring in Yettenbach,

vigo-

vigore Specialis Mandati, promissum fuerit, ut solennem Cessionem, Renunciationem, & Abdicationem, quam prædicta Serenissima Regia Princeps super omnibus & singulis à sua Cæsarea ac Regia Catholica Majestate in- & extra Germaniam modò possessis, aut aliàs de Jure ad Eam spectantibus Regnis Hæreditariis, Archi-Ducatibus, Principatibus, Ditionibus ac Provinciis, quocunque demum nomine eæ veniant, ac super ejusdem veris ac putativis, ex quocunque titulo provenientibus juribus fecit, atque Juramento Corporali ante Consummationem Matrimonii Viennæ die III. Mensis Octobris firmavit, non solum memorata Serenissima Regia Princeps MARIA AMALIA Archiducissa Austriæ, hìc Monachii præsente Suæ Cæs. ac Regiæ Catholicæ Majestatis, ad hunc actum specialiter ablegando Ministro iterare ac denuo juramento firmare, sed etiam Serenissimus Princeps ac Dominus MAXIMILIANUS EMANUEL utriusque Bavariæ Dux, Comes Palatinus Rheni, Landgravius Leuchtenbergæ, Sac. Rom. Imp. Archi-Dapifer & Elector, unà cum antefato Serenissimo Principe Electorali Bavariæ CAROLO ALBERTO, probare & acceptare eámque pro valida & obligatoria agnoscere, nec non ad perpetuam firmámque observantiam veterum, recentiorúmque Dispositionum Divorum Romanorum Imperatorum, videlicet Ferdinandi, de Dato decimâ May Anni millesimi sexcentesimi vigesimi primi, & decima octavâ Augusti anni millesimi sexcentesimi trigesimi quinti, nec non Leopoldi glor. mem. de Dato duodecimâ Septembris Anni millesimi septingentesimi tertii, præcipuè verò & nominatim juxta Declarationem à sua modò feliciter regnante Cæsareâ Regio-Catholica Majestate, quoad successionem ejúsque modum & ordinem deinceps in Augusta Domo observandum, decimâ nonâ Aprilis anni millesimi septingentesimi decimi tertii, in vim sanctionis Pragmaticæ, ac Legis perpetuò valituræ emissam, deposito ad DEUM, Ejusque Sanctos solenni juramento, se obstringere velint, ac debeant, jámque à Cæsarea sua Majestate ad hunc actum actualis Ejusdem Consiliarius Intimus, Cubicularius, & supremus Aulæ Mareschallus Joannes Casparus Comes de Cobenzel hûc, speciali mandato instructus, missus fuerit. Hinc Nos MARIA AMALIA nupta Electoralis Bavariæ Princeps, nata Regia Hungariæ, Bohemiæ, ac utriusque Siciliæ Princeps &c. Archiducissa Austriæ &c. ea, quæ in suprà citata Renunciatione, ejúsque Articulis, punctis & clausulis continentur, & in ea ex antiquis jam

(O) alle-

allegatis Ordinationibus, Pactis & Dispositionibus, præsertim verò ex declaratione illâ decimâ nonâ Aprilis anni millesimi septingentesimi decimi tertii editâ, ceu Basi & fundamento nostræ Renunciationis, & respectivè acceptationis allegata, clarè deducta, provisa, stipulata, promissa ac Juramento die, quò supra firmata jam fuerunt, sincerè, fideliter & accuratè observaturas, neque illis ulla ratione, viâ, aut modo, sive directè sive indirectè contraventuras, nec ut iis à quocunque alio, sub qualicunque demum prætextu, aut colore, ullo unquam tempore contraveniatur, admissuras esse, denuo promittimus. DEoque omnipotenti, pro nobis, omnibúsque Nostris hæredibus, Posteris & Successoribus vovemus, ac juramus, quòd sæpiùs memoratam renunciationem & respectivè adhæsionem, cujus Instrumentum Nobis Viennæ die tertiâ Octobris anni currentis prælectum, & à Nobis propriâ manu subscriptum fuit, in omnibus punctis, articulis & clausulis fideliter observare debeamus & velimus.

Ita Nos DEus adjuvet & omnes Sancti.

ITémque Nos CAROLUS ALBERTUS Electoralis Bavariæ Princeps istam à perdilectissima Conjuge nostra Serenissimâ Principe MARIA AMALIA, Electorali Bavariæ, natâ Regiâ Hungariæ; Bohemiæ, ac utriúsque Siciliæ Principe &c. Archiducissa Austriæ &c. factam & à supra nominato Procuratore Nosto Comite à Törring in animam Nostram Juramento solenni jam Viennæ firmatam Renuntiationem, & adhæsionem in omnibus suis Punctis, Clausulis & Articulis acceptamus, adprobamus, laudamus & confirmamus, eámque voluntate, adsensu & consensu Nostro authorizamus, atque etiam adstipulantibus Nobis ritè ac validè perfectam fuisse profitemur, Deóque omnipotenti pro Nobis, hæredibusque Nostris, ac Successoribus vovemus ac juramus, quod præfatam renuntiationem juxta Leges Primogenituræ in Inclyta Domo Austriacâ inter Masculos jam dudum receptas, & subinde per pacta, & recentiores Declarationes, Nobis apprimè cognitas, ad Fœminas disertè extensas, atque vim Pacti Familiæ perpetui obtinentes emissam, atque iteratam in omnibus & singulis punctis, Articulis & Conditionibus ratam, gratam probatámque habeamus, fideliterque observare debeamus & velimus.

Ita

Ita Nos DEUS adjuvet & omnes Sancti.

NOs MAXIMILIANUS EMANUEL utriúsque Bavariæ Dux & Elector &c. à Dilectione sua perdilectissima Nuru Nostrâ Serenissima Principe Electorali Bavariæ MARIA AMALIA, natâ Regiâ Hungariæ, Bohemiæ ac utriusque Siciliæ Principe &c. ita factam, à Procuratore Nostro Comite à Törring Nostro nomine Viennæ acceptam, Juramentóque in animam Nostram confirmatam, & jam à Nobis, & perdilectissimo Filio nostro Principe Electorali Bavariæ CAROLO ALBERTO præsentibus, volentibus, consentientibus & adpromittentibus hic iteratam renunciationem per omnia acceptamus, laudamus & confirmamus, eámque voluntate adsensu, & consensu nostro authorizamus, atque etiam adstipulantibus Nobis ritè ac valide perfectam fuisse profitemur, DEO Omnipotenti pro Nobis, hæredibúsque Nostris & Successoribus voventes & jurantes, istam Renuntiationem juxta Leges Primogenituræ in Inclyta Domo Austriaca inter Masculos jam dudum receptas, & subinde per Pacta & recentiores Declarationes Nobis apprimè cognitas, ad Fœminas disertè extensas, atque vim Pacti Familiæ perpetui obtinentes emissam, ac iteratam in omnibus & singulis punctis, articulis & conditionibus à Nobis hodiernâ die solenni Diplomate ratihabitam, gratam, probatámque habere, ne ulla in re illi unquam contravenire, aut, ut à quocunque contraveniatur, pati velimus aut debeamus.

Ita Nos DEUS adjuvet & omnes Sancti.

IN fidem hujus reiteratæ Renunciationis, Adhæsionis, & acceptationis Instrumentum hoc propriis manibus à Nobis MAXIMILIANO EMANUELE &c. Electore Bavariæ. Nobis Electorali Bavariæ Principe CAROLO ALBERTO, & Nobis Regia & Electorali Principe MARIA AMALIA subscriptum, sigillisque Nostris munitum est. Monachii die decima Mensis Decembris, Anni millesimi septingentesimi vigesimi secundi.

MAXIMILIAN EMANUEL Elector.
CAROLUS ALBERTUS.
MARIA AMALIA.

 Ex-

EXTRAIT.

Pragmatique Sanction de l'Empereur CHARLES VI. telle qu'Elle a été adressée en 1724. aux sujets des Pays-bas Espagnols.

CHarles par la Grace de Dieu &c... Savoir faisons &c... et considerant qu'Il est très important pour la seureté, repos et tranquillité de nos Provinces Hereditaires, que nous possedons dans les Pais bas, que ledit ordre et regle de succession indivisible de tous nos Royaumes et Provinces Hereditaires situées tant au dedans qu'au dehors de l'Allemagne, et le dit droit de Primogeniture etabli dans notre Auguste Maison soient reçus, introduits, etablis et promulgués dans nos dites Provinces des Pais-bas, pour Sanction Pragmatique et Loy perpetuelle et irrevocable et que pour l'introduction de cette nouvelle Loy il soit dérogé a celle touchant la succession du Prince des dites Provinces etablie dans nos Pais-bas par l'Empereur Charles Quint, d'eternelle memoire, notre Predecesseur, par sa Pragmatique Sanction du 4. Novembre 1549. recuë par chacun de leurs Etats dans leurs assemblées et jusques a present y restée en vigueur, et a toutes coutumes de nos dites Provinces pour autant seulement, que les dites Sanction et coutumes ne seroient pas conformes aux susdits ordre et regle de succession, lesquelles en tous autres cas seront entretenües et observées comme du passé. Nous avons fait communiquer et proposer ce que dessus aux Etats respectifs de nos Provinces des dits Pais-bas, afin qu'ils voulussent se conformer a cette Pragmatique Sanction, Edit perpetuel et Reglement de succession indivisible et tous les Etats, ayant sur ce meurement deliberé dans leurs respectives Assemblées et specialement reflechi au bien et a l'avantage, qui en reviendront a nos bons et fideles sujets, ils s'y sont unanimement et volontairement conformés, et ont, en tout respect et soumission et avec une extreme reconnoissance, accepté la susdite

dite Pragmatique Sanction, Loy perpetuelle, Reglement de succession et union indivisible de tous nos Etats, tant au dehors qu'au dedans de l'Allemagne, en Loy perpetuelle et irrevocable pour autant qu'elle regarde le Reglement a la Seigneurie et Souveraineté de chacune des dites Provinces, et l'union indivisible de tous nos Pais et Etats Hereditaires, consentant de plus a la derogation de la Sanction Pragmatique, etablie au mois de Novembre 1549. par feu l'Empereur Charles Cinquiéme, de glorieuse memoire en tant qu'elle n'est pas conforme a nôtre susdite Sanction Pragmatique, concernant la succession a la souveraineté desdits Pais-bas, et nous ont supplié tres instamment, de faire publier notre dite Pragmatique Sanction et Edit perpetuel, afin qu'il soit par tous nos Royaumes, Provinces et Etats Hereditaires a toujours observé en Loy irrevocable et inalterable, ainsi qu'il en conste par les actes de chaque des dites Provinces, qu'ils nous ont produits et delivrés. Nous, a grande et meure deliberation, a l'avis de notre Plenipotentiaire au Gouvernement d'iceux, de notre Lieutenant, Gouverneur et Capitaine General de nos dits Pais, et oui sur le tout notre Conseil suprême etabli chez notre personne royale pour les affaires des memes Pais avons, conformement a l'acceptation en faite par les dits Etats des Provinces de nos Pais-bas et a leur requisition, de notre certaine science, autorité et puissance absoluë, qui nous compete ou competer peut comme souverain Prince et Seigneur des dits Pais ordonné, statué et decreté, ordonnons, statuons et decretons par ces presentes la susdite Pragmatique Sanction, Reglement de succession et union indivisible, de tous nos Etats, tant au dehors qu'au dedans de l'Allemagne, en Loy perpetuelle et irrevocable dans nos dits Pais-bas, et qu'en consequence d'icelles la succession de toutes nos Provinces hereditaires de nos dits Pais, *en une masse et indivisiblement*, échoira dorenavant, selon le dit droit de primogeniture et ordre de succession lineale, et restera a nos descendans Mâles tant qu'il y en aura aucun : et *au defaut de ceux ci*, que Dieu ne veuille, aux Archiduchesses nos filles, toujours suivant l'ordre et droit de primogeniture, sans le pouvoir jamais partager; et qu'au defaut de tout Heritier legitime de l'un ou l'autre Sexe, descendans de nous le droit d'heritier de toutes nos dites Provinces échoira aux

Princeſſes filles de nôtre frere l'Empereur Joſeph de glorieuſe memoire, et a leurs deſcendans, de l'un et l'autre Sexe, ſelon le dit droit de Primogeniture; et qu'arrivant l'extinction de ces deux lignes, ce Droit hereditaire ſera entierement reſervé aux Princeſſes nos Sœurs et leurs deſcendans legitimes de l'un et de l'autre Sexe, et ſucceſſivement a toutes les autres lignes de l'Auguſte Maiſon, a chacune ſelon le Droit de Primogeniture et ſuivant le rang, qui en reſultera, et ce non obſtant le Reglement et ancienne Loy, touchant la ſucceſſion des Princes des dits Pais-bas, etablie dans les dits Pais par la Pragmatique Sanction de l'Empereur Charles Cinquiéme du quatriéme Novembre quinze cens quarante neuf, et toutes coutumes d'aucunes de nos dites Provinces, auxquelles pour les cauſes et conſiderations ſusdites avons de notre dite autorité et pleine puiſſance derogé et derogeons, en ce que la ſusdite Sanction et Coutumes ne ſeroient conformes a notre preſente diſpoſition, voulant qu'en tous autres cas elles demeurent en leur force et vigeur et ſoient entretenuës et obſervées. Si donnons en mandement &c..... Signé Charles *et plus bas* par ordonnance ſigné A. F. de Kurtz.

Lettre T.

Proteſtation formée par l'Electeur de Baviere contre la poſſeſsion, que la grande Ducheſſe de Toſcane a priſe des Royaumes, Etats et Pays héréditaires d'Autriche.

IL eſt connu à un chacun par les Actes de l'Empire, qu'en 1731. feuë Sa Majeſté Impériale de glorieuſe mémoire demanda à tout l'Empire la Garantie de ſa Sanction Pragmatique, ou de l'ordre de ſucceſſion, qu'Elle avoit établi dans ſa Maiſon Archiducale, et qu'alors S. A. S. E. de Baviere, conjointement avec quelques autres puiſſans Etats de l'Empire, s'y opoſerent le plus ſolemnellement qu'il fut poſſible; à quoi Elle a été portée tant par l'interêt, qu'Elle prend a tout ce qui peut regarder le bien de l'Empire, et pour détourner le dan-

danger, qui auroit pû s'ensuivre, que principalement aussi par raport aux Droits, qui compétent a Sadite A. S. E. tant des anciens tems, que des modernes, en vertu des dispositions particuliéres sur tous les Etats héréditaires, qui en bonne partie sont de l'ancien patrimoine de la Maison de Baviere, en cas que la Ligne masculine de celle d'Autriche Vienne à manquer.

Outre cela, S. A. S. E. de Baviere observa dans toutes occasions avant et après que la Sanction Pragmatique fut portée à la Diete de l'Empire, de persister avec connoissance de cause, fermement et invariablement, sur les protestations qu'Elle a faites pour conserver les Droits de sa Maison, auxquels Elle ne vouloit porter le moindre préjudice, en reconnoissant cette Garantie en question. En même-tems un chacun peut lire, et reconnoître, que la Renonciation, que Madame l'Electrice de Baviere a faite lors de son mariage, et qu'on a joint au Décret de Commission du 18. Octobre 1731. avec la Confirmation de l'Electeur son Epoux, ne donnent aucune force à la Pragmatique de l'Empereur, et qu'elles ne lui en peuvent pas même donner, parce que S. A. S. Madame l'Electrice n'a renoncé seulement qu'aux Droits, qu'Elle auroit pû avoir de son chef, et n'a pas renoncé par un seul mot, ainsi qu'Elle n'auroit pû le faire, à ceux, qui appartenoient déja cy-devant a la Serenissime Maison de Baviere, et desquels on n'a pas fait la moindre mention lors du mariage de S. A. S. E. qui n'a trouvé par conséquent aucune difficulté à confirmer la Renonciation demandée, puisque les Droits de sa Maison n'ont aucun raport a la Renonciation en question. Aussi n'y a-t-on jamais pensé, moins encore demandé le consentement de toute la Maison de Baviere, ce qu'on pouvoit d'autant moins faire, que lors du mariage de S. A. S. E. de Baviere il ne s'est aucunement agi des Droits particuliers de sa Maison.

Mais comme suivant tous les avis certains, l'Archiduchesse Marie Thérése fille ainée du feu Empereur de glorieuse mémoire, Grande Duchesse de Toscane, et Epouse de S. A. S. le Duc de Lorraine a, à présent sous le titre d'héritiere, effectivement pris possession de tous les Royaumes et

Pays héréditaires d'Autriche, et qu'Elle a aussi confirmé, tant à Vienne qu'ailleurs non seulement les Conseillers d'Etat et Charges de Cour, mais encore d'autres Charges et Emplois, sur le pied du Gouvernement précédent; qu'Elle s'est fait prêter le serment de fidélité, et qu'Elle est sur le point de faire rendre hommage par les Etats de ses Pays, d'où il paroît visiblement, qu'en conséquence de la Sanction Pragmatique, ou de l'ordre de succession, S. A. S. veut s'appropier tous ces Royaumes et Pays, S. A. S. E. de Baviere ne sçauroit regarder avec indifférence une entrepise si préjudiciable à ses droits; et malgré toute la considération, qu'Elle a et aura toujours pour Madame la Grande Duchesse, Elle se trouve forcée avec d'autant plus de justice de tâcher par tous les moyens possibles de détourner ce tort de sa Maison, que feuë S. M. I. de glorieuse mémoire a bien voulu déclarer Ellemême solemnellement dans son Décret de Commission susmentionné : Que la Garantie de la Sanction Pragmatique ne tendoit au préjudice ni à l'offense de qui que ce soit, par où plusieurs Etats de l'Empire peuvent même avoir été engagés à accorder cette Garantie : ainsi S. A. S. E. de Baviere se trouve dans la nécessité de protester solemnellement contre une entreprise si prématurée, et qui lui est si préjudiciable, se réservant et conservant toujours en la meilleure forme que faire se peut, les Droits de sa Maison en entier, et dans toute leur force et vigueur, lesquels on est occupé de faire connoître au Public dans toute leur étendue. Fait à Munich, le 3. Novembre 1740.

NB. *l'Extrait du testament de Ferdinand II. sous le N. IV. Lettre P. Se trouve en entier dans la note * de la page 95.*

www.ingramcontent.com/pod-product-compliance
Ingram Content Group UK Ltd.
Pitfield, Milton Keynes, MK11 3LW, UK
UKHW022058260726
13993UKWH00001B/199

9 782329 300665